Bring mir bloß keinen Deutschen nach Hause!

Sylvie Méron-Minuth · Christian Minuth

Bring mir bloß keinen Deutschen nach Hause!

Familiengeschichten deutsch-französischer Paare der Nachkriegszeit (1945–1963)

 Springer

Sylvie Méron-Minuth
Pädagogische Hochschule Heidelberg
Heidelberg, Deutschland

Christian Minuth
Hirschhorn (Neckar), Deutschland

ISBN 978-3-658-44176-0   ISBN 978-3-658-44177-7 (eBook)
https://doi.org/10.1007/978-3-658-44177-7

Die Deutsche Nationalbibliothek verzeichnet diese Publikation in der Deutschen Nationalbibliografie; detaillierte bibliografische Daten sind im Internet über https://portal.dnb.de abrufbar.

Aus dem französischen Originaltitel: Comme s'il n'y avait pas assez de Français !Histoires de familles de couples franco-allemands de l'après-guerre (1945–1963) Collection Biographies; Éditions MAÏA, Paris, 2023 von den Autoren Sylvie MÉRON-MINUTH und Christian MINUTH für Deutschland übersetzt und adaptiert. Ebenso wurden alle französisch- und englischsprachigen Zitate von den Autoren (Kürzel: SMM & CM) ins Deutsche übersetzt.

© Der/die Herausgeber bzw. der/die Autor(en), exklusiv lizenziert an Springer Fachmedien Wiesbaden GmbH, ein Teil von Springer Nature 2024

Das Werk einschließlich aller seiner Teile ist urheberrechtlich geschützt. Jede Verwertung, die nicht ausdrücklich vom Urheberrechtsgesetz zugelassen ist, bedarf der vorherigen Zustimmung des Verlags. Das gilt insbesondere für Vervielfältigungen, Bearbeitungen, Mikroverfilmungen und die Einspeicherung und Verarbeitung in elektronischen Systemen.
Die Wiedergabe von allgemein beschreibenden Bezeichnungen, Marken, Unternehmensnamen etc. in diesem Werk bedeutet nicht, dass diese frei durch jedermann benutzt werden dürfen. Die Berechtigung zur Benutzung unterliegt, auch ohne gesonderten Hinweis hierzu, den Regeln des Markenrechts. Die Rechte des jeweiligen Zeicheninhabers sind zu beachten.
Der Verlag, die Autoren und die Herausgeber gehen davon aus, dass die Angaben und Informationen in diesem Werk zum Zeitpunkt der Veröffentlichung vollständig und korrekt sind. Weder der Verlag noch die Autoren oder die Herausgeber übernehmen, ausdrücklich oder implizit, Gewähr für den Inhalt des Werkes, etwaige Fehler oder Äußerungen. Der Verlag bleibt im Hinblick auf geografische Zuordnungen und Gebietsbezeichnungen in veröffentlichten Karten und Institutionsadressen neutral.

Planung/Lektorat: Frank Schindler
Springer ist ein Imprint der eingetragenen Gesellschaft Springer Fachmedien Wiesbaden GmbH und ist ein Teil von Springer Nature.
Die Anschrift der Gesellschaft ist: Abraham-Lincoln-Str. 46, 65189 Wiesbaden, Germany

Das Papier dieses Produkts ist recycelbar.

Was bedeutet es, sich zu erinnern? Es bedeutet, in mehr als einer Welt zu leben, die Vergangenheit am Verlöschen zu hindern und die Zukunft zu rufen, um sie zu erhellen. Es bedeutet, Fragmente der Existenz wiederzubeleben, vermisste Menschen zu retten, Gesichter und Ereignisse in ein weißes und schwarzes Licht zu tauchen und den Sand, der das Gesicht der Dinge bedeckt, zurückzudrängen. Das Vergessen bekämpfen, den Tod zurückweisen.
(Elie Wiesel, 1994, Tous les fleuves vont à la mer. Mémoires I, éd. Du Seuil, S. 205)

Für David,

Für Béatrice und Frédéric

Geleitwort

Dunklen Zeiten des Übergangs: Von der Feindschaft zur Freundschaft

Wenn sie an die deutsch-französischen Beziehungen denken, erinnern sich die meisten an die lange Zeit der Feindschaft – die Figur des Erbfeindes – und an die Besiegelung und Entfaltung einer beispielhaften politischen Freundschaft in den letzten 60 Jahren. Weniger bekannt ist jedoch die Zeit zwischen dem Ende des Zweiten Weltkrieges und der Unterzeichnung des *Elysée-Vertrags*, das heißt die „grauen Jahre", die auf deutscher Seite durch Zusammenbruch, Schweigen, Geheimhaltung und Schuld gekennzeichnet waren, auf französischer Seite durch Ressentiments und den Geist der Revanche bzw. Rache.

Dank der bemerkenswerten Arbeit von Sylvie Méron-Minuth und Christian Minuth haben wir nun endlich einen erstklassigen Einblick in diese Zeit, einen Einblick, der uns besser verstehen lässt, wie sich der *Übergang* vom Feindbild zum Freundbild in beide Richtungen vollzogen hat.

Das ist wirklich entscheidend: können wir doch endlich in Betracht ziehen und verstehen, dass die Geschichte nicht nur aus schwarzen Seiten besteht, wobei die der Jahre 1933 bis 1945 von unvergleichlicher

Schwärze waren und aus „weißen Seiten", um einen berühmten Ausdruck etwas abgewandelt zu verwenden, oder zumindest aus hellen Seiten, die in Richtung Fortschritt, Frieden und *Philia* zwischen den Völkern gehen, sondern auch aus grauen Seiten, sehr grauen sogar, wo die Arbeit der Wiedergutmachung, der Annäherung und der *Versöhnung* – das deutsche Wort *Versöhnung* ist aussagekräftiger – im Hintergrund, fast stillschweigend stattfindet.

Wir können hier nur auf die sehr schönen Analysen verweisen, mit denen die Autoren hervorheben, wie der „Schleier" ganz langsam – „zaghaft", um ihr Wort zu gebrauchen – gelüftet wurde. Er hat sich nicht von selbst gelüftet, sondern durch eine Arbeit, die sowohl auf politischer Ebene als auch innerhalb der Gesellschaft stattfand, sowohl auf *oberer als auch unterer Ebene,* von oben *und* von unten.

Hier kommen wir zum zweiten Fokus oder vielmehr zum zweiten Herzstück des Buches: Geschichte wird nicht nur von oben gemacht, sondern auch – man müsste sagen: zuerst – *von unten, from below.* Deshalb ist es so wichtig, wie es die Autoren gewissenhaft tun, diejenigen zu Wort kommen zu lassen, die auf diese Weise Geschichte von unten machen, in diesem Fall die Frauen und Männer, die, ohne es zu wissen, Geschichte schreiben, diejenigen, die aus subjektiven und emotionalen Gründen die Seiten des Hasses umblättern und beginnen, die Seiten der Freundschaft zu schreiben, die Seiten der *Philia,* auch wenn es sich dabei eher um Liebe oder *Erôs* als um Freundschaft handelt (aber die griechischen Begriffe sind weit davon entfernt, reine Gegensätze zu beschreiben).

Das Wort *Geschichte* hat durchaus zwei Bedeutungen: Es sind die pluralen aber immer singulären Geschichten, die man in den so reichhaltigen Gesprächen entdeckt, die die große Geschichte ausmachen.

Die Tatsache, dass die Autoren eine wenig bekannte Periode untersuchen *und* diejenigen zu Wort kommen lassen, die Geschichte gemacht haben, ist *die Originalität* dieses Buches und sein wichtigster Beitrag: Anhand von Interviews, die so geführt wurden, dass wir es nicht nur mit subjektiven Zeugnissen, sondern mit einer echten *objektiven*

Ausarbeitung zu tun haben, erfahren wir, wie sich immer besondere, wenn auch zahlreiche Liebeserfahrungen in einem Klima des Hasses (während des Krieges) und in einem Klima der Feindseligkeit (nach 1945 in Frankreich) und der Depression (nach 1945 in Deutschland) entwickeln konnten.

Das ist entscheidend, weil man dadurch viel tiefgreifender versteht, dass die deutsch-französische Freundschaft nicht vom Himmel gefallen ist, dass sie nicht nur von oben von den Politikern gewollt und verordnet wurde, dass sie nicht nur auf institutionelle Weise produziert wurde, sondern dass sie *vom Volk aufgebaut wurde*, von den Individuen oder vielmehr von den Subjekten, die das Volk in seiner Vielfalt bilden, von den Bürgern, die die Möglichkeit des Politischen darstellen. Ohne eine solche volkstümliche und subjektive Dimension (im starken Sinne beider Begriffe), an deren Bedeutung uns das Buch ständig erinnert, wäre die deutsch-französische Freundschaft nur eine abstrakte und leere Idee, ein Ausdruck ohne Inhalt und ohne Leben.

Sechzig Jahre nach der Unterzeichnung des *Elysée-Vertrags* sollten wir uns daran erinnern, dass die deutsch-französische Freundschaft nicht nur institutionell, politisch oder staatlich sein kann, sondern in erster Linie volkstümlich sein muss, dass sie vor allem über Begegnungen, Austausch, Dialoge, das Erlernen von Sprachen, die Erziehung zur Kultur des anderen und, nicht zu vergessen, das Wissen um die Geschichte, die unsere beiden Länder so lange – zu lange – geteilt hat, vermittelt werden muss.

Es ist das Wissen um das, was der Annäherung zwischen Deutschland und Frankreich in der grauen oder dunklen Zeit zwischen den beiden Ländern zugrunde lag, nämlich die individuellen Geschichten, die hier endlich ausgesprochen und anerkannt werden, es ist dieses Wissen um die Geschichten, die die Geschichte ausmachen, es und nur es wird in der Lage sein, dem Deutsch-Französischen ein solides Fundament, eine Dynamik und einen Sinn zu geben und ihm so eine Zukunft zu sichern, die diesen Namen verdient.

Das Buch von Sylvie Méron-Minuth und Christian Minuth, und ich spreche hier und jetzt noch gar nicht über ihr sonstiges, beträchtliches Engagement in den Bereichen Bildung, Universität und Kultur, legt einen wesentlichen Grundstein für den Aufbau einer solchen Zukunft.

Georges Leyenberger
Attaché der französischen Republik für
die deutsch-französische Zusammenarbeit
im Bildungsbereich, Leiter deutschfranzösischer
Kulturinstitute zwischen
2003 und 2011 sowie 2015 und 2019

Einleitung

„Als ob es nicht genug Franzosen gäbe ...", sagte ein Vater aus der Touraine 1945 zu seiner Tochter Mauricette, die mit einem deutschen Kriegsgefangenen zusammen war. Er meinte damit natürlich: „um einen Ehemann für dich zu finden". Dennoch gab er schließlich seine Zustimmung für die zukünftige Ehe der beiden Verliebten. So kam es, dass Mauricette nach Deutschland in eine kleine Stadt im Südwesten des Landes zog, um ihrem Mann zu folgen.

Um das Jahr 2000 herum zogen wir, die Autoren dieses Buches, in diese kleine mittelalterliche und sehr charmante Kleinstadt namens Hirschhorn am Neckar. Unser Haus war fast 200 Jahre alt und lag an der schmalen Hauptstraße, die als Fußgängerzone verkehrsberuhigt war. Oft fuhr eine alte Dame mit ihrem Fahrrad an unserem Haus vorbei und grüßte uns freundlich hinter ihrem Lenker mit einem fast ein wenig sportlichen Blick. Eines Tages hörte sie uns Französisch sprechen und es entwickelte sich ein kleines Gespräch:

„Sie sind Franzosen? Ich bin aus der Touraine", sagte sie
„Ich bin Bretonin", antwortete meine Frau, „und ich Deutscher aus Berlin", fügte ich hinzu. „Wie heißen Sie?", fragte die Frau.

„Ich heiße Sylvie, und das ist Christian, mein Mann."
„Ich heiße Mauricette."
„Was für ein schöner Name!", antwortete meine Frau und auf diese Art und Weise entstand ein freundschaftlicher Kontakt.

Viel später, im Anschluss an diese erste Begegnung, erzählte uns Mauricette – fünfzig Jahre nach ihrer Ankunft in Deutschland – ihre Lebensgeschichte und brachte uns auf die Idee, dieses Buch über deutsch-französische Paare der Nachkriegszeit zu schreiben. Abgesehen davon, dass wir selbst ein deutsch-französisches Paar sind, haben wir sehr oft Menschen aus unserem Umfeld getroffen, die uns von der schmerzhaften historischen Epoche des Zweiten Weltkriegs und der Nachkriegszeit erzählt hatten, insbesondere von den Beziehungen zwischen Frauen und Männern auf beiden Seiten des Rheins und ihren außergewöhnlichen Biografien.

Diese Themen tauchten immer wieder in Diskussionen auf, die innerhalb unserer französischen Familie oder mit Freunden, während der Partnerschaftstreffen unserer Stadt oder einfach bei zufälligen Begegnungen in Frankreich stattfanden. Es stimmt, dass diese Diskussionen in Deutschland weniger zahlreich, weniger intensiv und weniger bedeutsam sind. Das Thema ist für eine große Mehrheit der Deutschen nicht mehr ausgesprochen aktuell; dies wird hier noch zu untersuchen sein. Die Erinnerungsarbeit in Deutschland konzentrierte sich natürlich auf die Verbrechen der Nationalsozialisten, den Hitlerismus oder den Angriffskrieg gegen Russland und die darauffolgenden Verbrechen. Aber Frankreich und seine Besetzung durch die Wehrmacht waren nach 1945 für die deutsche Bevölkerung von geringerem Interesse. Diese Gleichgültigkeit änderte sich spürbar mit dem Prozess gegen Klaus Barbie 1987 in Lyon. Nichtsdestotrotz steht das Vichy-Frankreich nicht im Mittelpunkt der kollektiven deutschen Erinnerungsarbeit. Eine Tatsache, zum Beispiel, die das Ehepaar Beate und Serge Klarsfeld[1] unermüdlich beklagt und bekämpft hat.

In Frankreich hat sich im letzten Jahrzehnt ein wachsendes Interesse an dieser Zeit und den damit verbundenen Lebensgeschichten entwickelt, das sich in Veröffentlichung von Büchern wie: „Als Feind geboren

---

[1] Beate und Serge Klarsfeld, *Erinnerungen*, 2005.

werden" („*Naître ennemi*", Virgili, 2009); „Verteufelte Kinder" („*Enfants maudits*", Picaper & Norz, 2004), aber auch in im französischen Fernsehen ausgestrahlten Sendungen wie: „Nach dem Krieg geht der Krieg weiter" („*Après la guerre, la guerre continue*" (France 3, 27. April 2015) und „Worte der Nazibastarde" („*Paroles d'enfants de boche*";[2] Huyard, 2013) manifestiert. Das bewegende und empörende Schicksal dieser Kinder und ihrer französischen Mütter hat uns zutiefst erschüttert und wir widmen diese Arbeit all jenen, die die Erfahrung einer ungewöhnlichen binationalen Ehe[3] gemacht haben oder aus einer – wenn auch verbotenen – deutsch-französischen Liebe hervorgegangen sind. Hierbei beschäftigen wir uns ausschließlich mit den wenigen Biografien aus der Nachkriegszeit, die wir selbst zusammengetragen haben.

Außerdem, und das ist kein unbedeutender Grund für die Herausgabe unseres Buches, ist es in diesem Jahr sechzig Jahre her, dass die deutsch-französische Freundschaft mit dem Élysée-Vertrag am 22. Januar 1963 offiziell besiegelt wurde – ein Abkommen zwischen zwei Ländern mit unterschiedlicher Kultur und Sprache, das in seinen Zielen weltweit einzigartig ist. Ein Modell der Zusammenarbeit und Freundschaft über Grenzen hinweg, das in der heutigen politischen Welt seinesgleichen sucht. Ein Grund mehr, sich mit den binationalen Paaren der ersten Stunde zu beschäftigen. Paare, für die es nicht immer gut war, mit einem Partner aus einer der beiden Nationen zusammenzukommen, die sich seit Jahrhunderten in einer gegenseitigen Erbfeindschaft

---

[2] *boche* ist ein französisches, beleidigendes Schimpfwort, um die verhassten Deutschen zu bezeichnen.
Etymologie möglicherweise: französisch = *caboche*, der Dickschädel, Dickkopf, Holzkopf. Im weiteren Verlauf lassen wir den Begriff unübersetzt stehen. Andere ähnlich gebrauchte, heute eher veraltete negative Begriffe für die Deutschen: *Kraut, Fritz, Fridolin, Frisé, Chleu*. Heute hört oder liest man diese Begriffe kaum noch.

[3] Der Begriff der „Mischehe", der in Deutschland vor allem in der Nazizeit benutzt wurde, um die Ehe zwischen sogenannten arischen und jüdischen Menschen zu charakterisieren, kann heute nicht mehr guten Gewissens benutzt werden. Im Französischen hingegen ist der Begriff *„mariages mixtes"* weitgehend unverdächtig. In der Folge werden wir die Begriffe „interkulturelle" bzw. „binationale Ehe" benutzen (Anmerkung SMM & CM).

gegenüberstanden, die 1963 – zumindest offiziell – endgültig beigelegt wurde. Die Paare, von denen wir hier sprechen, haben sich zwischen 1944 und 1963 zusammengefunden und oft sind ihre Kinder hier ihr Sprachrohr.

Sechzig Jahre nach der Unterzeichnung des Élysée-Vertrags im Jahr 1963 gibt es immer noch Möglichkeiten, Zeitzeugen und ihre Nachkommen treffen zu können. Sie repräsentieren eine Generation, die die Nachkriegszeit erlebt und unter ihr gelitten hat. Es sind insbesondere deutsch-französische Biografien, die uns hier interessieren. Denn die Entscheidung, einen Partner aus dem Land zu nehmen, das als Erbfeind gilt, ist oft ein gewagter Akt, der aus Liebe, aber oft auch aus Verzweiflung geboren wurde. Nach den Enthüllungen der Nazi-Verbrechen und knapp dreißig Jahre nach dem verheerenden Ersten Weltkrieg begann eine Mehrheit der Franzosen, die *boches* zu hassen. So wie man bereits die Kinder aus einer verbotenen Beziehung zwischen einem deutschen Soldaten und einer Französin als Kinder von *boches* bezeichnet hatte, die als Feindkinder oder Nazibastarde galten, litten auch die Beziehungsgeschichten der Nachkriegszeit unter der Last der Geschichte. Diese Pionierpaare verdienen unsere ganze Aufmerksamkeit und unser Mitgefühl, da ihr jeweiliges Leben nicht immer einfach war.

Eine erste wissenschaftliche Arbeit zu unserem Thema liegt mit der an der Sorbonne verteidigten Dissertation von Jean-Pierre Guérend vor, der 1973 deutsch-französische Ehen in der Zeit von 1960 bis 1970 untersuchte. Er führte eine psychosoziologische Studie mit 130 Paaren von beiden Seiten des Rheins durch. Seitdem haben sich die Methoden zur Verarbeitung qualitativer Daten verfeinert und ermöglichen – durch den narrativen und biografischen Ansatz – ein tieferes Verständnis der Motive sowie eine individuelle Sicht auf die Aussagen der Befragten. Unseres Wissens nach stellen diese Daten dennoch das einzige existierende Korpus von größerer Bedeutung zu unserem Thema dar.

Für unseren Ansatz werden wir keine Ausgangshypothesen formulieren, sondern die Verfahren der offenen qualitativen Analyse anwenden, die auf eine möglichst genaue Einhaltung der Inhalte der Interviews bedacht ist und nur eine sensible Interpretation und Kategorisierung der Äußerungen zulässt. Die Daten in Form von Videoaufnahmen wurden dementsprechend gespeichert und transkribiert. Wir werden hier nicht über den Stellenwert des Interviews in den Sozialwissenschaften, insbesondere in der Soziologie, diskutieren, da die zahlreichen Konflikte zwischen statistischen und qualitativen Methoden zugunsten einer gemischten Forschungsmethode, die gemeinhin als *mixed method* bezeichnet wird, der Vergangenheit anzugehören scheinen. Wir sollten jedoch Folgendes nicht vergessen:

„Man könnte letztendlich sagen, dass das Interview als Erhebungsinstrument lange Zeit zwischen der starken Legitimität des statistischen Instrumentariums in der Soziologie und der teilnehmenden Beobachtung in der (metropolitanen) Ethnologie, die beide als methodologisches Emblem ihrer jeweiligen Disziplinen fungierten, ‚eingeklemmt' war. Darüber hinaus erzeugten die ursprünglichen – und, wenn man so will, ‚ungehörigen' – Anlehnungen des Interviews an die (amerikanische) Psychologie und damit an eine Form des Psychologismus einen starken Verdacht des Subjektivismus gegenüber dem Interview seitens der Soziologen." (Beaud 1996: 6)

Auf der Grundlage unserer bisherigen Arbeiten haben wir uns bewusst für einen ethnografischen Ansatz entschieden: wie ein Forscher, der Neuland betritt. Dieser Ansatz scheint uns für die historischen Fakten, über die hier zu sprechen sein wird, angemessen. Die Frage der Subjektivität, aber auch der Objektivität wird in den Sozialwissenschaften viel diskutiert; hier ein von Bernard Zarca vorgebrachter Standpunkt, dem wir uns anschließen:

„Um ein ethnographisches Interview zu führen, muss man in der Lage sein, objektive Daten zu sammeln, um die subjektiven Daten zu kontrollieren und viele Anekdoten zu erhalten. Ein ethnografisches Interview muss also Mittel zur Objektivierung bereitstellen. Wir haben bereits gesehen, dass der Rahmen des Interviews selbst ein Mittel zur Objektivierung ist, aber das Interview allein ist in der Lage, einen Satz von sowohl objektiven als auch subjektiven Daten zu produzieren." (Zarca 1987: 9)

Bernard Zarca fährt fort:

„Man muss bei dem, was während eines Interviews gesagt wird, unterscheiden zwischen objektiven Fakten (z. B. die Tatsache, dass man in einem bestimmten Beruf, während eines bestimmten Zeitraums usw. Lehrling war) und Urteilen über Fakten („es war hart, der Chef war ein Dreckskerl"), die Daten darstellen, die man mangels eines besseren Begriffs; subjektiv' nennen kann und die ebenso viel über die gegenwärtige Subjektivität des Sprechers wie über seine notwendigerweise rekonstruierte Vergangenheit aussagen." (Zarca 1987: 9)

Unsere Gesprächspartner erzählen ihre Lebensgeschichten, genauer gesagt, einen winzigen Teil der Erfahrungen, die sie zu einem bestimmten Zeitpunkt in ihrem Leben gemacht haben und die mit ihrer Liebe zu einem französischen oder deutschen Partner zusammenhängen. Diese Erzählungen sind im besten Sinne des Wortes subjektiv. Denn es ist genau diese individuelle Sicht, die uns interessierte und die man an verschiedenen Stellen mit dem Begriff Anekdote in Verbindung bringen kann. Diese Form der Erzählung, die uns im Laufe unserer Interviews häufig begegnete, veranschaulicht auf bemerkenswerte Weise Lebensbedingungen, die bereits weit zurückliegen.

„Warum ist die Anekdote einer der stärksten Hebel des ethnografischen Interviews? Einerseits ist sie eine mehr oder weniger kurze Erzählung einer erlebten sozialen Situation, die es ermöglicht, das Gespräch unmittelbar auf die Seite der im untersuchten Milieu geltenden sozialen Praktiken zu stellen, indem sie eine soziale Szene wieder aufleben lässt, in der eine bestimmte Anzahl dieser Praktiken oft im Detail zu sehen ist (und darüber hinaus den Übergang des Sprechers zu einem direkten Stil durch einen getreu nachvollzogenen Dialog erleichtert). Andererseits erlaubt die Anekdote durch ihre scheinbare Banalität und Unwichtigkeit („wissen Sie, es ist nur eine Anekdote') dem Befragten, Phänomene mit zutiefst soziologischem Inhalt zu erwähnen, ohne Angst, gegen den gesellschaftlichen Anstand zu verstoßen, und somit in aller Einfachheit, ja sogar in aller Naivität, Dinge zu sagen, die die gewöhnliche gesellschaftliche Zensur verbietet. In dieser Hinsicht ist die Anekdote ein wunderbarer Enthüller und Analysator sozialer Situationen, und die Kunst des Interviewers besteht darin, zu wissen, wie man sie reichlich hervorruft, zum richtigen Zeitpunkt und im Einklang mit dem Diskurs des Interviews." (Beaud 1996: 18)

Die Anekdote wird in den Sozialwissenschaften häufig wegen ihrer sekundären und belanglosen Natur abgewertet. So charakterisiert der Larousse online die Anekdote (von griechisch: *anekdotos,* unveröffentlicht) wie folgt:

1. Tatsache marginalen Charakters, die sich auf eine oder mehrere Personen bezieht, unveröffentlicht oder wenig bekannt ist, der man eine Bedeutung beimessen kann, die aber im Vergleich zum Wesentlichen nebensächlich bleibt: Historische Erzählung, die sich in der Anekdote verliert.
2. Kurze Erzählung einer kuriosen oder malerischen Begebenheit, die zur Unterhaltung geeignet ist; Geschichte. (Larousse: 2022)

Im Gegensatz zu dieser Definition und als Gegenposition zu der angesprochenen Kritik werden wir so viel wie möglich von den anekdotischen Erinnerungen der Interviewten profitieren. Wir sind davon überzeugt, dass die Anekdote den Kern eines Erlebnisses darstellt, der uns die tieferen Gründe für eine Handlung, eine Überzeugung oder eine Einstellung liefern kann. Eine Anekdote nur als einen kleinen Einblick, eine leichte und eitle Illustration zu betrachten, entspricht in keiner Weise ihrem erzählerischen Zweck: der Vermittlung einer Wahrheit oder zumindest einer Aussage von großer Plausibilität. Wie ein Laserstrahl vereint die Anekdote die verstreuten und ungleichen Strahlen eines Bündels zu einem einzigen roten Faden. So auch die Hypothese des amerikanischen Psychologen Jerome Seymour Bruner (1991), der sich mit der narrativen Konstruktion der Realität befasst, *„The narrative construction of reality":*

> „Die meiste Zeit organisieren wir unsere Erfahrung und Erinnerung an menschliche Ereignisse in Form von Erzählungen und Geschichten, Entschuldigungen, Rechtfertigungen für das Tun oder Unterlassen von Dingen usw. Das Erzählen ist eine gewohnte, kulturell überlieferte und durch individuelle Beherrschung begrenzte Form, ein Konglomerat prothetischer Mittel, von Kollegen und Mentoren. Im Gegensatz zu Konstruktionen, die durch wissenschaftliche oder logische Argumentationen erzeugt werden und die durch Falsifikation eliminiert werden können, erreichen

narrative Konstruktionen nur den Zustand der Plausibilität. Nun sind Narrative eine Version der Realität, deren Akzeptabilität eher von Konventionen und der ‚narrativen Notwendigkeit' gesteuert wird als von den erforderlichen empirischen oder logischen Überprüfungen." (Bruner 1991)

Die Lebensgeschichten, die wir auf diese Weise zusammengetragen haben, sind unweigerlich subjektiv und über die Jahre verändert. Es handelt sich um zusammenhängende Erzählungen, die in einer bestimmten Zeit angesiedelt sind. Was aus ihnen hervorgeht, ist die Wirkung von Erfahrungen, die vor mehr als siebzig Jahren gemacht wurden, und gerade diese Verlängerung und das Wandern durch die Zeit machen ihren wahren Wert aus. Wie Alain, einer der Teilnehmer unserer Studie, nach unserem Gespräch mit folgenden Worten betonte: „Danke, das war wie eine Art Therapie" (vgl. Alain im Kap. 5 dieses Buches). Dieser Vergleich ist keineswegs überraschend, denn ist die Erzählung nicht das Zentrum einer jeden psychoanalytischen Sitzung, zumindest einer freudianischen?

„Es ist also angebracht, diese ‚subjektiven Daten' zu analysieren, indem man sie auf den gesamten sozioprofessionellen Werdegang des Individuums bezieht: Die Einschätzung der Beschwerlichkeit der Bedingungen einer Lehre kann im mittleren Alter sehr unterschiedlich sein, je nachdem, welchen Weg man seither zurückgelegt hat." (Beaud 1996: 17)

Um einerseits Lebensgeschichten und echte persönliche Anekdoten[4] zu erlangen, um den zugrunde liegenden Emotionen näherzukommen, aber auch um Interviews etwas zu standardisieren, haben wir einen gemeinsamen, dennoch freien und offenen Fragebogen für alle Interviews entwickelt, der verschiedene Aspekte behandelt, wie zum Beispiel die Situation in verschiedenen Familien, Gründe für die Wahl

---

[4] Anmerkung SMM & CM: „Ich mag in der Geschichte nur die Anekdoten, und unter den Anekdoten ziehe ich diejenigen vor, in denen ich mir vorstelle, ein wahres Gemälde der Sitten und Charaktere in einer bestimmten Epoche zu finden." (Prosper Mérimée 1830: *Chronique du temps de Charles IX,* Ed. 1869, S. 3).

eines Wohnsitzes in Frankreich oder Deutschland und die Gründe für die Auswanderung aus dem Heimatland. Außerdem wurden mögliche Sprachprobleme, persönliche Pläne nach 1945 und die Reaktionen in der Familie oder bei Freunden im Herkunftsland berücksichtigt. Auf diese Weise ergibt sich ein gemeinsamer Rahmen für die Interviews.

Anschließend interessierten wir uns für die jeweiligen Partner, das heißt, ob sie in ihrer neuen Heimat akzeptiert wurden, oder ob sie dort Probleme mit der Verwaltung hatten. Ein letzter Abschnitt betraf Fragen zur Aufrechterhaltung der Herkunftskultur und Aktivitäten, zum Arbeitsleben, zur zweisprachigen oder nicht zweisprachigen Erziehung der Kinder und zu Kontakten mit dem Herkunftsland. Schließlich schloss ihre Einstellung zum Aufbau Europas unsere Interviews ab.

Dank dieses Rahmens haben uns die Personen, mit denen wir sprachen, einen Teil ihres Lebens und das ihrer Eltern preisgegeben. Wir werden nicht weiter auf die Diskussion der Historiker über die Erinnerung als gesellschaftliches Phänomen eingehen, sondern nur diese schöne Definition von Pierre Nora verwenden, die von Ledoux zitiert wird:

„[…] die Erinnerung an eine gelebte und phantasierte Erfahrung; als solche wird sie von lebenden Gruppen getragen, ist offen für alle Veränderungen, unbewusst für ihre sukzessiven Verformungen, anfällig für alle Manipulationen, anfällig für lange Latenzen und plötzliches Erwachen. […] Das Gedächtnis stellt die Erinnerung in den Bereich des Heiligen, die Geschichte allerdings spürt sie dort immer wieder auf und, wenn sie sich ihrer bedient, wird sie „prosaisch". Das Gedächtnis entspringt einer Gruppe, deren identitätsstiftende Solidarität es zu stärken hilft. Sie singularisiert und partikularisiert." (Ledoux: 2016)

Unsere Interviews entsprechen dem, was Bourdieu als „provozierte und begleitete Selbstanalyse" bezeichnet hat, also einer Situation, in der die interviewten Personen in der Lage sind, sich selbst zu hinterfragen. Dennoch wurden die Interviews, die durch unsere oben genannten offenen Fragen eingeleitet wurden, gelegentlich von unseren stillen Erwartungen beeinflusst.

„[…] um eine Erklärungsarbeit zu leisten, die zugleich lohnend und schmerzhaft ist, und um, manchmal mit außerordentlicher Ausdrucksintensität, Erfahrungen und Überlegungen auszusprechen, die lange zurückbehalten oder unterdrückt wurden." (Bourdieu 1993: 1408)

Unser Buch versteht sich vor allem als eine Sammlung von Zeugnissen für die breite Öffentlichkeit und nicht als historische oder soziologische Studie. Es soll ein Buch *grand public* (für eine breite Leserschaft) werden. Wenn es ein Dokument der Geschichtsschreibung „von unten" geworden ist, sind wir zufrieden. Seine Bestimmung ist es, deutsch-französische Lebensgeschichten aus der Nachkriegszeit zu erzählen, ohne den Anspruch auf irgendeine Repräsentativität zu erheben.

Inhaltsverzeichnis

Teil I Historische und gesellschaftliche Betrachtungen
1   Frankreich und Deutschland zwischen 1940 und 1963   3
2   Der Zwangsarbeitsdienst   11
3   Französische Kriegsgefangene in Deutschland   15
4   Deutsche Kriegsgefangene in Frankreich   23
5   Die Situation in der französischen Besatzungszone in Deutschland   27
6   Gemischte deutsch-französische Paare oder „Freund-Feind-Ehen"   41
   6.1   Bürgerliche, assoziative oder religiöse Kontakte   47
7   Deutsch-französische Eltern – Verbotene Liebe, verteufelte Kinder?   51

Teil II Lebensgeschichten

8 Mauricette – Ich habe es nicht bereut, nach Deutschland gekommen zu sein ... 59
- 8.1 Kindheit und Jugend in der Touraine ... 59
- 8.2 Die deutsche Besatzung von 1940 bis 1945 ... 60
- 8.3 Zwei Anekdoten ... 62
- 8.4 Joseph, eine Begegnung fürs Leben ... 63
- 8.5 Eine binationale Ehe ... 66
- 8.6 Eine Französin in einer deutschen Kleinstadt im Südwesten ... 69
- 8.7 Ein normales Leben in den 1970er Jahren und danach ... 71
- 8.8 Deutsch-französische Kinder mit zwei Kulturen ... 72
- 8.9 Rückblick auf ein erfülltes Leben ... 73

9 Henri (Heinrich) – Henriette und ihre schönen Blumen ... 75

10 Arlette und Hubert – Eine Hochzeit über die Berliner Mauer hinweg ... 87
- 10.1 Eine Burgunderin mit einer Lizenz in Deutsch in der Tasche ... 88
- 10.2 Studentenaustausch ... 90
- 10.3 Als ob es nicht genug Franzosen gäbe! ... 92
- 10.4 Deutsche Gefangene ... 96
- 10.5 Das Scheren der Haare ... 97
- 10.6 Die Berliner Mauer ... 97
- 10.7 Die ersten Schritte im Westen ... 100
- 10.8 Eine europäische Familie ... 103

11 Géraldine – Die unglaubliche Geschichte ihrer Eltern ... 105
- 11.1 Ernüchterung und eine neue Liebe ... 106
- 11.2 Probleme mit der Sprache ... 109
- 11.3 Einige Deutsche blieben in Frankreich ... 110
- 11.4 Ein Onkel im Widerstand ... 111
- 11.5 Alles endet mit einer schönen Geschichte ... 113

12 Alain – Mein Vater war sehr, sehr hart. Meine Mutter, sie hat das alles ertragen — 115
12.1 Alains gemischte Familie — 116
12.2 Begegnung zwischen einer jungen Französin und einem jungen Deutschen — 117
12.3 In Frankreich oder Deutschland leben? — 119
12.4 Alain und seine Geschwister — 121
12.5 Schwierige Schulbildung und Grundschulzeugnis — 124
12.6 Aufwachsen ohne Liebe – eine karge Kindheit und Jugend in der Nachkriegszeit — 126
12.7 Eine sehr harte Erziehung vor dem Hintergrund familiärer Gewalt und Alkoholkonsums — 127
12.8 Henri, der Neonazi-Bruder — 130
12.9 Psychologische Traumata nach dem Krieg – Wenn er getrunken hatte, sprach er über den Krieg — 132
12.10 Militärdienst und Integration in das Erwachsenenleben — 133
12.11 Sich selbst etwas beweisen, indem man Berufsfeuerwehrmann wird — 136

13 Annie und Sylvie – Unser Papa, der war nicht glücklich — 137
13.1 Papa auf dem Bauernhof – Er war wie *Fernandel* — 139
13.2 Der Vater, ein Soldat im Krieg — 141
13.3 Akzeptanzprobleme in der französischen Familie – Weil er ein Deutscher war — 142
13.4 Eingebürgerter Franzose – deutsche Familie bricht Brücken ab — 144
13.5 Wir haben nach seinem Tod Einiges erfahren — 146
13.6 Familiengeheimnisse – Immer wenn der Alkohol sprach — 148
13.7 Kernfamilie als Quelle des Glücks — 150
13.8 Zu Hause sprach Papa nie Deutsch — 151
13.9 Beleidigungen in der Schule — 152
13.10 Auch fünfzig Jahre später muss man nicht alles erzählen — 154

14 Sandrine – Bei meinem Vater gab es viel Unausgesprochenes   157
   14.1 Die unruhigen Zeiten der französischen Besetzung Badens   158
   14.2 Schwierige Rückkehr nach Frankreich – Gastons Mutter trinkt   160
   14.3 Streit mit der deutschen Familie um das Sorgerecht für das Kind   162
   14.4 Ende der 1960er Jahre – auf den Spuren der Vergangenheit   163
   14.5 Sandrines Rechercheansatz – ihrer Großmutter Ehre zu Teil werden lassen   167

Epilog   169

Literatur   175

Teil I
Historische und gesellschaftliche Betrachtungen

1

Frankreich und Deutschland zwischen 1940 und 1963

Am 10. Mai 1940 griff eine deutsche Armee zum dritten Mal innerhalb von siebzig Jahren Frankreich an und verletzte dabei die Integrität Belgiens, der Niederlande und Luxemburgs. Schnell wurde die nördliche Hälfte Frankreichs besetzt, während sich in der nicht besetzten Zone südlich der Demarkationslinie eine kollaborationistische Regierung unter General Pétain etablierte. Damit beginnen vier Jahre des Terrors, der Menschenrechtsverletzungen, der Deportationen und Denunziationen, aber auch des heldenhaften Widerstands gegen das Hitlerregime. Das Ende dieser dunklen Epoche der Besatzung und der Kollaboration begann mit der Landung der Alliierten in der Normandie am 6. Juni 1944 und führte zur Befreiung von Paris und ganz Frankreich. Am 7. Mai 1945 wurde die deutsche Kapitulation in Reims und am 8. Mai 1945 in Berlin unterzeichnet.

Angesichts der moralischen, politischen, institutionellen und physischen Zerstörungen sowie der unzähligen Toten und Vermissten, die aus dem von den Nationalsozialisten geführten Krieg resultierten, und angesichts der Schrecken der Konzentrations- und Vernichtungslager und ihrer unsäglichen Verbrechen befand sich ein Großteil der deutschen Bevölkerung nach dem Mai 1945 in einer Art Lethargie, einem Zustand der Latenz, aus dem kein Ausweg sichtbar zu sein schien (Gumbrecht 2012: 64-66).

Das Buch „Nach 1945" des bedeutenden Romanisten Hans Ulrich Gumbrecht, das 2012 in Berlin erschien, liefert uns Hinweise und Interpretationen zum Verständnis der Nachkriegszeit. Es setzt sich mit der Individualpsychologie der Überlebenden auseinander und vergleicht diese unter anderem mit literarischen Werken von Sartre, Beckett, Borchers, Benn, Andersch und Faulkner. Ein Beispiel: die Unmöglichkeit für die Eingeschlossenen in *„Huis Clos"*, aus ihrer Situation auszubrechen oder echte menschliche Kontakte zu haben, oder in „Draußen vor der Tür" (Wolfgang Borchert 1947) die Unfähigkeit der Überlebenden, wieder Kontakt mit dem Kriegsgefangenen aufzunehmen, der nach Jahren des Eingesperrtseins nach Hause zurückkehrt. Das Leitmotiv für diese Zeit ist zum einen das Fehlen von Aus- und Eingängen für die Menschen der Nachkriegszeit und zum anderen der Mangel an Wahrhaftigkeit in den menschlichen Beziehungen. Sie sehen sich in einer katastrophalen Situation gefangen, sowohl in materieller als auch in moralischer Hinsicht: Alles ist blockiert, da der Krieg nicht nur unauslöschliche Spuren an den Gegenständen und Körpern der Menschen hinterlassen hat, sondern auch alptraumhafte Spuren in ihren Seelen. So hat sich im Nachkriegsdeutschland eine unzweifelhafte Unbeweglichkeit breit gemacht. Schnell entsteht eine Art Weigerung, der Nazi-Vergangenheit ins Auge zu blicken und Erinnerungsarbeit zu leisten. Die öffentliche Meinung wendet sich sehr schnell von dieser schweren Vergangenheit ab, um sich um die individuellen Bedürfnisse, das Überleben zu kümmern. Ein Leben, das nach und nach wieder aufgebaut wird, von Tag zu Tag und in extremer Unsicherheit. Sehr schnell möchte man einen Schlussstrich ziehen, die Vergangenheit vergessen, ohne groß über die dunklen Jahre der Nazi-Diktatur nachzudenken. Margarete und Alexander Mitscherlich haben in ihrem Buch „Die Unfähigkeit zu trauern" eine genaue Analyse dieses Gemütszustands geliefert. Das Denken der Deutschen im Jahr 1945 lässt sich in einem Satz zusammenfassen:

„Die Vergangenheit soll, was uns betrifft, ohne dass Anlass zur Reue wäre, auf sich beruhen." (Mitscherlich 1967: 31)

Die Ernährungssituation 1945–1946 war sowohl in Frankreich als auch in Deutschland katastrophal. Die Zeit um 1945 wurde nicht nur von den Deutschen, sondern auch von externen, internationalen Beobachtern der Situation als das „Jahr Null" (vgl. Morin 1946) empfunden und dann auch so genannt. Die historische Forschung hat diese Zeit in Deutschland auch als „Zusammenbruchgesellschaft" bezeichnet (Kleßmann 1986: 37–40). Es handelt sich um einen Moment in der Geschichte, in dem nichts mehr übrig ist, weder materiell noch moralisch oder intellektuell: Alles ist zusammengebrochen.

Offiziell wurde in Deutschland ein Entnazifizierungsprozess eingeleitet und die größten Kriegsverbrecher vor Gericht gestellt. Doch viele Nazis aus der zweiten Reihe wurden wieder in die neue deutsche Gesellschaft integriert und blieben bis zu den drei Auschwitz-Prozessen (zwischen 1963 und 1968) und ärgerlicherweise auch darüber hinaus unbekannt. Eine sehr große Zahl von Honoratioren des Naziregimes blieb unberührt und lebte ein ruhiges und oft wohlhabendes Leben im Nachkriegsdeutschland. Das Ehepaar Beate und Serge Klarsfeld verdient große Anerkennung dafür, dass es Nazi-Propagandisten wie Kiesinger und zahlreiche Kriegsverbrecher wie Achenbach, Barbie, Lischka, Heinrichsohn, Hagen, Papon, Brunner, Bousquet, Leguay, Rauff, Mengele und Touvier aufgespürt und die Straffreiheit dieser Personen in Frankreich und Deutschland angeprangert hat.

Der Kampf der Eheleute Beate und Serge Klarsfeld – übrigens selbst ein deutsch-französisches Ehepaar – war hart und oftmals ohne jegliche offizielle Unterstützung. Ihre lange und mutige Recherchearbeit hatte auch den Effekt, einen Teil der öffentlichen Meinung in Deutschland wachzurütteln, wo man es sicherlich vorgezogen hätte, nie wieder von dieser dunklen Periode des Dritten Reichs zu hören. Das ging so weit, dass die Auslieferung von Klaus Barbie an Deutschland von der deutschen Regierung abgelehnt wurde. Bundeskanzler Kohl wollte mit diesen deutschen Schuldgeschichten Schluss machen, so wie frühere christdemokratische Bundeskanzler in den 1960er Jahren den Auschwitz-Prozess nicht wollten. Das sind jene Jahre, die man als bleierne Jahre bezeichnen kann und deren Schleier sich vierzig oder gar fünfzig Jahre nach den unsäglichen Verbrechen nur zaghaft lüften sollte. Das Wiederauftreten achtzig Jahre nach der Befreiung des Vernichtungslagers von

Auschwitz, des alten Antisemitismus in beiden Ländern und von Stimmen, die den Holocaust leugnen, sowie der neue Antisemitismus von Islamisten und Neonazis aller Art, sind Entwicklungen, die es zu beobachten und zu bekämpfen gilt (vgl. Brenner 2002; Bensoussan 2021; Sinclair 2020). Der Titel des Buches von Henri Amouroux aus dem Jahr 1993, der so prophetisch geworden ist *„La page n'est pas encore tournée"* („Das Kapitel ist noch nicht abgeschlossen", Übersetzung des Titels von SMM und CM), obwohl er auf den Zeitraum von Januar bis Oktober 1945 abzielt, trifft in beunruhigender Weise auch auf die aktuelle Situation zu.

Die Straflosigkeit der überlebenden NS-Täter und der fehlende politische Wille, sie zu verfolgen, sowie der Mangel an Dialog innerhalb der Familien erklären den berühmten Slogan des Mai 1968 „Trau keinem über 30!", der sich gegen die Elterngeneration richtete, weil diese Altersgruppe möglicherweise in die NS-Verbrechen verwickelt war. Über dreißig meint zunächst die Eltern als Erziehungsberechtigte, also eine Rebellion gegen diese, aber eben auch ein Protest gegen eine Generation von potenziellen Tätern. Hier waren dann eher die über 50-Jährigen gemeint. Die Eltern der jungen Revolutionäre von 1968 haben diese strittigen Themen, nämlich ihre Haltung während der Jahre des „Dritten Reichs", oftmals verdrängt und verschwiegen. In den Familien wurde auf die Frage „Vater, was hast du während des Krieges gemacht?" häufig eine ausweichende Antwort gegeben. Dieses Schweigen der Väter stellt ein Phänomen dar, das bereits nach den schrecklichen Erfahrungen der Soldaten von 1914–1918 zu beobachten war. Es wird hier jedoch durch einen Verdacht verstärkt, nämlich den der Nazi-Verbrechen: „War mein Vater vielleicht an den abscheulichen Verbrechen beteiligt, die an Juden, Sinti und Roma, Minderheiten, Widerstandskämpfern, an der Zivilbevölkerung, oder an Kriegsgefangenen begangen wurden?" Diese Verdächtigungen und Fragen, die in den meisten Familien unbeantwortet blieben, bilden den Hintergrund der deutschen Gesellschaft nach 1945. Kennzeichnend für diese Zeit ist die völlige Blockade tieferer Gefühle, mangelndes Vertrauen und die Existenz verdrängter, aber dennoch vorhandener Konflikte. In dieser Hinsicht wurden im Mai 68 diese psychologischen Blockaden gelöst und die verschütteten Konflikte ans

Tageslicht gebracht, sichtbar für alle. Die Ereignisse dieser Zeit stellen eine kulturelle Revolution dar: Seitdem ist nichts mehr so, wie es vorher war.

Ist es Zufall, dass die emblematischste Figur, die diese Erneuerung repräsentierte und auch heute noch an der Spitze der europäischen Politik steht, ein Studenten- und Jugendidol mit deutsch-französischen Wurzeln ist: Daniel Cohn-Bendit? Dieser charismatische, zweisprachige, bikulturelle und weltgewandte Mann, der sich selbst als europäischer Bürger bezeichnet, ist der Sohn deutscher kommunistischer Auswanderer, die aus Nazi-Deutschland nach Frankreich flohen und sich dort niederließen. Während der Ereignisse im Mai 68 geriet Cohn-Bendit schnell ins Visier der französischen Rechtsextremen und wurde als Außenseiter, *boche* und Jude bezeichnet und beschimpft[1]. Am Ende der 1960er Jahre repräsentierte dieser latente Antisemitismus und die Germanophobie der französischen Rechten sowie der französischen Kommunisten zweifellos die politische Stimmung und die zugrunde liegenden Überzeugungen eines Teils der französischen Gesellschaft. Dies stand im Gegensatz zur offiziellen Politik.

Unmittelbar nach der Kapitulation Nazi-Deutschlands stellte sich für die vier Alliierten die entscheidende Frage: Was sollen wir mit Deutschland tun?

Die Position der Amerikaner, Briten, Sowjets und Franzosen unterschied sich erheblich, allerdings veränderte sie sich in den ersten Monaten der Besetzung ihrer jeweiligen Einflusszonen (vgl. Vaillant 1981; Martens 1993).

Erst ab 1948 änderte sich die Haltung Frankreichs gegenüber Deutschland, insbesondere als Folge der politischen und wirtschaftlichen Entwicklungen der Nachkriegszeit: die Ruhrgebietsfrage, das Saarland, der Marshallplan und die wachsenden Interessen und Einflüsse

---

[1] Er wurde auch von Georges Marchais, dem damaligen Sekretär der Kommunistischen Partei Frankreichs, ins Visier genommen, der in der Tageszeitung L'Humanité anprangerte: „Diese Gruppierungen werden von dem deutschen Anarchisten Cohn-Bendit angeführt" (L'Humanité, 3. Mai 1968). Bald skandierten die Studenten in den Straßen von Paris aus Solidarität mit Cohn-Bendit: „Wir sind alle unerwünschte, deutsche Juden." Später sagte Cohn-Bendit: „Georges Marchais, der mich einen deutschen Anarchisten genannt hatte, spielte seine Anti-Boche-Phobie aus: Die Studenten in Nanterre riefen, was er nicht zu sagen gewagt hatte: ‚deutscher Jude'" (vgl. Wikipedia: https://fr.wikipedia.org/wiki/Nous_sommes_tous_"_indésirables) [02.05.2023].

der Sowjetunion in Europa. Im Anschluss an die Londoner Erklärung und die Vorbereitung einer Währungsreform in Deutschland steuerte die Politik der drei Besatzungsmächte auf die Gründung der Bundesrepublik Deutschland am 23. Mai 1949 zu, gefolgt von der Gründung der Deutschen Demokratischen Republik am 7. Oktober 1949. Die Sowjetunion akzeptierte diese Entwicklungen nicht und antwortete mit einer vollständigen Blockade der Zugänge nach Berlin. Diese Blockademaßnahmen wurden durch die alliierte Luftbrücke konterkariert, die ein technischer und politischer Erfolg war und sich bis heute in das Gedächtnis der Berliner eingebrannt hat. Das Ende der Blockade markierte auch die endgültige Trennung der beiden deutschen Staaten.

Die Bundesrepublik Deutschland orientierte sich politisch an den drei alliierten Mächten und erhielt nacheinander Zugang zu verschiedenen europäischen Gremien und Kommissionen wie der Europäischen Gemeinschaft für Kohl und Stahl (Montanunion), der Europäischen Verteidigungsgemeinschaft und wurde schließlich in die NATO integriert. Auf diese Weise fügte sich die Bundesrepublik Deutschland in das politische und militärische System Westeuropas ein. Der Weg für engere deutsch-französische Beziehungen wurde geebnet. Die europäische Integration unter dem Dach einer politischen Organisation war ein langer und schwieriger Prozess, der den politischen Willen der verschiedenen europäischen Staaten, insbesondere Frankreichs und Deutschlands, einbezog. General de Gaulle lancierte die Idee eines „Europas der Nationen" und beeindruckte die Deutschen mit seinen enthusiastischen, packenden und rhetorisch geschickten Reden – die meisten davon in sehr gut verständlicher, deutscher Sprache gehalten – in Bonn, Ludwigsburg, Hamburg und auch in Reims (vgl. Johannes, Dieter et al. 2000: 34–35).

Der Ton dieser Reden, mehr noch als ihr Inhalt, beeindruckte die Deutschen und wurde nach langen Jahren der Diktatur, des Krieges, der Massenvernichtung, der Schuld und der politischen Isolation als Balsam für die Seele empfunden. So ergriff de Gaulle diese deutschen Gefühle der internationalen Ablehnung und widerlegte sie mit den in Ludwigsburg gesprochenen Worten:

1 Frankreich und Deutschland zwischen 1940 und 1963

„Ich beglückwünsche Sie, junge Deutsche zu sein, das heißt Kinder eines großen Volkes, jawohl, eines großen Volkes, das manchmal im Laufe seiner Geschichte große Fehler begangen hat; ein Volk, das aber auch der ganzen Welt geistige, wissenschaftliche, künstlerische, philosophische Werte gespendet hat [...]." (zit. nach Johannes, Dieter et al. 2000: 34)

Am 22. Januar 1963 unterzeichneten Adenauer und de Gaulle schließlich den Vertrag über die deutsch-französische Zusammenarbeit zwischen der Französischen Republik und der Bundesrepublik Deutschland. Dieser Vertrag eröffnete eine neue Ära der deutsch-französischen Beziehungen, die bisher von jahrhundertealten Rivalitäten und Kriegen geprägt waren.

Somit stellt 1963 das zeitliche Ende des in diesem Buch enthaltenen Zeitraums und unserer Untersuchungen dar, da von nun an die Situation der Bürger in beiden Ländern und ihre gegenseitigen Beziehungen nicht mehr die gleichen sein werden. Die Jugend in beiden Ländern hat sich seither kontinuierlich angenähert. Die deutsch-französische Freundschaft ist zum Rückgrat Europas geworden, eines Europas, das auf schmerzhaften, kriegerischen Erfahrungen aufgebaut ist. Der französische Botschafter in Deutschland, François Seydoux (von 1958 bis 1962 und von 1965 bis 1970), beschreibt in seinen Memoiren die Haltung von General de Gaulle gegenüber seinem Gesprächspartner, Bundeskanzler Konrad Adenauer, mit folgenden Worten aus dem Jahr 1958, die von einem tiefen Verständnis und einer Freundschaft zwischen den beiden Männern zeugen:

„[...] wenn ich in Adenauer einen Mann finde, der ebenso bestrebt ist, zwischen Deutschland und Frankreich eine möglichst umfassende Verständigung herzustellen, wie ich es selbst bin, und wir diese Verständigung gemeinsam herzustellen, können wir zusammen große Dinge tun. Wenn es eine Nation gibt, mit der das französische Volk zum größten Wohl Europas zusammenarbeiten muss, dann ist es die deutsche Nation. In der Vergangenheit haben sich zu viele Fehler angehäuft. Die Tatsache, dass Adenauer die Geschicke Deutschlands leitet und ich diejenigen Frankreichs, darf nicht vernachlässigt werden. Es ist angebracht, diese Umstände so weit wie möglich auszunutzen." (Seydoux 1975: 209)

Um die Lebenswege der deutsch-französischen Paare der Nachkriegszeit, die wir in diesem Buch zusammengestellt haben, zu verstehen, interessieren uns hier besonders vier Aspekte der neueren deutsch-französischen Geschichte, die in den folgenden Kapiteln kurz behandelt werden. Diese Bereiche stellen die Kontaktzonen zwischen Deutschen und Franzosen dar, die insbesondere schmerzhafte und schwierige Beziehungen zwischen Männern und Frauen schufen. Dabei handelt es sich um den Zwangsarbeitsdienst (*Service du Travail Obligatoire: STO*), also französische Zwangsarbeiter in Deutschland (Kap. 2), die französischen Kriegsgefangenen in Deutschland während des Krieges (Kap. 3), die deutschen Kriegsgefangenen in Frankreich nach dem Krieg (Kap. 4) und die Situation in der französischen Besatzungszone in Deutschland (Kap. 5).

Die genannten historischen Komplexe stellen den Nährboden dar, auf dem deutsch-französische Liebesbeziehungen in der Nachkriegszeit trotz der oft dramatischen Umstände entstehen konnten. Diese Zeit war aber auch ein chaotischer Schauplatz für die unfreiwillige Umsiedlung von Hunderttausenden von Menschen in beide Richtungen von Frankreich nach Deutschland und umgekehrt.

2

Der Zwangsarbeitsdienst

Der Zwangsarbeitsdienst, also die Rekrutierung von französischen Zwangsarbeitern mit Billigung und aktiver Unterstützung des Vichy-Regimes und ihre erzwungene Umsiedelung ins Dritte Reich, ist in Deutschland in der breiten Öffentlichkeit bis heute kaum bekannt und steht daher nicht auf der Tagesordnung der historisch-politischen Debatten. Diese Zwangsmaßnahme bleibt auch nach dem Krieg eine offene Wunde zwischen den beiden Ländern. Da das kollaborationistische Vichy-Regime die Forderung Nazi-Deutschlands nach Arbeitskräften unterstützt hatte, schickte es Tausende Männer in eine äußerst unsichere Zukunft und in ständige Lebensgefahr durch die Bombenangriffe der Alliierten und die dort zu erwartende schlechte Behandlung. Diese Armee von Arbeitssklaven wuchs zwischen 1942 und 1944 von 180.829 auf 701.758 Männer an (vgl. Spina 2017: Seiten 75 und 178). Diese Erfahrungen des Exils und der Unterwerfung einer so großen Anzahl von Männern – sie fallen allerdings in die Kriegszeit, also einige Jahre vor unserer Untersuchung – prägten die Beziehungen zwischen den Angehörigen beider Völker und führten zu ersten persönlichen Kontakten. Die Nazi-Behörden, die von der staatlichen Kollaboration Frankreichs durch das Vichy-Regime unterstützt wurden, forderten diese Arbeitskräfte, indem sie das Schicksal der 1.800.000 französischen Kriegsgefangenen in Deutschland in die Waagschale warfen und falsche Versprechungen über deren mögliche Befreiung im Austausch gegen die Zwangsarbeiter machten. Die meisten der Zwangsarbeiter des STO waren Bauern, wodurch die französische Agrarproduktion während der Besatzungszeit stark zurückging. Zunächst schlug die Vichy-Propaganda die Ablösung der Gefangenen vor, das heißt einen Austausch von Arbeitskräften. Diese Idee der freiwilligen Arbeit zugunsten der Gefangenen stieß bei der französischen Bevölkerung auf keinerlei Begeisterung und wurde bald aufgegeben und durch ein erzwungenes Exil, den STO, ersetzt. Es sind die Beziehungen zwischen der deutschen Bevölkerung und den französischen Zwangsarbeitern, die hier von Interesse sind, da sie helfen, die später beobachteten Haltungen bei Kriegsende und darüber hinaus zu verstehen.

„Viele Franzosen, die mit Wut im Herzen von zu Hause weggegangen sind, rächen sich, indem sie so wenig wie möglich tun. Sie benehmen sich unausstehlich, provozieren Streitereien, räumen ihre Lager nicht auf, machen nächtlichen Lärm oder unterschlagen und klauen im schlimmsten Fall." (Spina 2017: 380)

Die Beziehungen der französischen Zwangsarbeiter zur deutschen Bevölkerung lassen sich nicht verallgemeinern. Sie reichen von gegenseitigem Hass, kollektiven Strafen bis hin zu wohlwollenderen Haltungen, die sich durch Anpassung oder auch Arrangements auszeichnen. Insgesamt sind die Beziehungen aufgrund der Sprachbarriere minimal.

Wie Raphaël Spina in seinem 2007 erschienenen Buch über den STO berichtet, gab es jedoch auch Liebesbeziehungen „[…] ziemlich viele zwischen den deutschen Frauen und den Franzosen, denen ihr Ruf als Verführer vorauseilte" (Spina 2017: 382). Er fügt hinzu, dass kein Dekret „[…] diese Beziehungen kriminalisiert: Verliebte werden von der Gestapo überwacht oder verhört, selten mehr" (Spina 2017: 382).

Mehrere hundert Rechtsfälle werden allerdings zeigen, dass diese Formulierung etwas optimistisch ist und die Realität ganz anders aussah. Viele Texte und Bücher über illegale Beziehungen – in der Sprache des Dritten Reichs: „verbotener Umgang" – die Gwendoline Cicottini 2020 im Rahmen ihrer Doktorarbeit brillant neu untersucht hat, zeigen, dass diese Beziehungen strafbar waren und von Polizei und Gestapo genau überwacht und von den Gerichten untersucht und mit Strafen belegt werden. Diese konnten von einer Gefängnisstrafe bis zur Deportation in ein Konzentrationslager reichen (vgl. Durand 1981: 416–420; Cicottini: 2021: 10–15).

Oftmals sind diese Beziehungen zwischen französischen Zwangsarbeitern und deutschen Frauen durchaus eigennützig, da die deutsche Frau materielle Vorteile bieten kann. Manchmal werden diese weiblichen Eroberungen durch Franzosen von den Zwangsarbeitern als Rache für die Vergewaltigung Frankreichs durch die Deutschen empfunden und gerechtfertigt, insbesondere wenn die Frau die Ehefrau eines Soldaten an der Front ist (vgl. Spina 2017: 382).

Dies gilt auch in umgekehrter Richtung, da die französischen Arbeiter über bestimmte seltene und begehrte Waren wie Schokolade und Zigaretten verfügen. Denunziation und unhaltbare Urteile zeigen, wie sehr die menschlichen Gefühle durch diesen Krieg und die Verbrechen und Gräueltaten der Nazis pervertiert und vergiftet wurden. Bei der überwiegenden Mehrheit der Zwangsarbeiter und bei den unzähligen französischen Gefangenen überwog jedoch der Hass auf die Deutschen.

Es war Hitlers Krieg, der die Beziehungen zwischen den Menschen beider Nationen verschlechtert hat. 1945 sind wir noch weit von einer zukünftigen deutsch-französischen Annäherung entfernt, auch wenn man punktuelle Ausnahmen anschaut, bei denen die wenigen zwangsverpflichteten französischen Studenten, Lehrer oder Intellektuellen von deutschen Intellektuellen unterstützt wurden. Wie dem auch sei, die meisten STO-Verpflichteten waren Arbeiter, Bauern oder Landarbeiter. Da die Franzosen im Exil die Niederlage Nazi-Deutschlands und die zunehmende Kriegsmüdigkeit und Bombardierung des deutschen Volkes spürten, beschäftigten sie sich vor allem mit der Frage, wie sie nach Frankreich zurückkehren könnten und was sie dort erwarten würde. Die Erfahrungen der Franzosen des STO in Nazi-Deutschland sowie der französischen Kriegsgefangenen werden neben den Leiden der Mitglieder der Résistance einer der entscheidenden Faktoren für die deutsch-französischen Beziehungen nach dem Krieg sein.

3
Französische Kriegsgefangene in Deutschland

Vom Beginn des *drôle de guerre*[1] bis 1945 kann man die Gesamtzahl der französischen Kriegsgefangenen in Nazi-Deutschland auf 1.300.000 bis 1.800.000 schätzen, wobei etwa eine Million von ihnen fünf Jahre in Gefangenschaft verbracht haben soll (vgl. Durand 1981). Berücksichtigt man die damalige männliche französische Bevölkerung von etwa 20,7 Mio., so waren etwa zwischen 6 und 8 % der männlichen Einwohner Frankreichs in Deutschland inhaftiert.

Die Zahlen, die Helga Bories-Sawala (2008) vorlegt, sind erschreckend: Etwa 1.850.000 französische Kriegsgefangene befinden sich in 28 Offizierslagern (Oflag) und 69 Truppenlagern (Stalag). Etwa 58.000 französische Gefangene kamen während ihrer Gefangenschaft ums Leben und die große Mehrheit blieb fünf Jahre lang in Deutschland inhaftiert[2].

---

[1] In Frankreich wird die Zeit vom Kriegsbeginn Nazi-Deutschlands gegen Polen und dem Frankreichfeldzug gegen Frankreich 1940 als „seltsamer Krieg" oder auch „Sitzkrieg" bezeichnet.

[2] Mehrere Bezeichnungen und Abkürzungen, die sich auf diese Zeit beziehen und für eine entmenschlichte Militärsprache stehen, die durch die Nazi-Ideologie gekennzeichnet ist, finden sich in verschiedenen Publikationen: Stalag (Stammlager – Basislager), Dulag (Durchgangslager), Oflag (Offizierslager), Marlags (Marinelager), Ilag (Internierungslager), Heilag (Heimkehrerlager). Vgl. Was sind Stalags? Online verfügbar unter: https://unrecht-erinnern.info/themen/stalag/ [28.12.2022].

© Der/die Autor(en), exklusiv lizenziert an Springer Fachmedien Wiesbaden GmbH, ein Teil von Springer Nature 2024
S. Méron-Minuth und C. Minuth, *Bring mir bloß keinen Deutschen nach Hause!*,
https://doi.org/10.1007/978-3-658-44177-7_3

Diese Arbeitskräfte wurden von der deutschen Wirtschaft maximal ausgebeutet, die Versorgung der Gefangenen mit Nahrung und Kleidung war katastrophal und ihre Lebensbedingungen – sowohl in den Städten als auch auf dem Land – waren unzureichend. Die Genfer Konvention wurde in keiner Weise respektiert und die schlechte Behandlung der französischen Gefangenen wurde von der kollaborierenden Vichy-Regierung geduldet. Es war untersagt, Kontakte mit der deutschen Bevölkerung, insbesondere mit deutschen Frauen zu pflegen. Wer dagegen verstieß, riskierte theoretisch die Todesstrafe (vgl. Bories-Sawala[3]). Trotz allem lässt sich feststellen, dass sich die französischen Kriegsgefangenen in einer vergleichsweise besseren Lage befanden als die osteuropäischen und russischen Gefangenen, die von der nationalsozialistischen Ideologie als minderwertig („Untermenschen") angesehen und dementsprechend behandelt wurden. Insbesondere die sowjetischen Gefangenen, von denen man etwa zwei Millionen Männer verhungern ließ.

Diese französischen Gefangenen stellen einen repräsentativen Querschnitt der männlichen Bevölkerung Frankreichs dar. Die meisten von ihnen sind zwischen 20 und 40 Jahre alt, also im besten Alter, und sozial und beruflich integriert. Die Hälfte von ihnen ist verheiratet und hat eine Familie (vgl. Durand 1981: 25–26). Die Gefangenschaft ist somit ein bedeutendes, einschneidendes historisches Ereignis, sowohl für die französische als auch für die deutsche Gesellschaft. Dort lebten sie mit einer Bevölkerung zusammen, die von der nationalsozialistischen Ideologie der rassischen Überlegenheit geprägt war, aber auch von Zweifeln am Ausgang des Krieges hin und her gerissen wurde. Da viele deutsche Familien Väter und Söhne verloren hatten, machte sich im Laufe der Jahre, in denen der Krieg andauerte und die Alliierten vorrückten, eine große Kriegsmüdigkeit in der deutschen Bevölkerung bemerkbar. Die französischen Kriegsgefangenen wurden – durch ihre Anwesenheit – Zeugen dieser veränderten Einstellungen, Mentalitäten und sogar Überzeugungen, die insgesamt die Moral der Deutschen erheblich erschütterten.

---

[3] Vgl. die Doktorarbeit von Gwendoline Cicottini (2020): „Verbotene Beziehungen, vergessene Kinder? Die Beziehungen zwischen deutschen Frauen und französischen Kriegsgefangenen während des Zweiten Weltkriegs", die 2021 online veröffentlicht wurde.

3 Französische Kriegsgefangene in Deutschland 17

In einer ersten vertraulichen Mitteilung ordnete Bormann, Chef des Generalstabs, Stellvertreter und enger Vertrauten Hitlers, im Juli 1940 per Dekret an, wie mit den Kriegsgefangenen umzugehen sei:

> „Der Mangel an Arbeitskräften wird es bald erforderlich machen, dass eine größere Zahl von Gefangenen herangezogen wird. Aber vergessen Sie nicht, dass die Gefangenen als Soldaten ihres Landes die Waffen gegen Sie erhoben haben. In Ihrer Haltung gegenüber den Gefangenen müssen Sie daher alles vermeiden, was die Spionage- und Sabotageabsichten des Feindes begünstigen und sich gegen die Existenz des deutschen Volkes wenden könnte. [...] Vor allem die deutsche Frau muss sich bewusst sein, dass sie auf keinen Fall mit Gefangenen in Verbindung treten darf. Andernfalls verliert sie ihr höchstes Gut, ihre Ehre. Deutsche Frau, vermeide also auch jeden falschen Schein." (Durand 1981: 401)

Nur wenige Wochen später, im August 1940, verschärfte Heydrich, der Leiter der Gestapo, den Ton:

> „Die Gefangenen müssen streng, aber korrekt behandelt werden. Angesichts der Brutalität, mit der die deutschen Soldaten während ihrer Gefangenschaft behandelt wurden, ist Sentimentalität ebenso wenig angebracht wie falsches Mitleid. [...] Ich erinnere insbesondere daran, dass gemäß dem Führerbefehl französische, englische und belgische K.G. ebenso wie polnische im Falle von sexuellen Beziehungen mit deutschen Frauen und Mädchen mit dem Tode bestraft werden müssen." (Durand 1981: 402)

Entgegen diesen Anordnungen der Nazis hatten die Kriegsgefangenen aufgrund der Arbeit, die sie sowohl in den Fabriken als auch auf den Bauernhöfen zu verrichten hatten, relativ enge Beziehungen zur deutschen Bevölkerung. Diese Beziehungen waren vielfältig und komplex und reichten von einem schwierigen Zusammenleben bis hin zu gegenseitigem Verständnis. Vor allem seit dem Zusammenbruch der deutschen Armeen vor Stalingrad und der absehbaren Niederlage war die Moral der Deutschen auf einem Tiefpunkt angelangt und viele vertrauten den französischen Kriegsgefangenen heimlich (vgl. Durand 1981: 437).

Im Rahmen der vorliegenden Studie ist die Beziehung der französischen Kriegsgefangenen zu den deutschen Frauen interessant, allerdings liegen uns nur wenige statistisch verlässliche Informationen oder entsprechende Interviews vor. Zahlreiche Quellen berichten von intimen Beziehungen zwischen französischen Kriegsgefangenen und deutschen Frauen (vgl. Durand 1981: 414–421), die vor deutschen Gerichten ein strafrechtliches Nachspiel hatten. Es ist jedoch unmöglich, Zahlen zu nennen. Diese Liebesbeziehungen werden eine relative Grauzone der historischen Forschung bleiben. Nur eine kürzlich erschienene Dissertation hat sich mit diesem Thema befasst. Es handelt sich um das Werk von Gwendoline Cicottini über *„Verbotene Beziehungen, vergessene Kinder? Die Beziehungen zwischen deutschen Frauen und französischen Kriegsgefangenen während des Zweiten Weltkriegs"*, die 2021 veröffentlicht wurde. Der Schlüsselbegriff ihrer Studie betrifft den „verbotenen Umgang" (siehe oben sowie Fußnote 10) zwischen deutschen Frauen und französischen Gefangenen oder Gefangenen anderer Nationen sowie zivilen Zwangsarbeitern des STO. Die bestehende Unterscheidung der Nationalitäten der Gefangenen vor der deutschen Gerichtsbarkeit, die sie aufgrund der Schwere ihrer Schuld gemäß der NS-Ideologie (Rasse, ethnische Herkunft usw.) in verschiedene Gruppen trennte, kann in unserem Buch nicht berücksichtigt werden, da wir uns auf deutsch-französische Paare in der Nachkriegszeit konzentrieren. Dennoch zeigen die Prozesse gegen Liebespaare aus der Kriegszeit alle Arten von nationalen Stereotypen, die nach dem Krieg fortbestanden und noch lange eine entscheidende Rolle für die Paare nach 1945 und ihre Beziehungen zu den jeweiligen Familien spielten.

Die Nazi-Ideologie definierte die Rolle der deutschen Frau als Mutter und Ehefrau, die ihrem Mann untergeordnet war und als Reproduzentin der arischen Rasse fungieren sollte. Die Ideologie betonte somit die Bedeutung von Rasse, Ehe und Reproduktion (vgl. Cicottini 2021: 96). Diese Ideologie stand jedoch in starkem Kontrast zu den Realitäten des totalen Krieges und der tatsächlichen Rolle, die viele Frauen während des Krieges übernahmen:

> „Wie der Erste Weltkrieg bereits gezeigt hat, dienen Frauen als Relais im Hinterland und hören nicht auf, eine wichtige Rolle insbesondere auf

3 Französische Kriegsgefangene in Deutschland 19

wirtschaftlicher Ebene zu spielen. Sie entwickeln sich von der Rolle der Hilfskraft des Ehemannes zur Funktion des ‚Familienoberhaupts'." (Cicottini 2021: 95)

Diese deutschen Frauen, die von der französischen Propaganda als dick, mit Zöpfen und schweren Brillen dargestellt wurden, erhielten den abwertenden Spitznamen „Gretchen" (vgl. Cicottini 2021: 106), eine Verkleinerungsform des Vornamens Greta, der die deutsche Schwere symbolisierte und ein tapferes und naives Mädchen implizierte. In Wirklichkeit war sie eine Frau, die ihren Hof bewirtschaftete, in der Fabrik oder im Büro arbeitete und ihre Kinder allein großzog, während ihr Mann an der Front war.

Dieses Frauenbild stand in vollständigem Gegensatz zu dem Bildnis der Marianne, das seit der Französischen Revolution gewählt wurde, um Freiheit und im Laufe der Jahre auch Schönheit und Eleganz zu symbolisieren. Dies kann man vor allem, an den verschiedenen Vertreterinnen der Marianne aus späteren Zeiten sehen mit Brigitte Bardot, Catherine Deneuve oder Laetitia Casta.

Obwohl die Beziehungen zwischen deutschen Frauen und den französischen Gefangenen offiziell verboten waren, fanden dennoch Kontakte zwischen ihnen statt und waren somit real. Trotz der schweren Strafen, die von den Nazi-Behörden angedroht wurden (siehe oben), bildeten sich Liebespaare zwischen deutschen Frauen und französischen Gefangenen und es wurden Kinder aus diesen verbotenen Affären geboren. Oftmals wurden diese Frauen anonym denunziert und vor Gericht gezerrt. G. Cicottini (2021) hat 1785 Fälle ausgewertet, die ausschließlich deutsche Frauen und französische Gefangene betrafen und von Gerichten bearbeitet wurden. In der Hälfte der Fälle handelte es sich um eher rein sexuelle Beziehungen, aus denen 145 Kinder geboren wurden.

„Trotz dieser Lücken führt die Gegenüberstellung all dieser Quellen zu relativ zuverlässigen, vorsichtigen Schätzungen. Raffael Scheck schätzt die Zahl der ‚Herzenskollaborationen' auf ‚etwa zehntausend', [...] es sei daran erinnert, dass diese Daten nur die Spitze des Eisbergs darstellen und nur die Beziehungen aufzeigen, bei denen die ‚Paare' aufgedeckt wurden. Ein Indikator für diese Tendenz ist die Umfrage unter den

Kriegskindervereinigungen. Es ist sehr selten, dass die Mutter ins Gefängnis gegangen ist, was zeigt, dass eine schwer fassbare Anzahl dieser Beziehungen im Verborgenen stattgefunden hat." (Cicottini 2021: 168)

Bei der großen Mehrheit der Urteile werden Haftstrafen (Zuchthaus) von durchschnittlich 25 Monaten für illegale Beziehungen verhängt. Was hier interessiert, sind die Argumente der Verteidigung in solchen Fällen, von denen zwei in Cicottinis Buch zu finden sind (1. Elisabeth M.; 2. Charlotte V.):

1. „Aufgrund des durch den Alltag notwendigen Kontakts mit [dem Gefangenen] entwickelte [die Angeklagte] aufrichtige und tiefe Gefühle für ihn, die sie zu dem Wunsch führten, später zu heiraten. Solch ernste Gefühle werden vom gesunden Volksempfinden respektiert und mildern das Urteil über die Tat" (Cicottini 2021: 178)

2. „Es war eine echte, wenn auch zum Scheitern verurteilte und verbotene Liebesgeschichte, fern von jeder Ausschweifung, Verderbtheit und Wollust, mit der aufrichtigen Absicht, zu heiraten. [...] Diese jungen Leute passten perfekt zusammen und arbeiteten so lange zusammen, dass sich aufgrund mangelnder Aufsicht die verführerische und unwiderstehliche Gelegenheit ergab, mit der ganzen Kraft der ersten Liebe des Mädchens, das damals gerade 18 Jahre alt geworden war." (Cicottini 2021)

Die grausame Realität dieser Paare wird von den Haltungen der Polizisten und der Gestapo diktiert. Die Urteile variieren in ihrer Intensität und nach Gutdünken der Richter. Im Falle einer Inhaftierung ist das Gefängnisleben ein Bereich, in dem keine Rechtsmittel mehr gegen die Gefängnisdirektoren möglich sind. So erzählt Jean-Paul Picaper die tragische Liebe von Elisabeth und René (vgl. Picaper 2005: 137–161). Elisabeth wird wegen ihrer illegalen Kontakte zu einem französischen Gefangenen vor Gericht gestellt und inhaftiert. Sie stirbt im Alter von nur 34 Jahren im Gefängnis, weil sie von der Gefängnisdirektorin misshandelt wurde. Sie wird ihren Geliebten nie wiedersehen, der nach einem Verfahren vor der Militärjustiz und anschließender Internierung in einem Stalag nach Frankreich zurückgebracht wurde.

Ein weiteres Beispiel macht auf grausame Weise die Situation in Nazi-Deutschland deutlich, in der französische Kriegsgefangene mit der

3 Französische Kriegsgefangene in Deutschland

Bevölkerung und insbesondere mit deutschen Frauen zusammenleben. Der Nazibeamte Franz Emmer tat sich mit seiner Denunziantentätigkeit besonders hervor, indem er eine Frau wegen ihrer Beziehung zu einem französischen Kriegsgefangenen misshandelte. Entsprechend der oben erwähnten geringen Motivation der Entnazifizierungsgerichte in Deutschland nach Kriegsende sei daran erinnert, dass es diesem Nazibeamten nach mehreren Urteilen und mehrfachen Revisionen nach dem Krieg schließlich gelang, die von denselben Gerichten verhängten Strafen auf ein Minimum zu reduzieren. Emmer selbst lebte beispielsweise den Rest seines Lebens im Nachkriegsdeutschland, ohne jemals weiter behelligt zu werden. Die Fakten dieses Vorgehens waren wie von Broszat 1990 beschrieben:

„Noch heute erinnert man sich in der Stadt eines Vorfalls, der Emmers Herrschaft mit der Angst drastisch vor Augen führt: Im Sommer 1941 erreichte den Kreisleiter die Meldung, eine Frau aus Fürstenfeldbruck unterhalte verbotene, intime Beziehungen zu einem kriegsgefangenen Franzosen. Emmer ordnete an, die Frau umgehend zu verhaften. Am nächsten Morgen, es war der 27. Juli 1941, „suchte Kreisleiter Emmer die Frau in der Zelle auf, beschimpfte sie auf das Schwerste und ließ sie von der Polizei auf den Marktplatz führen. Er befahl der Polizei, die Frau auf einen Stuhl zu binden. Es wurde dann durch den Kreisleiter möglichst laut vor der gesamten Bevölkerung herumgeschrien, man solle dieses ‚Franzosenweib' anspucken." Emmer nötigte dann einen Friseur unter Androhung von Schutzhaft, „der Frau öffentlich die Haare abzuscheren. Der Friseur ließ sich einschüchtern und vollzog den Befehl. Die Haare wurden der Frau völlig abgeschnitten, so daß sie ganz kahl war. Bei dieser Behandlung erlitt die Frau einen völligen Zusammenbruch." Sie wurde – trotz einer zunehmend gegen den Kreisleiter aufgebrachten Menschenansammlung – längere Zeit auf dem Marktplatz festgehalten. Kurz darauf verlor die im zweiten oder dritten Monat schwangere Frau ihr Kind." (vgl. Broszat; Henke & Woller 1990: 254)

Das ist weit entfernt von der imaginären Idylle der Gefangenschaft in Deutschland wie sie in dem französisch-italienischen Film *„La vache et le prisonnier"* (vgl. deutscher Filmversion 1960: *„Ich und die Kuh"*), von Henri Verneuil aus dem Jahr 1959 mit Fernandel als Hauptdarsteller gezeigt wurde. Die französischen Gefangenen und STO-Zwangsarbeiter kehrten nach ihrer Gefangenschaft dennoch nach Frankreich zurück, mit der festen Entschlossenheit, ein friedliches und befriedetes Europa unter Einbeziehung der Deutschen aufzubauen. Dies war zum Teil auf das lange Zusammenleben zwischen gefangenen Franzosen und Deutschen zurückzuführen. Nach fünf langen Jahren kannte man sich schließlich gegenseitig und darüber hinaus waren Verbindungen entstanden, die weit über das Ende des Krieges hinaus anhielten.

„So erlebten die Kriegsgefangenen – und ihre Aussagen sind ein reichhaltiger Beweis dafür – nicht nur extrem unterschiedliche Situationen, je nachdem, wo sie eingesetzt wurden und mit wem sie es zu tun hatten, sondern die Dauer ihrer Gefangenschaft und ihre Beteiligung an der Kriegsproduktion in den Fabriken oder am Leben der Bauernfamilien machten sie zu privilegierten Zeugen der Entwicklung der Situation in Deutschland während des gesamten Krieges. Es ist kein Zufall, dass viele von ihnen nach dem Krieg deutsch-französische Austauschprogramme initiierten und ihr Leben lang zutiefst davon überzeugt blieben, ein friedliches Europa auf der Grundlage einer deutsch-französischen Freundschaft aufbauen zu können, die zu ihrer Vergangenheit steht, auch zu der ihrer dunkelsten Stunden." (Bories-Sawala 2008: 17)

Auf diese Weise führte der Briefwechsel mit ihren ehemaligen Arbeitgebern dazu, dass ehemalige Gefangene nach dem Krieg Besuche machten. Aus diesen Besuchen entwickelten sich persönlichere, ja sogar freundschaftliche Beziehungen. Daraus entstand dann auch die Bereitschaft, sich für die Partnerschaften ihrer jeweiligen Städte oder Dörfer zu engagieren.

4

Deutsche Kriegsgefangene in Frankreich

Seit Theofilakis' Arbeiten aus dem Jahr 2014 über die Situation der deutschen Kriegsgefangenen haben wir konkretere und intimere Kenntnisse über ihr Leben und ihr Schicksal in Frankreich. Die damals verwendete Abkürzung für die deutschen Kriegsgefangenen lautete *PGA* (*Prisonnier de Guerre Allemand*); drei Buchstaben, die oft in großen weißen Lettern auf die Kleidung dieser Männer gemalt wurden.

Im Juni 1944 gab es etwa eine Million deutsche Kriegsgefangene in Frankreich und man schätzt, dass zwischen 38.000 bis 40.000 von ihnen nach 1948 in Frankreich geblieben waren. Sie gründeten eine Vereinigung unter dem Vorsitz von Henri (Heinrich) Sturges, einem ehemaligen Wehrmachtssoldaten, der sich später den Rest seines Lebens für den Aufbau Europas und die deutsch-französische Aussöhnung einsetzte. Henri wurde am 12. Dezember 1926 in Kordel bei Trier in Deutschland geboren. Im Alter von 16 Jahren wurde er zur Wehrmacht eingezogen und gehörte der Truppe an, die damals Hitlers letztes Aufgebot genannt wurde. Am 6. Juni 1944 lernte der junge Henri den Krieg in seiner ganzen Brutalität kennen. Er überlebte ihn und wurde zu einem erbitterten Kriegsgegner, der sein ganzes Leben lang für den Frieden kämpfte. Henri Sturges blieb in Frankreich und wurde Vater von vier Kindern. Er war mit einer Französin verheiratet, deren Vater von der Gestapo zum Tode verurteilt worden war aber fliehen konnte. Im Jahr 1984 erhielt Henri Sturges die höchste deutsche Auszeichnung, das Bundesverdienstkreuz[1]. Wir werden seiner Biografie später ein Kapitel im zweiten Teil des Buches widmen.

Es gibt auch Geschichten, die der breiten Öffentlichkeit kaum bekannt sind und die eher gut ausgegangen sind. So die Geschichte von dem deutschen Soldaten Heinz Stahlschmidt, der sich weigerte, die Dynamitladungen zu zünden, die zur Zerstörung des Hafens von Bordeaux vorgesehen waren. Sein Leben wird in dem bewegenden Buch „Der Deutsche, der Bordeaux aus Liebe rettete" (Schaake 2010) erzählt. In diesem leicht romantisierenden Buch gibt es eine Passage, die das Dilemma der in Frankreich stationierten deutschen Soldaten deutlich macht, die das Ende des Krieges und die Kapitulation der Wehrmacht kommen sehen.

Henriette, seine zukünftige Frau, erkundigt sich bei ihm:

„Aber was wirst du denn machen, wenn der Krieg vorbei ist? Heinz fühlte sich einen Moment lang hilflos. Was würde er tun, wenn Deutschland besiegt würde? Würde er nach Dortmund zurückkehren, wo er geboren worden war? Aber das war jetzt eine tote Stadt, ein Trümmerhaufen, mit sechzigtausend Obdachlosen infolge der englischen Bombenangriffe. Wohin sollte er sonst gehen." (Schaake 2010: 106)

Heinz Stahlschmidt heiratete 1949 Henriette und nahm den Namen seiner Frau an. Er blieb und arbeitete den Rest seines Lebens in Bordeaux und kehrte nur ein einziges Mal nach Deutschland zurück, um am Grab seiner Mutter zu trauern. Die Anerkennung Frankreichs für

---

[1] Richard von Weizsäcker, der damalige deutsche Bundespräsident, erwähnt die Verdienste von Henri Sturges und nennt zum einen sein ehrenamtliches Engagement für ehemalige deutsche Gefangene im Rahmen des von ihm gegründeten Vereins sowie für französische Kriegsveteranen und zum anderen seine Mitarbeit im Verein „Le Souvenir Français". Sein Engagement für die deutsch-französische Aussöhnung wird auch im Zusammenhang mit seinen ehrenamtlichen Diensten als Fremdenführer im Fort Douaumont erwähnt. Das deutsche Konsulat in Nancy hebt vor allem hervor, dass Sturges als in der Region bekannte Person ein Symbol für die deutsch-französische Aussöhnung darstellt, und verweist auf die große Zahl von Fernsehinterviews, die er geben durfte.

4 Deutsche Kriegsgefangene in Frankreich 25

diesen Helden ließ lange auf sich warten. Im Jahr 1995 verlieh ihm Jacques Chaban-Delmas, Bürgermeister von Bordeaux und bedeutender Widerstandskämpfer, die Ehrenmedaille der Stadt Bordeaux und im Jahr 2000 wurde ihm das Kreuz eines Ritters der Ehrenlegion verliehen, die höchste französische Auszeichnung.

„Dennoch macht die Geschichte von Heinz Stahlschmidt den französischen Patrioten und ehemaligen Widerstandskämpfern weiterhin sehr zu schaffen. Das ist ein Beweis dafür, dass die Grande Nation manchmal Schwierigkeiten hat, die dunklen Jahre des Zweiten Weltkriegs aufzuarbeiten, angefangen von der Kollaboration bis zur Verfolgung der Juden mit Hilfe der französischen Polizei." (Schaake 2010: 203–204)

Von den fast eine Million deutschen Kriegsgefangenen, die 1944 auf französischem Boden waren, befanden sich 1947 noch etwa 475.000 Männer in Frankreich. Diesen Gefangenen bot der französische Staat durch ein Dekret vom 11. März 1947 einen einjährigen Arbeitsvertrag an, der es ihnen ermöglichte, als freie Arbeiter in Frankreich bleiben zu können. Zu dieser Zeit wurden sie als „Transformierte" bezeichnet, da sie die gleichen Rechte wie andere ausländische Arbeiter erhielten. Etwa 137.000 Männer – also 29 % – akzeptierten diese Bedingungen. Nach einem ähnlichen Vorschlag im Jahr 1948 verlängerten 755.000 Deutsche ihren Vertrag um ein weiteres Jahr. Als die französischen Behörden im Dezember 1948 erklärten, dass der letzte deutsche Kriegsgefangene das Land verlassen habe, hatte ein Großteil dieser Männer die Entscheidung getroffen, nicht mehr nach Deutschland zurückzukehren und eine Familie in Frankreich zu gründen. Es gibt keine offiziellen Zahlen, aber Schätzungen des Verbands Deutscher Kriegsgefangener gehen von etwa 40.000 Männern aus. In ihren neuen Familien in Frankreich wurden sie häufig als *„sales boches"*, *„chleus"* oder *„Fritz"* bezeichnet, was alles Schimpfwörter sind.

Ähnliche Geschichten werden sich in Tausenden von französischen Haushalten abgespielt haben. Es sind genau diese Anekdoten, die den roten Faden dieses Buches bilden.

Warum blieben diese jungen Männer in Frankreich? Drei Hauptgründe kristallisieren sich heraus:

1. Die massiven Zerstörungen in Deutschland;
2. Der Verlust von Familienmitgliedern bei den Bombenangriffen;
3. Gefangene, die aus den von der Roten Armee und später von Polen besetzten Gebieten stammten und die aufgrund des stalinistischen politischen Systems nicht in die russisch besetzte Zone zurückkehren wollten, aus der im Oktober 1949 die Deutsche Demokratische Republik (DDR) hervorgehen sollte.

Diese verschiedenen Gründe bilden die Grundlage für die Geschichten über die Migration von Deutschland nach Frankreich. Eine Migration nicht ohne Risiken, denn man stieß schnell an die Sprachbarriere. Ein verhältnismäßig kleines Problem für diejenigen, die als Gefangene bereits ihre eigenen Erfahrungen mit harter Arbeit in Frankreich gemacht hatten. Aber man wurde auch mit der Feindseligkeit eines Teils der französischen Bevölkerung, der latenten Opposition oder einer fehlenden Offenheit gegenüber den Deutschen konfrontiert. Da Deutschland für die Männer jedoch keine Zukunft mehr darstellte, akzeptierten sie diese Lebensbedingungen an der Seite ihrer französischen Frauen, was in einigen Fällen zu persönlichen Problemen wie Verzweiflung und Depressionen, zu Alkoholismus und sogar Selbstmord führte (vgl. Alain: Kap. 5; Annie und Sylvie: Kap. 6; Sandrine: Kap. 7).

Es gibt aber auch glückliche Geschichten. Andere Paare, denen es perfekt gelungen ist, sich in die französische Nachkriegsgesellschaft (Géraldine: Kapitel 4) oder in das neue Deutschland (Arlette und Hubert: Kap. 3) zu integrieren. Und schließlich wie Mauricette (Kap. 1), die ihren ehemaligen Häftling nach Deutschland begleitete, um sich dort endgültig niederzulassen und mit ihm ein glückliches Zuhause zu gründen, in dem zwei Kinder geboren wurden.

5
Die Situation in der französischen Besatzungszone in Deutschland

Was war das für eine Zeit der französischen Besatzung, über die in der Schule kaum gesprochen wird? Eine geografisch zu kleine Zone, wirtschaftlich zu schwach, um Erwähnung zu finden? Ein zu geringer französischer Einfluss gegenüber den anderen Alliierten im aufkommenden Kalten Krieg, und deshalb politisch unbedeutend?

Versuchen wir, in die Haut der Menschen in Südwestdeutschland in den Monaten nach den abscheulichen Ereignissen des Krieges von 1939–1945 zu schlüpfen.

Dabei beschränken wir uns auf die Analyse der Situation im französischen Grenzgebiet am Rhein, zu dem Städte wie Offenburg, Baden-Baden oder auch Trier in der Nähe des weiter nördlich gelegenen Luxemburgs gehörten. Die Armeeeinheiten, die zunächst als *Troupes d'Occupation en Allemagne (TOA)* (Besatzungstruppen in Deutschland) firmierten, wurden ab 1949 als *Forces Françaises en Allemagne (FFA)* (Französische Streitmacht in Deutschland) bezeichnet und waren in der französischen Besatzungszone in Deutschland und in West-Berlin stationiert.

Wir können hier nicht weiter auf die verschiedenen oben genannten politischen Entwicklungen eingehen, was jedoch im Rahmen dieses Buches über individuelle Biografien interessiert, ist die französische Kulturpolitik in ihrer Besatzungszone *(ZOF=Zone d'Occupation Française)*. Diese Politik wurde stark von der Erfahrung der deutsch-preußischen Invasionen Frankreichs beeinflusst, die aus den drei Kriegen resultierten: dem von 1870–1871, dem von 1914–1918 und dann dem von 1939–1945. General de Gaulle äußerte sich gegenüber seinem Gesprächspartner, dem US-Präsidenten Truman, wie folgt zu dieser Frage:

> „[...] in Frankreich haben die heutigen Greise im Laufe ihres Lebens gesehen, wie unser Land dreimal überfallen wurde, zuletzt auf totale Weise. Die Summe der menschlichen Verluste, der Zerstörungen und der Ausgaben, die sich für uns daraus ergeben haben, ist geradezu unermesslich." (de Gaulle 1959: 211)

Es war wichtig für die französische Politik, eine politische Situation zu schaffen, die sicherstellte, dass eine deutsche Aggression in Zukunft nicht mehr möglich oder auch nur denkbar war. Die Bedeutung dieser Tatsachen, die im kollektiven Bewusstsein Frankreichs bis heute mehr oder weniger fortbestehen, sollte nicht unterschätzt werden. Sie veranlassten General de Gaulle am 22. November 1944 zu folgender Klarstellung, die Jérôme Vaillant in seiner 1981 veröffentlichten Studie festhielt:

> „Frankreich kann sich eine Regelung in Bezug auf Deutschland nur vorstellen, wenn sie uns diesmal für immer die elementare Sicherheit gewährleistet, die die Natur selbst durch die Ufer des Rheins eingerichtet hat, für uns wie für Belgien, Holland und in gewisser Weise auch für England." (de Gaulle 1944, zitiert nach Vaillant 1981: 9)

Trotz alledem entwickelt de Gaulle in seinen Memoiren seine höchst bedeutsamen Gedanken und Beobachtungen, die auf die Möglichkeit einer deutsch-französischen Annäherung hindeuten:

> „So spürte ich inmitten der Ruinen, der Trauer und der Demütigungen, die Deutschland seinerseits überschwemmten, wie in meinem Geist das Misstrauen und die Strenge nachließen. Ich glaubte sogar, Möglichkeiten der Verständigung zu erkennen, die die Vergangenheit nie geboten hatte.

Außerdem hatte ich den Eindruck, dass sich unter unseren Soldaten das gleiche Gefühl breit machte. Der Hauch der Rache, der sie zunächst durchdrungen hatte, war mit dem Voranschreiten auf dem verwüsteten Boden erloschen. Heute sah ich sie barmherzig gegenüber dem Unglück der Besiegten." (de Gaulle 1959: 207)

Neben den wirtschaftlich motivierten Maßnahmen der Demontage und der Entnahme von Gütern im Namen von Kriegsreparationen (Lebensmittel und landwirtschaftliche Produkte, Maschinen, Fahrzeuge; siehe insbesondere Moreau: Vaillant 1981: 19), die tiefe Spuren der Ablehnung ebenso wie ein antifranzösisches Klima in der deutschen Bevölkerung hinterlassen hatten, lautete das Schlagwort der ersten Monate nach der Kapitulation: Entnazifizierung. Die Bedeutung dieses Prozesses in der französischen Zone wurde durch die Dekrete der französischen Militärregierung unterstrichen und ausdrücklich durch die Person von General Raymond Schmittlein repräsentiert[1]. Schließlich war es die Kultur-, Jugend- und Bildungspolitik Frankreichs, die einen direkten Einfluss auf die deutsch-französischen Beziehungen und insbesondere auf die individuellen Beziehungen haben sollte. Der Geist der Rache wich schnell der Umerziehung und dann der Gründung von Jugendorganisationen und Sportvereinen, in denen sich ein Weg für die ersten deutsch-französischen Jugendbegegnungen abzeichnete. Die Umerziehung der deutschen Jugend wurde durch Organisationen ermöglicht, die nicht unter Nazi-Verdacht standen, darunter der Bund der Katholischen Jugend, die Evangelische Jugend, die Roten Falken, die Naturfreunde und die Jugendherbergsbewegung (vgl. Moreau 1981: 27). Bereits im Jahr 1947 fand das erste deutsche Jugendtreffen im westfälischen Vlotho statt:

---

[1] Ein Beispiel für die juristische Aufarbeitung von Nazi-Verbrechen im Bereich der französischen Besatzungszone sind die bis heute wenig bekannten „Rastatter Prozesse". In insgesamt 20 Strafverfahren gegen mehr als 2000 Angeklagte wurde in 105 Fällen die Todesstrafe ausgesprochen und in 62 Fällen vollstreckt. (Gregor Papsch, Rainer Hudemann, Marlene Kottmann, Elisabeth Thalhofer: NS-Verbrechen vor Gericht – Die vergessenen Rastatter Prozesse. (mp3-Audio; 40,1 MB; 42:50 min) In: SWR2-Sendung „Forum", 17. Mai 2021).

„In Vlotho sollte ein Dialog Gestalt annehmen, der seither nicht mehr aufgehört hat und ohne den es 1963 nicht möglich gewesen wäre, in den deutsch-französischen Vertrag die Gründung des Deutsch-Französischen Jugendwerks (DFJW) aufzunehmen." (Moreau 1981: 28)

Später sollten die Bewegungen der *Jeunesse Étudiante Chrétienne (JEC)* (Christliche Studentenjugend) sowie der *Jeunesse Ouvrière Chrétienne (JOC)* (Christliche Arbeiterjugend) eine wichtige Rolle bei der Umsetzung der ersten Kontakte zwischen Franzosen und Deutschen spielen. Die Beziehung zwischen der französischen Militärregierung, vertreten durch General Schmittlein, und dem Bischof von Mainz wurde vorübergehend konfliktreich, da der Gouverneur eine Schulreform einführen wollte, die ziemlich stark an das einheitliche und laizistische System Frankreichs angelehnt war, und der Bischof sich in Bezug auf alle vorgeschlagenen Punkte ablehnend zeigte. Die weitere Geschichte wird uns lehren, wie groß die Macht der katholischen Kirche in Deutschland zu jener Zeit war, denn die Reform konnte nicht grundlegend umgesetzt werden. Insbesondere das Gymnasium widersetzte sich jeglicher Veränderung. Die religiös ausgerichteten Schulen blieben bestehen, während der französische Gouverneur entsprechend seiner laizistischen Tradition versucht hatte, ihre Zahl drastisch zu reduzieren.

Das Werk der Versöhnung erwies sich als mühsam, da die Jahre des Nahrungsmangels, die auf die massive französischen Demontagepraxis in Südwestdeutschland zurückzuführen waren, bei der verzweifelten Bevölkerung Hass und Misstrauen hervorgerufen hatten[2].

Albert Camus' Artikel, der am 30. Juni 1945 in der Zeitung *„Combat Magazine"* veröffentlicht wurde, ist ein bemerkenswertes Dokument, in dem er seine Reise ins besetzte Deutschland und an den Bodensee beschreibt.

„Dieses Land ist jedoch besetzt, und zwar von der französischen Armee. Das Wort ‚Besatzung' hat für uns eine Bedeutung. Und ich war neugierig auf die deutschen Reaktionen, heute, da sich das Blatt gewendet hat. Die

---

[2] *Die düstere Franzosenzeit* = les années sombres de l'occupation française (vgl. Wolfrum 1993: 87).

5 Die Situation in der französischen Besatzungszone ... 31

französische Besatzung ist zweifellos hart. [...] Nach den anfänglichen Exzessen werden Plünderungen und Vergewaltigungen streng und manchmal, wie ich erfahren habe, unbarmherzig bestraft. Im Gegenzug werden Ungehorsamkeiten gegenüber dem Besatzungsgesetz ohne ein Zögern bestraft und die Militärregierung hält in Deutschland eine eiserne Disziplin aufrecht. So sind alle Männer verpflichtet, die französischen Offiziere zu grüßen, und die Einziehung von Industrieprodukten erfolgt systematisch, wie übrigens auch die Beschlagnahmung von Räumlichkeiten." (Camus 1945: 558)

Camus setzt seine Gedanken fort und spricht in der Folge genau das Thema an, das für unsere Studie interessant ist:

„Die Süddeutschen leben neben den französischen Soldaten, als ob sie schon immer so gelebt hätten. Ich wohnte (in Uniform) bei den Einwohnern. Dort wurde ich herzlich empfangen, man kam, um mir eine gute Nacht zu wünschen, man sagte mir, dass Krieg keine gute Sache sei und dass Frieden besser sei, vor allem der ewige Friede[3]. Es gibt keinen unserer jungen Soldaten, der nicht im Übrigen seine Gefährtin hat. Und das trägt zu dem verblüffenden Urlaubsgefühl bei, das man am Bodensee bekommt, wo eine Armee von braungebrannten und kräftigen jungen Kerlen, die aus Nordafrika über Tunesien, Italien und das Elsass gekommen sind, sich in geräumigen und blumengeschmückten Foyers amüsiert, badet, rudert, scherzt und ihre Eroberungen für einen Augenblick am ruhigen Wasser des Sees mit dem Blick auf die Alpen spazieren führt." (Camus 1945: 559)

Dieser kleine Satz, der darauf hinweist, dass jeder französische Soldat seine deutsche Partnerin hatte, sagt viel über die Realität der Besatzung zumindest im Südwesten aus. Diese Beobachtung steht auch im Gegensatz zu dem in der untenstehenden Broschüre erwähnten Bild, das die französische Armee ihren Soldaten von Deutschland zu vermitteln bereit war.

---

[3] Persönliche Anmerkung von SMM & CM: Erinnert diese Passage nicht an die Beziehung zwischen der französischen Familie und dem Offizier Werner von Ebrennac in Vercors' „Le silence de la mer" von 1942?

Edgar Morin zeichnet ein ganz anderes Bild derselben Situation, da er die übergroße Macht ehemaliger Vertreter des Vichy-Regimes innerhalb der französischen Regierung in Deutschland (Morin 1947: 25) und ehemaliger Nazis, die sich in verschiedenen Behörden versteckten (Morin 1947: 65), anprangert. Für ihn führten die Franzosen einen sehr luxuriösen Lebensstil (Morin 1947: 22), während die Deutschen nicht genug zu essen hatten. Diese Hungerjahre[4] (Rothenberger 1997: 159) sind auf die komplexe Situation nach dem Krieg zurückzuführen: erstens auf die weltweite Unterernährungskrise 1944–45, zweitens auf den allgemeinen Zusammenbruch der landwirtschaftlichen Produktivität und drittens auf die massive und weitverbreitete Zerstörung der Infrastruktur in allen europäischen Ländern als Folge der militärischen Aktivitäten. Auch die Ernährungssituation verschärfte sich und wurde von vielen Deutschen, die in großer Not lebten, hervorgehoben. Denn 1945 standen einer einheimischen Bevölkerung von 31.000 Deutschen, die allein in Baden lebten, 35.000 französische Soldaten, Zivilbeamte oder einfach Urlauber mit ihren Familien gegenüber (vgl. Hillel 1983: 169). Somit war das Problem, das sich für die Menschen im besetzten Deutschland stellte, auch in den französischen Familien präsent. Aufgrund der Kämpfe seit der Landung der alliierten Truppen am 6. Juni 1944 befanden sich die Regionen Nord-, West- und Zentralfrankreichs in einem Zustand fortgeschrittener Zerstörung, und auch die französische Bevölkerung litt unter extremer Unterernährung und Armut (Hillel 1983: 281–282). Dies erklärt die hohen Lebensmittelabgaben in den ersten Monaten der Besatzung, die jedoch von Demonstrationen von Glanz, Größe und Pracht seitens der Besatzer begleitet wurden. General Jean de Lattre de Tassigny trug den Beinamen „König Jean ohne Krone" (Hillel 1983: 48).

Bei einer Präsentation unserer Recherchen im Jahr 2016 erzählte eine alte Dame den beiden Autoren, dass die Situation in Baden – Südwestdeutschland – in jenen Jahren aufgrund des Mangels an Lebensmitteln besonders schlimm war. Dagegen gab es hundert Kilometer weiter

---

[4] Rothenberger, Karl-Heinz (1980): „Die Hungerjahre nach dem Zweiten Weltkrieg – Ernährungs- und Landwirtschaft in Rheinland-Pfalz 1945–1950", Boldt.

östlich – in der amerikanischen Zone hinter dem Schwarzwald – keinen Mangel an Lebensmitteln und die Menschen in Baden organisierten verzweifelte Fußmärsche, um in die amerikanische Zone zu gelangen und sich mit Lebensmitteln zu versorgen. Während dieser Präsentation hörten die Autoren zum ersten Mal den Begriff „die düstere Franzosenzeit".

Die großzügige Lebensweise, welche die Mitglieder der Militärregierung in Deutschland genossen, empörte die Bevölkerung. Die erheblichen Anstrengungen der französischen Besatzungsbehörde im kulturellen Bereich wurden vom deutschen Bildungsbürgertum zwar sehr geschätzt, aber die Mehrzahl der Bürger hätte eine bessere Versorgung mit Lebensmitteln vorgezogen. „Auf der anderen Seite darf man nicht vergessen, dass in Kreisen der Intellektuellen und des gebildeten Bürgertums die Nähe zur französischen Kulturtradition begrüßt und geschätzt wurde. In einer Analyse der amerikanischen Militärregierung von Württemberg-Baden vom Juli 1947, in der eingangs selbstkritisch bemerkt wurde, ein Vergleich zwischen den großen Anstrengungen Frankreichs und den amerikanischen Aktivitäten auf dem kulturellen Sektor nähre die Ansicht einiger Deutscher, daß ‚die Amerikaner keine Nationalkultur hätten', hieß es hierzu weiter unten etwas spitz: Das kulturelle Programm der französischen Besatzungsmacht werde ‚von der deutschen Intelligenz bereitwillig aufgenommen'. Die breite Masse der Bevölkerung hält indes nicht damit hinter dem Berg, dass sie Butter Büchern vorziehen würde." (Scharf & Schröder 1983: 55–56)

Der ausschweifende Lebensstil der siegreichen Armee sowie das französische Entnazifizierungsprogramm fanden weder bei der deutschen Bevölkerung noch bei den wenigen funktionierenden Institutionen wie der katholischen Kirche und einigen Sport- und Jugendorganisationen eine positive Resonanz. Die große Mehrheit der Deutschen, die zwar Mitglieder der NSDAP waren, aber in keiner Weise in die von den kriminellen Organisationen der Partei verübten Verbrechen verwickelt waren, hätte im Gegensatz zu den Zielen der Entnazifizierung Frankreichs in ihrer Besatzungszone eine Politik des Vergessens und der Vergebung bevorzugt. Diese Haltung entsprach einer Form von Lethargie angesichts eines Moments der Geschichte, der von einem Großteil der deutschen Bevölkerung als „Stunde Null" empfunden wurde. Wir dürfen jedoch nicht vergessen, dass ehemalige Verantwortliche des NS-Regimes in diese Richtung arbeiteten, um sich später selbst zu entlasten und ihre Verantwortung und Untaten herunterzuspielen. Unzählige Anträge und Anfragen zur Wiederaufnahme von Prozessen im Rahmen der Entnazifizierungsmaßnahmen wurden von ehemaligen NSDAP-Mitgliedern gestellt. In den meisten Fällen hatten diese Personen lokale oder regionale Verantwortlichkeiten inne und wurden von Zeugen oft als brutal, gewalttätig, unehrlich, rassistisch und antisemitisch charakterisiert. Schnell genossen diese Art von Personen eine gewisse Nachsicht oder sogar Großzügigkeit durch die Gerichte in Deutschland (vgl. Broszat et al. 1990: 214 und 301).

Der oftmals diskrete reaktionäre und antidemokratische Einfluss der Vertreter des alten Systems auf einen Teil der Bevölkerung tendierte ebenfalls dazu, das düstere Bild der ersten Zeit der französischen Besatzung im deutschen Südwesten zu verstärken. Dies wird von dem Historiker Marc Hillel hervorgehoben, der Anfang der 1980er Jahre zahlreiche Zeugenaussagen von Einwohnern sammelte, die die französische Besatzung miterlebt hatten. Angesichts der Nazi-Propaganda, die die Franzosen seit 1944 als unzivilisierte Horden bezeichnete, „[…] eine Armee aus Negern und Arabern und gaullistischen Banden […]" (Hillel 1983: 60), empfanden die meisten Südwestdeutschen eine latente Angst vor den französischen Truppen, die den Rhein überquert hatten.

> „Die Angst stellt sich ein, eine unbekannte Angst, da sie von Franzosen inspiriert wurde. Es stimmt, dass abgesehen von den Milizionären seit mehr als einem Jahrhundert kein bewaffneter Franzose den Rhein überquert hatte." (Hillel 1983: 58)

Es stimmt auch, dass die widersprüchlichen Entscheidungen der französischen Militärregierung unter General Koenig und des Generaladministrators für die Militärregierung Laffon von den deutschen Behörden nicht immer angemessen verstanden und von der Bevölkerung nicht immer akzeptiert wurden (vgl. Henke 1983). Die Beamten, die den siegreichen Truppen von General de Lattre de Tassigny gefolgt waren, schienen schlecht auf ihre Aufgabe vorbereitet. Es fehlten ihnen klare und politisch abgesicherte Richtlinien für die Besetzung des deutschen Südwestens. In einem Buch, das Moreau und Jouanneau-Irriera 1949[5] gemeinsam herausgaben, betonten die Autoren die binnenwirtschaftlichen Schwierigkeiten, mit denen das auf den Schlachtfeldern siegreiche Frankreich zu kämpfen hatte:

„Bei dieser Aufgabe, ein großes, verwüstetes Land wieder in Gang zu bringen, hatten natürlich auch die anderen Besatzer ihre Schwierigkeiten, und es wäre kleinlich von uns, wenn wir versuchen würden, sie herunterzuspielen. Wir haben jedoch das Recht zu sagen, dass sie nicht mit jenem Hindernis rechnen mussten, das wir von Anfang an unerbittlich auf dem Weg vor uns sahen: Armut und fehlende Mittel. [...] Die langsame Organisation, die Schwerfälligkeit der Reparationen, die Unzulänglichkeiten der Versorgung sind – wenn man es strikt unter dem Aspekt der Gerechtigkeit sieht – nicht der Nachlässigkeit, sondern dem großen Elend Frankreichs zuzuschreiben." (Moreau & Jouanneau-Irriera 1949: 2)

Die Lebensmittelrequirierungen dienten in den meisten Fällen dazu, die Besatzungsarmee selbst zu ernähren. Dennoch muss man feststellen, dass diese sowie die Beamten und Verwalter der Zone und ihre Familien im Vergleich zum französischen Mutterland ein relativ wohlhabendes Leben führten. Einige deutsche Polemiken unterstreichen diesen Wohlstand durch die Prachtentfaltung und das Wohlleben der Besatzungsarmee (vgl. Henke 1983: 75; Camus 1945: 558–559; Morin 1947: 22).

Kaum war der Rhein überquert, sah sich das Kommando der französischen Streitkräfte gezwungen, in Anbetracht der Haltung, die sie gegenüber den Deutschen einnahmen, ein „Handbuch für die siegreichen Soldaten" *("Mémento à l'usage des soldats vainqueurs")* zu veröffentlichen. Darin wurde festgelegt, dass es nicht darum gehe, Hassgefühle zu zeigen, sondern sich wie ein Sieger zu verhalten, Distanz einzuhalten und Misstrauen zu bewahren. Das Dokument wurde im September 1944 in aller Eile verfasst und spricht vor allem von der Gefahr für französische Soldaten im Umgang mit Deutschen, die laut der französischen

---

[5] *„Présence Française en Allemagne. Essai de géographie cordiale de la zone française d'occupation",* Ed. Henri Neveu.

Armeeführung an Rache dächten. Außerdem wird den Soldaten folgendes in Erinnerung gerufen: „Erinnere dich immer daran, dass du dich in Feindesland befindest" (Hillel 1983: 76).

Dieses Misstrauen der französischen Militärbehörden findet ein perfektes Beispiel in dieser Broschüre für junge Soldaten, die vom Militärkommando der besetzten Zone herausgegeben wurde und unter anderem folgende Punkte anspricht:

> „In Deutschland wirst du ein Soldat des siegreichen Frankreichs sein. Du hast das Recht, darauf stolz zu sein, du hast die Pflicht, durch dein Beispiel, deine Würde und dein Verhalten der Sache Frankreichs zu dienen. [...] Gehe niemals mit einer weiblichen, vermeintlichen Vertrauensperson mit... Eifersüchtige lauern auf dich, sie warten nur auf die Gelegenheit, ‚mit Dir abzurechnen', wenn es für sie ungefährlich erscheint. [...] Nimm nicht an deutschen Tanzveranstaltungen oder an deutschen Versammlungen teil. Deine Anwesenheit wird dich fast immer in Schlägereien verwickeln ... und das ist nicht dein Platz. [...] Sei immer misstrauisch gegenüber einer neuen Bekanntschaft. Beim geringsten Zweifel solltest du wie folgt vorgehen: ... dein Misstrauen nicht zeigen ... die Beschreibung des Verdächtigen festhalten ... deinen Vorgesetzten sofort Bericht erstatten. Beim Friseur, in der Bar, im Restaurant: Sprich nie über deinen Dienst! Hüte dich vor neugierigen Mithörern[6]."

Ein weiteres – bislang kaum beachtetes – Phänomen stellt die Beziehungen der alliierten Soldaten zu deutschen Frauen seit Kriegsende dar. Da die amerikanische Politik der deutschen Besatzung in den ersten Monaten nach der Kapitulation durch ein Verbot der Verbrüderung repräsentiert wurde, orientierte sich die öffentliche Meinung in Frankreich in gewisser Weise an dieser Denkrichtung. Dennoch veröffentlichte General de Lattre de Tassigny bereits im April 1945 eine wichtige *„Instruction"* an seine Kommandeure.

---

[6] Von der französischen Armee herausgegebene Broschüre, undatiert, wahrscheinlich 1945 oder 1946. Interpunktion von den Autoren ergänzt und übersetzt.

5 Die Situation in der französischen Besatzungszone ...

„[...] in der er sich gegen das von den Amerikanern propagierte Prinzip der ‚*non-fraternisation*' – dem er sich offiziell unterwerfen musste – wandte und dieses Prinzip als unfranzösisch anprangerte: ‚Diese negative Haltung, der superben moralischen Isolation gegenüber den Deutschen, ist so gegen das französische Naturell, dass es äußerst schwierig erscheint, sie in dieser Form und auf dauerhafte Weise bei unseren Soldaten aufrecht zu erhalten.'" (Hudemann 2003: 31)

Die offizielle Linie der französischen Armee wandelt sich ab 1945 vor dem Hintergrund der von de Gaulle formulierten neuen Politik gegenüber Deutschland vom absoluten Verbot der Verbrüderung zu einer flexibleren Haltung. So hebt General Koenig das Verbot inoffizieller Beziehungen auf und erlaubt den Besuch von Volksfesten und privaten Tanzveranstaltungen durch französische Soldaten; das Verbot deutsch-französischer Ehen zwischen Besatzungssoldaten und deutschen Frauen wird erst 1946 aufgehoben (vgl. Hudemann 2003: 32). Diese Maßnahme stellt sehr deutlich eine Reaktion auf eine Entwicklung dar, die bereits seit der Besetzung der französischen Zone begonnen hatte. Die Realitäten der Besatzung hatten bereits eine Situation geschaffen, auf die die Militärverwaltung nur noch reagieren konnte. Doch erst im März 1952 legte ein Dekret des Verteidigungsministeriums fest, dass die Deutschen von nun an nach den Regeln behandelt werden sollten, die für die Bevölkerung befreundeter Nationen gelten (vgl. Musée des Alliés 2005: 35). Eine neue Ära der deutsch-französischen Beziehungen beginnt. Diese erste Initiative entsprach der Politik von General de Gaulle und wurde alsbald von Oberbefehlshaber General Koenig formalisiert, der ja französischen Soldaten den Besuch von öffentlichen Orten in Anwesenheit einer Deutschen oder eines Deutschen erlaubt hatte.

Schon bald sollte sich die Politik der Alliierten ändern, da sich das Phänomen der Kriegsbräute (englisch: *War brides*) ausbreitete und da gesetzeskonforme Kontakte zwischen alliierten Soldaten und deutschen Frauen häufiger wurden. Dies wird in einem Bericht von Colonel Clair vom 4. Regiment der marokkanischen Infanteristen *(Régiment des Tirailleurs Marocains: RTM)*, der im Mai 1945 veröffentlicht wurde, sehr gut veranschaulicht:

„Zurzeit liegt die Gefahr jedoch in einer sehr deutlichen Tendenz zu einer ‚Verbrüderung' sowohl seitens der Franzosen als auch der Kolonialtruppen. Diese beginnt natürlich bei den Frauen. Die deutschen Frauen geben sich, genau wie während der Besetzung des Rheinlandes vor zwanzig Jahren, großzügig und lieben ‚den französischen Geschmack' [...] und auch ‚den marokkanischen Geschmack.'" (Hillel 1983: 113-114)

Diese Analyse wird von Marcel Degliame in einem Interview mit Marc Hillel bestätigt:

„In der Rangfolge der Präferenzen der deutschen Frauen [...] kamen zuerst unsere Soldaten aus den Ländern Indochinas, weil sie laut den von unseren Ermittlern befragten Frauen ‚äußerst sauber und gepflegt waren und sie regelmäßig mit Seifenstücken versorgten.'" (Hillel 1983: 113)

Schon bald entwickelten sich ernsthafte Beziehungen zwischen diesen jungen Menschen, Franzosen und Deutschen, und es wurden zahlreiche deutsch-französische Ehen im französischen Konsulat in Tübingen und Stuttgart geschlossen. Parallel dazu gab es eine wachsende Zahl von Anerkennungsverfahren und Registrierungen von Geburten, die hier in der von Hillel erzählten Anekdote veranschaulicht werden:

„In Konstanz gab es eine Entbindungsstation, die von Nonnen geführt wurde, die einem Orden französischer Herkunft angehörten und die alle unsere Sprache perfekt beherrschten. [...] Eines Tages kam die Mutter Oberin und bat darum, mich zu sehen. Sie erklärte mir in einem ziemlich gereizten Ton: ‚In unserer Stadt Konstanz geschehen absolut schreckliche Dinge. Im letzten Monat wurden allein in unserer Entbindungsstation 90 kleine Asiaten geboren, mit ostasiatischen Vätern! Herr Gouverneur, und von einer deutschen Mutter!' Ich versuchte, sie zu beruhigen und antwortete: ‚Meine Mutter, es wird wunderbar sein, diese Mischung der Rassen. All diese Kinder werden prächtig sein [...]' Sie schnitt mir das Wort ab: ‚Es gibt nicht nur das, Monsieur. Es gibt auch noch Senegalesen und Marokkaner, das sind schöne Männer und sie richten noch mehr Schaden an als die Ostasiaten!'" (Interview mit Serge Arvengas, zitiert nach Hillel 1983: 115–116)

5 Die Situation in der französischen Besatzungszone ...

Der nicht zu vernachlässigende Hintergrund all dieser Beziehungen bleibt das Sprachproblem. Nur sehr wenige Französinnen sprechen Deutsch und nur wenige junge Deutsche sprechen Französisch. Allerdings ist anzumerken, dass – sobald sie im Land des Partners angekommen sind – die ausländischen Ehepartner die Landessprache schnell erlernen werden.

Die Kontakte dieser Soldaten mit der Zivilbevölkerung sind für unsere Studie von größtem Interesse.

„Die Parole, die den Umgang mit der deutschen Bevölkerung anfangs regelte, war unmissverständlich: *„no fraternization"*. Die Soldaten hörten das jedoch nicht so gerne. Der Zustand der Frauen und Kinder, die in den zerstörten Häusern halb verhungert waren, entsprach nicht dem guten alten Stereotyp eines Feindes, der sich ganz der deutschen Kriegsmaschinerie verschrieben hatte. Was die besiegten Deutschen betraf, so mussten sie sich der Tatsache stellen, dass diese Soldaten, die einst ihre Feinde gewesen waren, ihnen wirklich zur Seite standen, um die unmittelbaren Folgen des Krieges zu überwinden und das Leben erträglicher zu machen." (Museum of the Allies 2005: 4)

Hinzu kommt noch eine Dimension, die der breiten Öffentlichkeit bislang kaum bekannt war, und von Yves Denéchère aufgedeckt wurde: die aktive Bevölkerungspolitik im Nachkriegsfrankreich.

„Seit seiner Gründung im April 1945 befürwortete das ‚Hochkommissariat für Bevölkerungs- und Familienpolitik' (*Haut Comité Consultatif de la Population et de la Famille: HCPF*), Flüchtlingsströme aus Deutschland aufzufangen. Am 18. Mai 1945 bat General de Gaulle das HCPF bei einer Sitzung, die Einreise von Kindern aller Nationalitäten nach Frankreich zu prüfen, die ‚derzeit in Deutschland verwaist oder alleinstehend sind'. Da sich die Einwanderung als erforderlich erwies, um den Wiederaufbau Frankreichs zu gewährleisten, sollten Kinder aufgenommen werden, die gute Prognosen für die Zukunft mitbrachten [...]." (Denéchère 2010: 3)

Diese Anweisungen fügen sich nahtlos in die geburtenorientierte Politik ein, die im Frankreich der Nachkriegszeit vorherrschte. Sie führt somit zu dem, was man später als staatliche Adoptionen bezeichnen sollte. Diese Adoptionen erfolgten nicht immer ohne Druck und betrafen mehrere hundert Kinder. Es wurde der allgemeinen Auffassung gefolgt, dass

> „Frankreich alle seine Kinder behalten muss, einschließlich derer, die von französischen Müttern und amerikanischen GIs geboren wurden, die gekommen sind, um das Land zu befreien [...]." (Denéchère 2010: 3)

Hinter den offiziellen Zahlen und Veröffentlichungen verbergen sich jedoch in den meisten Fällen tragische Einzelschicksale. Nehmen wir als Beispiel das Kind einer alleinerziehenden deutschen Mutter, die der französische Vater des Kindes nicht heiraten wollte und die sich wohl oder übel darauf vorbereiten musste, ihr Kind an Frankreich abzugeben:

> „[...] diese Kinder werden schließlich dem französischen Roten Kreuz anvertraut, das sie in französische Familien vermittelt." (Denéchère 2010: 4–5

6

Gemischte deutsch-französische Paare oder „Freund-Feind-Ehen"

Es scheint sehr schwierig zu sein, den Begriff der Mischung in Paarbeziehungen genau zu definieren. Man kann Unterschiede im Alter, in der sozialen Klasse, der nationalen oder ethnischen Herkunft, der Sprache oder der Religion hervorheben (vgl. Guérend, infra). Varro präzisiert dazu: „Es ist daher notwendig, sich der Tatsache bewusst zu werden:

1) Dass es *Grade der Vermischung gibt* (wie es auch Grade der Zweisprachigkeit gibt);
2) Dass in einer Familie mal ein Einfluss vorherrscht, mal ein anderer, weil Wörter aus der Fremdsprache Teil des Familienrepertoires sein können […];
3) Dass das Wort ‚gemischt' radikal unterschiedliche Bedeutungen besitzt und mal ein internationales Paar, mal eine Mesalliance, mal ein Kind von ‚gemischten' Eltern oder in einer gemischten Situation aufgrund der Familienmigration bezeichnet." (Varro 1998: 25–26)

Alle diese soziologischen Faktoren existieren in den hier vorgestellten Biografien in gewisser Weise nebeneinander, dennoch werden die Merkmale der deutsch-französischen Paare zwischen 1944–1945 und 1963 erheblich durch die verheerende Situation nach dem Zweiten Weltkrieg bestimmt.

Die deutsch-französischen Beziehungen, die vor dem historischen Hintergrund vielfach kriegerischer Beziehungen entstanden sind, begünstigen nicht die Entstehung von Paaren aus beiden Ländern, da der Hass auf den Nachbarn seit über 100 Jahren eine Konstante ist. Die großen Zerstörungen während der beiden Kriege des 20. Jahrhunderts auf beiden Seiten des Rheins, der Verlust von Menschenleben und die Verbrechen der Nationalsozialisten sind fest im kollektiven Gedächtnis verankerte Hindernisse für die Entstehung und, was noch wichtiger ist, die Akzeptanz solcher Verbindungen. So wird man viele Jahre nach dem Krieg 1939–1945 in Frankreich von den *boches* und der dunklen Zeit der Besetzung des Rheinlandes durch die französische Armee sprechen.

Hinzu kommt ein weiterer nicht zu vernachlässigender Faktor, von dem wir zutiefst überzeugt sind: der Unterschied in der Sprache. Was heute gilt, galt früher noch mehr: Nach 1945 sprachen nur wenige Menschen die Sprache des Nachbarn[1].

Diese sprachlichen Probleme scheinen uns in den Arbeiten von Gabrielle Varro unterschätzt zu werden, die gewisse Indikatoren wie die religiöse Mischung oder die ehelichen Machtstrukturen benennen (vgl. Varro 1998: 18), ohne jedoch die sprachlichen Unterschiede hervorzuheben. Diese Unterschiede in der Beherrschung der Sprache des Partners sind jedoch entscheidend für das Funktionieren der Ehe und gegebenenfalls die Erziehung der Kinder sowie für die Akzeptanz des Paares innerhalb einer nationalen Einheit, wie heterogen diese auch sein mag.

In den biografischen Erzählungen, die wir hier zusammengestellt haben, hatten die Sprachkenntnisse der Partner einen direkten Einfluss auf den Erfolg der Partnerschaft im weiteren Sinne: insbesondere auf das Glück und das gute Einvernehmen, Kriterien, die – unserer Meinung nach – für sprachlich gemischte Paare bedeutsam sind.

---

[1] Die Beherrschung des Deutschen in Frankreich und des Französischen in Deutschland weist auch zu Beginn des 21. Jahrhunderts immer noch sehr enttäuschende Ergebnisse auf (vgl. Méron-Minuth und Minuth in: de Gruyter 2014: 513–528).

6 Gemischte deutsch-französische Paare oder „Freund-Feind-Ehen" 43

Der zweite wichtige Faktor in diesen Biografien sind die nationalen Vorurteile und Stereotype, die direkt aus den historischen Ereignissen resultieren. Der Erste und der Zweite Weltkrieg, die von unermesslicher Brutalität geprägt waren, sind die Quelle dieser unsichtbaren historischen Last, die auf den – äußerst zerbrechlichen – Schultern der jungen deutsch-französischen Nachkriegspaare lastet.

Wie konnten sich deutsch-französische Paare trotz allem bilden? Wo fanden ihre Begegnungen statt?

Dies werden wir unten in einer Übersichtsgrafik darstellen, die drei verschiedene Kategorien aufzeigt, die eine Kontaktaufnahme möglich machen.

Eine erste Gruppe von Franzosen in Deutschland stellt zum einen die vom Zwangsarbeitdienst *(Service du Travail Obligatoire)* ins Ausland entsandten Zwangsarbeiter dar, zum anderen die französischen Kriegsgefangenen in Deutschland. Wie bereits erwähnt, wurde der Kontakt mit der deutschen Bevölkerung von den nationalsozialistischen Behörden des Deutschen Reichs sehr ungern gesehen. Nach der Kapitulation Nazi-Deutschlands und der Rückkehr der französischen Gefangenen landete eine neue Gruppe von Franzosen in Deutschland. Dabei handelte es sich um Soldaten der Besatzungstruppen und Zivilisten aus dem System der Besatzungsverwaltung.

Den zweiten Teil der möglichen Kontakte zwischen Bürgern beider Länder stellten die deutschen Gefangenen in Frankreich dar, von denen sich dort schätzungsweise 750.000 Männer aufhielten.

Der dritte Teil schließlich umfasst die unzähligen Kontakte zwischen Organisationen und Institutionen ab dem Ende der Kampfhandlungen, wie die katholische, protestantische oder kommunistische Jugend sowie die Pfadfinder.

Ab 1950 kommen Partnerstädte hinzu. Beginnend mit der ersten Städtepartnerschaft zwischen Montbéliard und Ludwigsburg, die vom Bürgermeister von Montbéliard, einem ehemaligen Häftling des Lagers Buchenwald, initiiert wurde. Die Städtepartnerschaften gehen auf eine Idee der Schweizer Bürger Hans Zbinden und Eugen Wyler zurück, die als überzeugte Humanisten ab 1950 Bürgermeister deutscher und französischer Städte am Genfer See versammelten, um ihre Überzeugung von einer möglichen Brüderlichkeit zwischen Frankreich und Deutschland zu verwirklichen.

Vorläufer dieser Austauschbewegungen zwischen deutsch-französischen Organisationen und Vereinen waren die zahlreichen „Deutsch-Französischen Gesellschaften". Bereits Ende der 1920er Jahre gab es ebenso Vereine, die nach der schweizerischen Stadt Locarno benannt wurden (vgl. Bock 1994: 15–17). In den Verträgen von Locarno[2] vom Oktober 1925 zielen die europäischen Mächte darauf ab, die kollektive Sicherheit in Europa und die Grenzen Deutschlands zu gewährleisten (vgl. Wikipedia 2023).

Die kulturellen Tendenzen dieser deutsch-französischen Gesellschaften in den 1920er Jahren wurden durch die Anliegen einer gebildeten sozialen Schicht der Bevölkerung sowohl in Frankreich als auch in Deutschland repräsentiert. Die Machtergreifung der Nazis in Deutschland zerstörte diese Strukturen und Organisationen mit dem Ziel, sie ihrer Ideologie zu unterwerfen. So war die Wiederbelebung der Vereinsstrukturen nach dem Krieg besonders schwierig. An die Stelle der *Deutsch-Französischen Gesellschaften* sollte eine demokratische Bewegung treten, die auf kommunalen Einheiten basierte und von den genannten Schweizer Intellektuellen initiiert wurde. Das anfängliche Interesse galt der Demokratisierung eben dieser kommunalen Verwaltung in Deutschland und dem Austausch über die Praktiken der kommunalen Verwaltung. Im Laufe der Jahre wurden diese Themen etwas zurückgedrängt zugunsten eines direkteren und konkreteren Austauschs zwischen den Bewohnern der Gemeinden: eine Basisbewegung *(„Europe from below", „Europa von unten", „Europa vu par en dessous"* in: Bock 1994:14–16).

Mit der Gründung des „Deutsch-Französischen Jugendwerks" nach 1963 stieg die Zahl der grenzüberschreitenden Austausche und Kontakte deutlich an. Die Zahl der Partnerschaften zwischen deutschen und französischen Städten und Dörfern explodierte förmlich und erreichte

---

[2] Die Verträge von Locarno, online auf Wikipedia unter: [https://de.wikipedia.org/wiki/Verträge_von_Locarno], [27.12.2022].

6 Gemischte deutsch-französische Paare oder „Freund-Feind-Ehen"

die beeindruckende Zahl von 2.300 bestehenden Städtepartnerschaften (aktualisierte Daten im Dezember 2022).
Die folgende Grafik (Abb. 6.1) zeigt die verschiedenen Kontaktmöglichkeiten zwischen französischen und deutschen Männern und Frauen zwischen 1944–1945 und 1963 (Abb. 6.1).
Die deutsch-französischen Ehen nach 1963 kann man als Verbindungen bezeichnen, die aus einer zaghaften deutsch-französischen Freundschaft hervorgegangen sind, die auf wachsenden Handels- und Kulturbeziehungen beruhte. Die binationalen Ehen von 1945 bis 1963 hingegen sind eher das Ergebnis des Krieges und der Vertreibung einer großen Anzahl von Menschen auf beiden Seiten des Rheins die unter einer erheblichen historischen Last zu leiden hatten.

„Die zahlreichen Nachkriegsehen deutscher Gefangener in Frankreich stehen in einer vielleicht deutsch-französischen, aber auf jeden Fall selten in einer europäischen Perspektive. [...] Ihre wirtschaftlichen und politischen Umstände stellten sie eher in den traditionellen Kontext der Immigration.

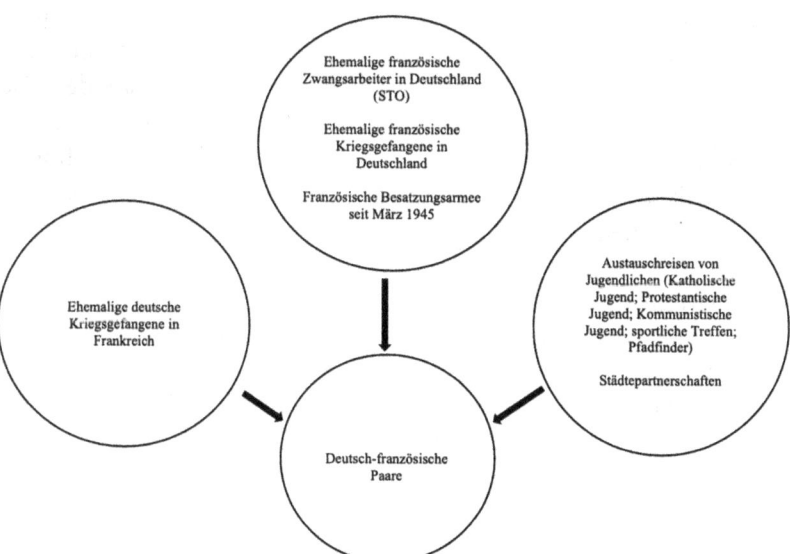

Abb. 6.1 Deutsch-französische Paare in der Nachkriegszeit. (Erstellt von SMM & CM)

Europa gab es noch nicht oder es war gerade erst im Entstehen. Es war die Nachkriegszeit. Die Beziehungen zwischen Frankreich und Deutschland waren rar und schwierig." (Guérend 1973: 135)

Was die ehemaligen deutschen Kriegsgefangenen betrifft, so hatten viele von ihnen nach 1948 aufgrund der massiven Zerstörungen und der verzweifelten und hoffnungslosen Situationen keine Möglichkeit, in ihr Heimatland zurückzukehren. Viele der Fälle, in denen beispielsweise die deutsche Frau oder Partnerin des ehemaligen Kriegsgefangenen in der Zwischenzeit einen anderen Mann kennengelernt oder geheiratet hatte, machten eine Rückkehr unmöglich. Der Verbleib in Frankreich stellte eine bessere Alternative für die persönliche Zukunft dar. Die Liebe zu einer Französin war offensichtlich eine glückliche Perspektive, auch wenn sich die sprachlichen und interkulturellen Probleme später oft als unüberwindbar erweisen sollten.

Die deutsch-französischen Ehen ab den 1970er Jahren, die aus der Sicht eines jungen Deutschen vor dem Hintergrund der in einem großen Teil der deutschen Intelligenz verbreiteten Frankophilie geschlossen wurden, ermöglichten es dann, die bewussten Motive eines Bruchs mit der Vergangenheit und der schuldig gewordenen Elterngeneration zu ertragen. In ähnlicher Weise stellen auch die gemischten Paare der Nachkriegszeit einen Bruch mit der kriegerischen Vergangenheit der Nazis dar, wobei sie das Risiko einer schwierigen Integration in die französische Nachkriegsgesellschaft eingehen, die teilweise einen gewissen Hass auf die Deutschen an den Tag legen wird.

„Die Mischehe könnte die Gelegenheit bieten, eine Diskontinuität, einen Bruch durch eine Flucht und die Verpflichtung zu einer neuen, anderen oder größeren Solidarität zu markieren. Schwierigkeit, Deutscher oder Franzose zu sein, Schwierigkeit auch, der Sohn oder die Tochter dieses Vaters oder dieser Mutter zu sein." (Guérend 1973: 138)

Guérend spricht in diesem Zusammenhang von einer „Versöhnung ‚im Kleinen'" (Guérend 1973: 139). Die Erzählungen in unserem Buch werden zeigen, inwieweit dieses Postulat auf die deutsch-französischen

Ehen zutrifft, wobei mögliche Verallgemeinerungen vermieden werden müssen.

Es sei hier daran erinnert, dass die Männer – ehemalige Wehrmachtssoldaten – der ersten Generation deutsch-französischer Paare mehrheitlich Arbeiter oder auch Bauern waren, während die zweite Generation mehrheitlich aus Intellektuellen (vgl. Guérend 1973: 135) und Studenten bestand, die sich offener gegenüber Europa zeigten und sich der kulturellen Unterschiede zwischen den beiden Ländern eher bewusst waren.

6.1 Bürgerliche, assoziative oder religiöse Kontakte

Nach Kriegsende werden viele Kontakte zwischen jungen Deutschen und Franzosen geknüpft. Jean Pierre Guérend betont die Bedeutung der unermüdlichen Arbeit von Persönlichkeiten unterschiedlicher Herkunft für den Aufbau Europas und die deutsch-französische Aussöhnung. Die ersten Begegnungen zwischen Jugendlichen aus beiden Ländern hatten nach dem Ersten Weltkrieg und während der gesamten Zwischenkriegszeit stattgefunden und waren nach dem Zweiten Weltkrieg wieder aufgenommen worden. So wurden nach 1947–1948 sehr schnell Gruppenreisen organisiert, z. B. von der Kommunistischen Jugend, der Katholischen Jugend, aber auch von Handwerksorganisationen.

In der Zeit zwischen den beiden Weltkriegen gab es zahlreiche Jugendorganisationen, die sich für den Frieden einsetzten, damit der Erste Weltkrieg als *„La Der des Ders"*[3] in Erinnerung bleiben möge. In diesem Zusammenhang interessieren wir uns besonders für Marc Sangnier und seine Bewegung „Frieden durch die Jugend", denn seit 1921 ist seine Gruppe wie auch andere Bewegungen der festen Überzeugung, dass sie sich für den Frieden einsetzen sollten:

---

[3] Abkürzung für *„la dernière des dernières"*, der allerletzte aller Kriege; Motto der überlebenden Soldaten der schrecklichen Schlachten des ersten Weltkriegs.

„[...] dass die Herstellung eines endgültigen Friedens eine Politik der Versöhnung zwischen dem siegreichen Frankreich und dem besiegten Deutschland voraussetzt [...]" (Prat 2010: 1)

Sangnier befürwortete zwar die Politik Briands, war jedoch davon überzeugt, dass diese Versöhnung nicht ohne ein sofortiges Engagement der Bürger aufgebaut werden konnte. Er organisierte daher mehrere Jugendkongresse, an denen Jugendliche aus ganz Europa, insbesondere aus Deutschland, teilnahmen. Diese Treffen wurden auch nach der Machtübernahme Hitlers fortgesetzt. Allerdings nahmen auch Jugendliche aus der Hitlerjugend an diesen Treffen teil, um die Vorzüge des NS-Regimes zu preisen, ebenso wie russische Teilnehmer, die das Komsomol-System lobten (vgl. Prat 2010: 9).

Angesichts der europäischen Diktaturen erlahmte dann der pazifistische Elan. Dennoch schrieb Marc Sangnier im September 1939 einen letzten visionären Artikel, in dem er folgende Worte fand:

„Sagen Sie nicht, dass das Werk des Friedens und der Liebe, das unser Werk war, heute ausgelöscht ist. Das ist nicht wahr. Früher oder später wird die Saat für die künftige Ernte aufgehen, selbst wenn die Furchen, in die sie gelegt wurde, mit Blut überflutet sind." (Marc Sangnier, zitiert nach Prat 2010: 12)

Ab 1940 engagierten sich Marc Sangnier und seine Anhänger jedoch in der Résistance. Im Jahr 1951 verlieh die Stadt Aachen Marc Sangnier posthum den Karlspreis, um diesen Verfechter der europäischen Idee zu ehren (vgl. Prat 2010: 12).

Ein weiterer Verfechter der deutsch-französischen Aussöhnung, der an verschiedenen von Marc Sangnier organisierten Kongressen teilgenommen hatte, übernahm die Fackel. Es handelte sich um den gebürtigen Deutschen Abbé Franz Stock (1904–1948), den späteren Seelsorger des Mont Valérien, der über 1.000 Erschossene bis zu ihrem letzten Atemzug begleitete. Franz Stock opferte sich in völliger Selbstaufgabe und unter Gefährdung seiner Gesundheit ganz den Gefangenen in den Nazi-Kerkern in Frankreich und leistete ihnen jede erdenkliche Unterstützung. So trägt der Platz gegenüber dem Nationaldenkmal auf dem

Mont Valérien heute seinen Namen. Franz Stock starb im Alter von nur 43 Jahren, erschöpft von seinem Einsatz für die auf dem Mont Valérien Erschossenen.

Diese Zeit wird in einem seiner Manuskripte veranschaulicht, das den Titel „Tagebuch der Erschossenen" (1942–1944) trägt. In einem schlichten und prägnanten Stil listet Franz Stock die Erschossenen, ihre Familiennamen, die letzten Sakramente, die er ihnen verabreicht hat, und den Ort ihrer Beerdigung auf. Dieser vorbildliche Priester deutscher Herkunft und tiefe Humanist verlor nie die Hoffnung und setzte sich bis zu seinem frühen Tod im Jahr 1948 für die deutsch-französische Annäherung ein. Die Priester, die er in seinem „Seminar hinter Stacheldraht" (Stock 2017: 287–338) ausbildete, werden eine pazifistische theologische Ausbildung erhalten haben, die auf Demut und Brüderlichkeit zwischen den Völkern beruht. In der Gedankenwelt von Marc Sangnier und Abbé Franz Stock wurden seit 1947–1948 die ersten Begegnungen zwischen deutschen und französischen Jugendlichen organisiert.

Viele Paare bildeten sich während dieser sprachlichen, religiösen und kulturellen Aufenthalte in Frankreich und Deutschland. Jean-Pierre Guérend und Renate Guérend-Tilkorn – beide waren 2015 76 Jahre alt[4] – gehören dazu. Sie selbst sind ebenfalls ein deutsch-französisches Paar und gestehen, dass sie sich "[…] im Schatten der Kathedrale von Chartres" kennengelernt haben. Jean-Pierre und Renate haben auch zahlreiche Texte über die deutsch-französische Annäherung veröffentlicht. Ihr gemeinsamer Nenner, ihr Meisterdenker und ihr spiritueller Rektor ist Abbé Franz Stock, dieser Seelsorger des Mont-Valérien. Beide waren und sind sehr aktiv in der katholischen Jugendbewegung und bekennen sich heute zu einem offenen, liberalen und sozialen Katholizismus.

Jean-Pierre Guérend ist der Autor einer Doktorarbeit über binationale, deutsch-französische Ehen, die 1973 verfasst und verteidigt wurde und ein Thema behandelt, das in der damaligen Soziologie weitgehend tabuisiert oder gar abgelehnt wurde. Es handelt sich um eine seltene wissenschaftliche Veröffentlichung, die sich mit dem Thema der deutsch-französischen *„mariages mixtes"* aus der Zeit der 1970er Jahre

---

[4] J.-P. Guérend verstarb am 31. Dezember 2021.

befasst. Das Buch hat es uns ermöglicht, viele Facetten dieser Epoche zu beleuchten, indem es eine Vielzahl von Informationen über die Ursprünge dieser Ehen liefert und Statistiken auswertet, die heute praktisch in Vergessenheit geraten sind.

Wir verfügen praktisch über keine Kenntnisse über Ehen, die durch Begegnungen mit Partnerstädten motiviert sind, da es leider keine statistischen Daten gibt. In den Veröffentlichungen über die Städtepartnerschaftsbewegung bleiben die jeweiligen Passagen vage und die wenigen dargestellten Fälle anekdotisch (vgl. Garstka 1972: 106; Grunert 1981: 279). Corine Defrance unterstreicht allerdings die Bedeutung dieser Bewegung für die Annäherung der Völker Europas und insbesondere Frankreichs und Deutschlands:

> „Dennoch ist die Bedeutung der Städtepartnerschaftsbewegung nach dem Zweiten Weltkrieg zu betonen, die Unterzeichnung einer Partnerschaftsvereinbarung zwischen Gemeinden der beiden Länder war ein gefährliches Unterfangen. Es handelte sich um einen hochpolitischen Akt, der in der Öffentlichkeit auf Ablehnung stoßen konnte." (Defrance 1998: 82)

Zweifellos haben diese Städtepartnerschaften auch zur Bildung deutsch-französischer Paare beigetragen, sofern die Begegnungen regelmäßig waren, auf Gegenseitigkeit beruhten und von den Bürgern der jeweiligen Städte initiiert, getragen und aktiv unterstützt wurden.

7

Deutsch-französische Eltern – Verbotene Liebe, verteufelte Kinder?

Seit den Veröffentlichungen von Jean-Paul Picaper „*Enfants maudits*" (2004) [Verteufelte Kinder]; Fabrice Virgili „*Naître ennemi*" (2009) [Als Feind geboren]; Josiane Kruger „*Née d'amours interdites*" (2006) [Aus verbotener Liebe geboren], und vielen anderen, wie der France-Inter-Sendung „*Mon père s'appelait Werner*"[1] [Mein Vater hieß Werner], wird das Thema Kriegskinder in Frankreich erst ab den 2000er Jahren wieder in den Vordergrund gerückt. Unter anderem durch den Dokumentarfilm von Christophe Weber und Olivier Truc „*Enfants de boches*" [Nazikinder] (Sunsetpresse 2003), der das Leben von vier Kindern beschreibt, die als Kinder eines deutschen Vaters und einer französischen Mutter geboren wurden. Ebenso durch einen Film von Jean-Pierre Carlon „*Les Enfants de la honte*" (2009) [Kinder der Schande], der in Frankreich eine große Wirkung hatte. Der Film wurde als Tabuthema empfunden und löste zahlreiche Diskussionen aus. Die Autorin präzisiert:

---

[1] Der Deutsch-Französische Journalistenpreis ging an Delphine Simon für ihre Reportage „Mon père s'appelait Werner", die am 20. Januar 2013 anlässlich des 50-jährigen Jubiläums des Élysée-Vertrags auf France Inter ausgestrahlt wurde.

„Es gibt Themen aus der Vergangenheit, bei denen sorgfältig vermieden wird, dass sie ans Licht kommen. Dazu gehören Kinder, die in Deutschland von französischen Kriegsgefangenen oder STO-Zwangsarbeitern gezeugt wurden. In einem Deutschland, das von seinen 20 Millionen jungen Männern, die zur Wehrmacht mobilisiert und an alle Fronten geschickt worden waren, entleert worden war und in dessen Häusern und Wohnungen kaum mehr als alte Menschen und Kinder lebten, befanden sich die Kriegsgefangenen und die französischen STO-Zwangsarbeiter. Nach ihrer Rückkehr in die Heimat fanden die meisten Franzosen ihre Ehefrauen wieder, prahlten aber kaum mit ihren Affären in Deutschland. Die Regel war Schweigen über dieses zum Tabu gewordene Thema. Heute sind leider die meisten deutschen Frauen, die Kinder mit einem Franzosen hatten, bereits verstorben. Die wenigen Überlebenden schweigen, weil das Trauma so groß ist. Ich möchte in diesem Film einigen dieser Kinder begegnen, denjenigen, die von den Nazis als unrein bezeichnet wurden und die bis heute auf der Suche nach ihren Wurzeln sind." (film doc 2022)

In diesem Zusammenhang sollte an das Schicksal von Frauen erinnert werden, die gedemütigt und geschoren wurden, weil sie sexuelle Beziehungen mit den deutschen Besatzern hatten, oder weil sie Widerstandskämpfer an die Deutschen verrieten. Diese Schnelljustiz und die Abrechnung mit den Frauen waren äußerst gewalttätig und sexistisch. Das Vergehen dieser Frauen wurde gemeinhin als „horizontale Kollaboration" bezeichnet, eine Bezeichnung, die mit großer Verachtung verwendet wurde. Eine dieser Frauen, die der amerikanische Fotograf Robert Capa verewigt hat, war die geschorene Mutter mit ihrem Kind. Es handelt sich um Simone Touseau und ihr Töchterchen Catherine, die in den Straßen von Chartres fotografiert wurde. Die Fotos, die Capa am 18. August 1944 von dieser Szene machte, zeigen eine große Menschenmenge aus Einwohnern, Frauen und Kindern, die diese Frau, die gerade geschoren und mit einem glühenden Eisen gefoltert worden war und ein Neugeborenes in ihren Armen hält, wie die Jungfrau und das Kind in der Kathedrale von Chartres beschimpfen (vgl. Virgili 2014: 219–220). Ihr ebenso gedemütigter Vater trägt ihr ärmliches Bündel vor ihr her. In diesen Zeiten der Säuberung herrscht die Angst, von böswilligen Nachbarn denunziert zu werden. Ein Klima, in dem abgerechnet wird.

7 Deutsch-französische Eltern – Verbotene Liebe, verteufelte ... 53

„Während die amerikanischen Truppen noch in den Straßen der Stadt kämpfen, sind die FTP[2] zur Jagd auf Kollaborateure aufgebrochen. Die Justiz geht mit Schnellverfahren vor. Elf Frauen werden an diesem Tag geschoren, weil sie verdächtigt werden, für die Besatzer gearbeitet zu haben oder mit deutschen Soldaten geflirtet oder sogar geschlafen zu haben. Unter ihnen sind zwei oder drei Prostituierte. Simone Touseau stillt, wird aber nicht bevorzugt behandelt. Im Gegenteil, sie ist die einzige, deren Stirn zweimal mit einem glühenden Eisen verbrannt wird. Die ‚Friseure' begleiten sie in einem beschämenden Triumphmarsch nach Hause. Sie hat gerade noch Zeit, ihr Baby ihrer Schwester Annette anzuvertrauen, bevor sie sich auf den Weg in die Rue des Lisses macht, um ins Gefängnis gesperrt zu werden." (de Morant 2014)

Diese Praxis des „Scherens" stellt eine uralte Strafe dar, die diese Frauen mit Prostituierten gleichsetzte und darauf abzielte, ihre Körper zu entstellen.

„Und diese spezifische Gewalt, die Frauen in ihrem Körper traf und ausdrücklich auf ihre sexuelle Differenz abzielte (männliche Mitarbeiter wurden manchmal geschlagen oder gedemütigt, aber nie als Wesen männlichen Geschlechts), geht auf eine uralte Tradition zurück, nämlich die der Ehebrecherin, die einst ausgestellt und durch die Straßen der Stadt geführt wurde, oft auf einem Pferd oder einem Esel." (Rousso 1992: 84–85)

Mit diesen öffentlichen Strafaktionen wurde ihnen vorgeworfen, Frankreich verraten zu haben, indem sie ihre Körper an die Feinde verschenkten. Daraufhin antwortete die damals in Frankreich sehr berühmte Schauspielerin Arletty ihren Peinigern: „Mein Herz gehört Frankreich, aber mein Arsch gehört mir" (vgl. Rousso 1992: 85).

Im Gegensatz zu den Kindern, die während des Krieges aus Verbindungen zwischen deutschen Soldaten und französischen Frauen hervorgegangen sind und als illegal oder sogar als Bastarde betrachtet wurden, sind die Kinder in unserem Buch das Ergebnis einer Liebe nach

---

[2] Steht auf Französisch für „*Francs-Tireurs et Partisans*", eine der größten Widerstandsgruppen in Frankreich während des Krieges.

dem Krieg, oft auf der Grundlage einer deutsch-französischen Ehe, und daher legal. Dies garantiert jedoch nicht ihre Akzeptanz in der französischen oder deutschen Nachkriegsgesellschaft. Man kann sogar die Hypothese aufstellen, dass sich die Haltung des Umfelds gegenüber diesen Kindern kaum verändert hatte. Die Feindseligkeit eines Teils der Franzosen gegenüber den Kindern „*de boches*" wird nur durch den legalen Charakter dieser Verbindungen gemildert. Ähnliche Vorbehalte gegenüber einer französischen Partnerin gab es auch in Deutschland in weniger virulenter und kategorischer Weise, da die Kombination Französin, die mit einem Deutschen verheiratet ist und in Deutschland lebt, angesichts der katastrophalen Situation im Nachkriegsdeutschland absolut in der Minderheit war. Diese Unterschiede lassen sich offensichtlich durch die Beziehung Angreifer – Angegriffener erklären, also: Nazi-Deutschland versus Frankreich. Die Verachtung und der Hass den Deutschen gegenüber waren in Frankreich deutlich sichtbarer, während die deutsche Meinung über die Franzosen in jener Zeit eher von Gleichgültigkeit geprägt war.

In Ermangelung deutscher Statistiken stellt Jean-Pierre Guérend insgesamt fest:

> „Im Jahr 1956, dem niedrigsten Jahr [der deutsch-französischen Heiratszahlen; Anmerkung der Autoren], sei daran erinnert, dass die Normalität zurückkehrt: Mehr Deutsche heiraten Französinnen. Der Mann ist nicht mehr der militärische Migrant. Er bewegt sich weniger, die Grenzen tauchen wieder auf, die Deutschen sind zum größten Teil wieder in Deutschland eingezogen, die deutschen Frauen werden ihr Land verlassen, um in Frankreich zu heiraten." (Guérend 1974: 138)

Die wenigen deutschen statistischen Daten, die uns zur Verfügung stehen, zeigen folgende Zahlen (Tab. 7.1):

Was diese Zahlen deutlich zeigen, ist die geringe Mobilität der Französinnen, nach Deutschland zu ziehen. Deutsche Frauen hingegen ziehen es vor, mit ihren französischen Ehemännern, von denen hier angenommen werden muss, dass sie einverstanden sind, in ihrem Land zu bleiben. Jean-Pierre Guérend fährt fort:

7 Deutsch-französische Eltern – Verbotene Liebe, verteufelte ...

Tab. 7.1 Deutsch-französische Mischehen (Nach der Quelle des *Statistischen Bundesamtes VIIb*, 1990; von SMM & CM angepasst)

	Französinnen heiraten einen Deutschen und leben in Deutschland	Deutsche Frauen heiraten einen Franzosen und leben in Deutschland
1955	126	-
1959	251	-
1960	235	567
1961	295	643
1962	295	671
1963	393	671

„1953 wurden die Deutschen bei den Sympathien, die gegenüber neun verschiedenen Völkern abgefragt wurden, als die unsympathischsten angesehen, sie wurden am wenigsten willkommen geheißen und es wurde angenommen, dass sie sich am schlechtesten anpassen. Man muss wissen, dass nach dem Krieg Französinnen ihren Verlobten als Schweizer ausgaben (obwohl er Deutscher war), um die Feindseligkeiten der Menschen zu vermeiden." (Guérend 1974: 142)

Die Anpassungsprobleme, die in Guérends Studie, die Interviews aus den frühen 1970er Jahren umfasst, deutlich werden, betreffen vor allem die Sprache des anderen, die kulturellen Gewohnheiten, aber auch die berufliche Eingliederung. Diese Bereiche überschneiden sich jedoch und unterscheiden sich in der gegenseitigen Wahrnehmung.

„Bei der Arbeit und bei Gesprächen stießen die Franzosen in Deutschland auf deutlich größere Schwierigkeiten als die Deutschen in Frankreich. [...] Die Franzosen praktizieren die deutsche Sprache schlecht, was sie erheblich behindert." (Guérend 1974: 143)

Diese Feststellung bezüglich der Integrationsschwierigkeiten, insbesondere der Französinnen, wird in der Studie von Jean-Pierre Guérend durch die Antworten der nach Deutschland gegangenen Frauen unterstrichen: diese hatten ihr abgeschottetes Leben, ein Gefühl der Ausgeschlossenheit sowie die Unterschiede zwischen der deutschen und der französischen Mentalität betont. Eine positive Wahrnehmung ihres

Lebens in Deutschland bezieht sich jedoch vor allem auf die zweisprachige Erziehung der Kinder und die Vermittlung der deutschen und französischen Kultur (vgl. Guérend 1974). Bei diesen Diagnosen ist jedoch eine gewisse Vorsicht geboten, da davon auszugehen ist, dass sich die Erfahrungen deutsch-französischer Eheleute in den 1970er Jahren deutlich von denen zwischen 1945 und 1963 unterscheiden.

Ohne die Analyse von der binationalen Ehen weiter voranzutreiben, muss zwischen Paaren unterschieden werden, die die zu einer bestimmten Zeit bestehende Norm bewusst verletzen oder einfach nur überschreiten, indem sie ein Mitglied einer anderen religiösen oder kulturellen Gruppe heiraten.

„Die Unterscheidung zwischen Übertretung und Überschreitung der Norm ermöglicht es, eine Dimension einzuführen, die von den Ehepartnern und ihrem Umfeld subjektiv erlebt wird. Der erste Begriff würde das Paar oder einen der Ehepartner des Paares betreffen, das sich bewusst ist, Normen verletzt zu haben, die ihm tatsächlich von der Familie und dem Umfeld vermittelt wurden [...] der zweite Begriff würde auf diejenigen zutreffen, die [...] bestimmten Regeln, die nicht überschritten werden dürfen, keine Bedeutung beimessen." (Collet 1998: 145)

In der Realität scheint dieses Bewusstsein für die Regeln innerhalb einer sozialen Gruppe oder einer Familie für junge Paare, die sich nach den Feindseligkeiten bilden und deren einzige Motivation die Liebe ist, nicht von größter Bedeutung zu sein. Die soziale Realität wird jedoch schnell wieder Einzug halten. Die Idylle wird in vielen Fällen nicht lange halten.

Teil II
Lebensgeschichten

8

Mauricette – Ich habe es nicht bereut, nach Deutschland gekommen zu sein

Es ist eine 89-jährige Frau mit wachen Augen, die lächelnd, entspannt, gelassen und einfach glücklich ist und uns an einem schönen Nachmittag Ende Juli 2014 in ihrem Haus dieses Interview gewährt, um uns von ihrem Lebensweg zu erzählen.

8.1 Kindheit und Jugend in der Touraine

Mauricette wurde am 14. November 1924 in einem kleinen Dorf namens Bourré geboren, das am Ufer des Flusses *Cher* liegt, 45 km von Tours entfernt. „Nahe der Loire, kleiner als Hirschhorn, meine Wahlheimat", fügt sie hinzu. Ihre Eltern stammen aus der Zeit um die Jahrhundertwende, beide wurden im Jahr 1900 geboren. Das Geburtsjahr ist leicht zu merken und führte dazu, dass ihre Mutter auf die Frage nach ihrem Alter regelmäßig schelmisch antwortete: „Schaut auf das Datum in der Zeitung!"

An ihre Kindheit und Jugend in diesem malerischen kleinen Ort, umsorgt von ihren Eltern, ihrem Bruder und ihrer Schwester, bewahrt Mauricette schöne und angenehme Erinnerungen, in denen gute Laune, Hilfsbereitschaft und Freundschaft an der Tagesordnung waren. Auf unsere Frage, ob ihr Vater am Ersten Weltkrieg teilgenommen habe, antwortet sie,

> „dass er zu jung war, aber dass er durchaus in den Jahren 1917-1918 bis zum Ende des Krieges hätte eingezogen werden können."

Ihr Vater übt den Beruf des Gärtners im Schloss Vallagon aus. Bereits 1940 verlassen der Schlossbesitzer, Herr Bourdon, und seine Familie das Schloss, um vor den Deutschen zu fliehen und in Ägypten zu leben,

> „eine erzwungene Abreise, da die deutschen Soldaten fünf Jahre lang das Schloss besetzt halten sollten."

Dort in Ägypten, so schildert uns Mauricette, übt Herr Bourdon „einen sehr angesehenen Beruf" aus, über den sie allerdings nichts Genaueres weiß,

> „der es ihm jedoch nicht erlaubt, nach Frankreich zurückzukehren, zumindest nicht, solange der Krieg dauert."

Die Zeit der Besetzung durch deutsche Soldaten und Offiziere dauerte insgesamt über vier Jahre bis zur Befreiung Frankreichs im Jahr 1944. Mauricette drückt ihre allerersten Erinnerungen an diese Zeit wie folgt aus:

> „Als die Franzosen gingen, kamen die Deutschen. Die Franzosen ließen alles zurück, die Bücher, die Zeitungen und alles, alles, was wertvoll war. […] Der französische Kommandant, bevor er ging, als die Deutschen kamen, sagte: ‚Hört zu, bleibt hier, geht nicht auf die Straßen mit all den Bombenangriffen und so. Ihr habt Keller, das ist wertvoll, um euch zu schützen.'"

8.2 Die deutsche Besatzung von 1940 bis 1945

Das Alltagsleben in der unmittelbaren Nähe der Besatzer ab 1940, das erst fünf Jahre später enden wird, funktioniert in scheinbar friedlicher Harmonie. Der deutsche Offizier ahndet eventuelle Verstöße seiner Männer gegen die Regeln des allgemeinen Anstands und kann ein

Klima aufrechterhalten, das auf gegenseitigem Respekt und Höflichkeit zwischen Soldaten und Dorfbewohnern basiert. Mauricette beschreibt diesen Zustand wie folgt:

> „[...] Also haben wir fast fünf Jahre lang mit den Soldaten gelebt. Sie waren sehr nett, der Kommandant sagte: ‚Wissen Sie, wenn jemand nicht anständig ist, sagen Sie es gleich der Kommandantur!' Aber wir hatten nie Schwierigkeiten.
> Und mein Mann hat in diesem Schloss als Kriegsgefangener gearbeitet. Er wurde zunächst in Österreich gefangen genommen und kam dann über Deutschland nach Frankreich. Und er war Soldat und dann in diesem Schloss, welches fünf Jahre lang besetzt und sehr beschädigt war, da gab es viele Reparaturen zu machen."

Mauricette erinnert sich als junges Mädchen an das besetzte Schloss und das Leben der Einwohner von Bourré mit den Besatzern und ihre verschiedenen Verhaltensweisen zur Verteidigung und zum Schutz vor der Wehrmacht:

> „Also das Schloss wurde am Anfang des Krieges von den Franzosen besetzt, und mein Vater und meine Mutter, wissen Sie, wir haben überall offene Kamine in Frankreich, also dann haben sie alle Papiere in die Feuerstellen gesteckt und alles verbrannt. Aus Angst, dass die deutschen Soldaten fragen würden, was sie im Schornstein verbrannt haben, haben sie Sand geholt und ihn hineingetan und dann ist es sehr gut gegangen.
> In meinem Land gibt es viele Keller mit Dingen, die darin gelagert werden. Wenn wir neue Fahrräder hatten, waren sie in den Kellern, es gab auch Keller mit Wein da drin und es gab in unserer kleinen Gemeinde auch Pilzzüchter und das war sehr, sehr gut. Und es gibt immer noch Weinberge. Aber zur Zeit der deutschen Besatzung hatte jeder Soldat seine Familie in Frankreich, in unserer Gegend. Jeder Soldat kam von der Arbeit, von den Manövern, und dann hat man sich schnell angezogen und ist zu einer Nachbarin oder zu einer Familie gegangen, um zu essen, sie waren so beschäftigt."

Und Mauricette spricht ganz natürlich über ihre Familie und ihren Vater, der damals in Deutschland gefangen war:

„[...] aber er [mein Vater] ist gegangen, als die Deutschen kamen, und er ist sofort zurückgekommen. Und dann hatte ich meine Schwester, sie war verheiratet und ihr Mann war Gefangener in Deutschland. Er hat nie Briefe von seiner Frau bekommen. Und unsere Mama hat den deutschen Kommandanten angesprochen und ihm das alles erzählt, und er hat gesagt: ‚Madame, geben Sie mir die Adresse' und plötzlich hat mein Schwager alle Briefe bekommen. Dieser Kommandant war wirklich anständig. Also blieb mein Schwager zwei drei Jahre in Deutschland. Er war in der Nähe von Berlin und kam 1945-46 zurück. Dort wurde er sehr gut behandelt. Und natürlich, als ich verheiratet war, lebte ich hier und meine Schwester war Lehrerin, sie konnte mich nicht häufig besuchen, nur wenn sie Ferien hatte und sie dann mal in Hirschhorn war, sagte sie: ‚Hier ist es sehr schön. Ich will jedes Jahr kommen' [lacht]. Und ihr Mann war auch sehr glücklich.

Einmal hatten wir einen Bekannten meines Mannes zu Besuch und ich habe mit meiner Tochter Französisch gesprochen, Elisabeth heißt sie, und dann habe ich ihm ein Foto gezeigt, auf dem mein Mann in diesem Schloss gefangen war. Und als ich das Foto zeigte ‚Ich kenne das, ich war auch dort! Wir waren im Krieg dort!' Er war in diesem Schloss und erzählte uns dann ‚Ich habe in diesem Zimmer da geschlafen.'"

8.3 Zwei Anekdoten

Diese erste Anekdote, die uns Mauricette amüsiert erzählt, unterstreicht den Reichtum der Gegend um Tours und besonders die Freude am Genuss in dieser Region:

„Mein Mann hat auch gerne Wein getrunken. Oh lala! Ich will Ihnen etwas erzählen. Er wohnte als Gefangener auch in der Nähe eines Schlosses. Er ging zur Arbeit und früher, während des Krieges, waren die Keller für die Munition reserviert. Als die Deutschen weg waren, haben sie diese Keller gesprengt. Da war kein Wein drin, aber dort war Munition eingelagert. Aber mein Mann, er hat mir alles erzählt, was seine Freunde, die Gefangenen, gemacht haben. Er sagte mir: ‚Oh, weißt du, das war schon so eine Geschichte. Ich habe Freunde, die in den Kellern von Herrn Millière gearbeitet haben. Du ahnst nicht, was sie getan haben? Wenn sie als Maurer gearbeitet haben, brauchten sie Wasser. Sie gingen also mit Gießkannen voller Wasser rein und sie kamen mit Gießkannen voller Wein wieder raus'. Dann eines Tages rief Herr Millière, der Chef, zu Joseph ‚Du, komm doch mal her! Ich muss dir was sagen.' ‚Oh!' dachte sich Joseph, ‚was wird passieren?' ‚Hast du nicht gesehen, dass jemand in meinen Keller eingebrochen ist? Ich habe ein Fass, und es ist leer. Das war ein sehr guter Wein!' Da sagte mein Mann: ‚Ah, Herr Millière, ich bin Gefangener, ich kann nicht in Ihren Keller schauen, wenn da Franzosen als Zivilisten reingehen, das darf ich nicht.' ‚Also wirklich, die waren schlau, denn das war ein guter Wein!'"

Mauricette lacht herzhaft über diese Episode.

Die nächste Anekdote ist im Gegensatz dazu deutlich weniger burlesk. Mauricette erzählt uns eine nervenaufreibende Episode rund um ihre Schulfreundin, der nach dem Krieg auf einem öffentlichen Platz die Haare geschoren wurden, so wie vielen anderen Frauen, die während des Krieges intime Beziehungen zum Feind aufgebaut hatten:

„Als sich die Deutschen etwa sechzig Kilometer von Vendôme zurückgezogen hatten, gab es hier die Kämpfer des *maquis*[1]. Sie sind in unser Kaff gekommen, also, wissen Sie, was das ist? Sie haben die Frauen genommen, also die Frauen, von denen sie wussten, dass sie deutsche Freunde hatten, und sie haben ihnen die Haare abgeschnitten und so weiter und so weiter. [...]

Ich hatte eine Freundin, eine Schulfreundin, und sie hatte auch schöne Haare. Man hat sie auf die Straße gebracht und ihr vor allen Leuten die Haare geschnitten. Und zwei oder drei Tage später kam sie durch den Wald oder durch die Weinberge zu mir: ‚Willst du mal sehen?' Sie hat ihr Kopftuch abgenommen. Oh! Und später dann hat sie geheiratet, sie hat doch einen Mann gefunden. Ah ja. Das sind alles Erinnerungen."

8.4 Joseph, eine Begegnung fürs Leben

1946 lernte Mauricette ihren zukünftigen Ehemann Joseph kennen, der am 20. August 1914 geboren wurde und als deutscher Gefangener im Schloss Bourré lebte. Beide heirateten im März 1949 in Frankreich, wie

---

[1] Französische Bezeichnung für die Widerstandsbewegung im Untergrund (Anmerkung SMM & CM).

Mauricette es sich gewünscht hatte. Ihren Wohnsitz nehmen sie jedoch in Hirschhorn am Neckar, einer hessischen Kleinstadt im Südwesten Deutschlands, die an Baden-Württemberg grenzt. Joseph arbeitet dort als Elektriker. Ihr ganzes Leben lang bleiben sie Hirschhorn verbunden. Selbst als Witwe – Joseph stirbt im Frühsommer 1992 – wohnt sie weiterhin in der Kleinstadt – „seit 65 Jahren", wie sie bei unserem Treffen sagt – in der Nähe ihrer beiden Kinder, Elisabeth, ihrer ersten Tochter, die im Juli 1948 geboren wird und Hubert, ihrem Sohn, der einige Jahre später, Ende Juli 1954, geboren wird.

Alle Hirschhorner kennen Mauricette gut; sie ist sehr angesehen und benutzt mühelos den Dialekt der Region, wenn sie sich auf Deutsch ausdrückt. Ihre Integration in die Gesellschaft dieses Landstrichs ist perfekt. Ihre beiden Kinder sind gut situiert, haben es zu etwas gebracht, haben selbst Kinder und unterhalten sich gelegentlich noch auf Französisch. Was ihren Vater Joseph betrifft, so war er – bis zu seinem Tod – eine bekannte, etablierte und angesehene Persönlichkeit in der Stadt Hirschhorn.

Für Mauricette war es seinerzeit unerlässlich, schnell Deutsch zu lernen – allein schon, um die Schwiegereltern zu verstehen und mit ihnen zu kommunizieren! – und um sich in dem Land gut integriert fühlen zu können.

„Mein Mann sprach sehr gut Französisch, am Anfang natürlich konnte ich überhaupt kein Deutsch sprechen, ich sprach nur Französisch, aber da wir bei den Schwiegereltern wohnten, war es sehr unangebracht nicht Deutsch zu sprechen. Also hat er zu mir gesagt: ‚Du musst es jetzt lernen.'"

Mauricette macht sich schnell an ihre neue Sprachaufgabe und erlangt gute Grundlagen in Deutsch, die sich im Laufe der Jahre festigen werden:

„[...] das war am Anfang gar nicht so schwer, weil wir fast fünf Jahre lang mit den Deutschen in Frankreich gelebt haben. Ich habe also schon Deutsch verstanden. Äh, ich konnte vielleicht nicht alles sagen, was ich sagen wollte, aber ich hatte viel Geduld. Auch heute noch habe ich noch viel Geduld. [...]

Ich spreche Deutsch mit dem Akzent von Hirschhorn und habe mein Französisch nicht allzu sehr verloren, nein, überhaupt nicht! Ich habe es mein ganzes Leben lang praktiziert, auch das Schreiben. *Bien obligée*[2]."

Wie in vielen anderen Biografien dieses vorliegenden Buches haben sich die beiden Eheleute demzufolge kennengelernt, als Joseph in deutscher Gefangenschaft in Frankreich war, und zwar genau in dem Schloss, in dem Mauricettes Eltern arbeiteten. Mauricette fährt in ihrer Erzählung fort:

„Es gab viel Arbeit zu tun. Mein Vater sagte: ‚Auf dem Land gibt es einige deutsche Gefangene, sie gehen samstags und sonntags zu den Leuten, um zu reparieren und zu arbeiten'. Also fragte dieser Herr, Herr Bourdon, meinen Vater: ‚Können Sie zum Kommandanten gehen?' Er sucht Gefangene, er braucht jemanden. Also ging mein Vater zum Sprecher der Gefangenen, wir kannten ihn sehr gut, er war ein Freund und er sagte: ‚Was brauchen Sie?' Mein Vater sagte: ‚Einen Maurer, einen Elektriker, einen Maler'. Also mein zukünftiger Mann war der Sprecher der Gefangenen und musste nicht arbeiten, aber er dachte sich: ‚Wenn ich arbeite, bekomme ich vielleicht ein bisschen Geld. Vielleicht wird mein Leben dann besser!'

Also, er war Elektriker und antwortete: ‚Gut, ich gehe mit' und er kam zur Arbeit und so habe ich meinen Mann kennengelernt, das war 1946. Ja, 1946, und er blieb, bis mein Baby, meine Tochter, unterwegs war. Meine Tochter wurde 1948 geboren und ich kam 1949 hierher nach Deutschland. Ja, dann kam er zurück, mein Mann, 1947 oder 1948, und dann sagte er: ‚Ich werde alle Papiere besorgen, damit wir heiraten können.' Er kam danach nach Frankreich zurück, um zu heiraten, weil ich nicht hier in Deutschland verheiratet sein wollte.

Und natürlich sind wir verpflichtet, das Aufgebot zu bestellen, in Frankreich heißt das *publier des bans,* also hat mein Mann gesagt: ‚Ich komme vielleicht im Oktober oder November wieder.' Da wir den Bürgermeister gut kannten, hatten wir es ihm gesagt und so konnte er schon das Aufgebot bestellen, aber das dauerte dann doch noch bis März."

---

[2] „Es ging ja nicht anders" (Übersetzung SMM & CM).

8.5 Eine binationale Ehe

Die Genehmigung zur Eheschließung in Frankreich zu erhalten ist für die beiden Turteltauben keine leichte Aufgabe. Der zukünftige Ehemann musste viele Male das Konsulat in Frankfurt am Main aufsuchen, bevor er eine Entscheidung zu Gunsten des zukünftigen Paares als binationale Ehe erhielt. Man muss hinzufügen, dass das Gebiet zu dieser Zeit unter amerikanischer Besatzung stand. Jedes Mal, wenn die französische Verwaltung eine positive Stellungnahme abgab, lehnte die andere Seite dies ab. Hier ist die administrative Odyssee, die sich über mehrere Monate erstreckte, erzählt von Mauricette:

> „Ah, wissen Sie, es war unglaublich, sehr schwierig, in Deutschland zu heiraten. Mein Mann war, wie oft, in Frankfurt, er brauchte das französische Konsulat, das amerikanische Konsulat, weil es hier amerikanische und deutsche Zone war. Wenn die Franzosen sagten, er könne gehen, sagten die anderen nein, und er blieb dort. Im Oktober hatte er mir geschrieben: ‚Vielleicht komme ich gegen November rechtzeitig, um Elisabeth zu taufen.' Und unser Pfarrer, der war eher ein Freund. Und dann hat er gesagt: ‚Ach nein, ich kann nicht reisen', und so ging das bis März. Im März schrieb er ‚Jetzt kann ich kommen'. Dann haben wir geheiratet. Elisabeth war neun Monate alt, die Kleine. Und meine Familie war natürlich einverstanden. Sie kannten meinen Mann gut aus der Zeit, als er dreieinhalb Jahre bei uns war."

Was weiß die deutsche Familie von Josefs Heiratsabsichten? Wie positioniert sie sich angesichts dieser großen Frage? Mauricette fährt mit ihrer Erzählung fort:

> „Nach seiner Freilassung kam er zurück nach Deutschland und dann sagte seine Mutter, sie sagte: ‚Was ist denn los?' Also sagte er: ‚Ich habe eine Freundin und ich werde heiraten.' Aber er sagte nicht, dass es das Baby gab, das noch nicht geboren war. Und dann, als meine Tochter geboren wurde, schrieb meine Mutter einen Brief an meinen zukünftigen Ehemann in Deutschland. Als er dann von der Arbeit kam, sagte seine Mutter zu ihm: ‚Heute kam ein weiterer Brief aus Frankreich, aber es ist eine andere Handschrift.' Also öffnete er den Brief, las ihn und sagte

zu seinen Eltern: ‚Ihr seid Großeltern'. Da sagte sein Vater: ‚Was ist es, ein Junge oder ein Mädchen?' ‚Ein Mädchen.' Oh, der Vater war glücklich, weil er vier Jungen hatte und er hätte gerne ein Mädchen gehabt. Er war sehr glücklich und dann hat mein Mann mit den Papieren angefangen und dann ist er gekommen und wir haben schließlich geheiratet. Ich hole ihn vom Bahnhof ab und wir heirateten sofort. Sobald wir in meinem Dorf ankamen, und obwohl er unsere Tochter noch gar nicht kannte, hat er sie sofort anerkannt und wir sind direkt zum Standesamt gegangen und haben geheiratet."

Die unerwartete Ankündigung einer zukünftigen französischen Schwiegertochter und ihre stillschweigende Akzeptanz, die Joseph seinen Eltern ein wenig aufdrängt, verläuft außergewöhnlich gut und ohne jegliche Hindernisse. Ein für die damalige Zeit und den Nachkriegskontext nicht unbedingt naheliegender Verlauf. Dazu kam ja noch, dass Joseph seinen Eltern mitteilte, dass sie gerade Großeltern geworden waren. Für Mauricette war dies alles ein großes Glück und ein guter Start für das junge Ehepaar.

In Frankreich, in dem kleinen Dorf von Mauricette, genießt Joseph einen guten Ruf:

„Im Dorf in Frankreich haben die Leute nichts gesagt, weil mein Mann mit Allen befreundet war. Wir hatten einen Nachbarn, der sehr alt war und er sagte, als mein Mann ihn besuchte: ‚Du kannst jederzeit wiederkommen, aber nicht mit einem Gewehr.' Und dann sprach er sehr gut Französisch. Und ja dann, er mochte die Leute auch, er war mit Allen sehr gut befreundet."

Aber es ist nicht leicht, sein Land für ein anderes zu verlassen, vor allem für die Familie, die zurückbleibt, die Familie von Mauricette:

„Also, nach der Hochzeit bin ich hierhergekommen. Meine Mutter hat mich zur Grenze gefahren, um mir zu helfen, auf die andere Seite zu kommen, und mein Mann ist von der anderen Seite gekommen, um mich abzuholen. Denn wir konnten zu diesem Zeitpunkt nicht einfach gehen, wie wir wollten, oder über die Grenze gehen. Also kamen wir in Ludwigshafen an, sein Vater war da mit jemandem, der ein Auto besaß,

um die Koffer mitzunehmen. Ich hatte Wäsche und andere Dinge zu tragen.
Ja, ich hatte nur einen Bruder und eine Schwester, aber es war Mama, die weinte und weinte, als ich wegging. [...] Es war schwer für meine Familie in Frankreich, dass ich nach Deutschland ging, für meine Schwester, meinen Bruder, aber am meisten für Mama, und vor allem für meinen Hund. Er ist abends, wenn mein Vater von der Arbeit kam, bis zur Straße gelaufen und wartete auf mich."

Sobald sie sich jedoch dauerhaft in Deutschland niedergelassen hatten, erhielten sie regelmäßig Besuch aus Frankreich, wie zum Beispiel vom damaligen Bürgermeister von Bourré:

„[...] Sogar der Bürgermeister meines Dorfes ist nach Hirschhorn gekommen, um mich später zu besuchen. Er war mit seiner Frau und der Tochter bis nach Heidelberg gefahren und hat gesagt: ‚Sie muss hier irgendwo in dieser Gegend wohnen.' Er hat mich gesucht und gefunden. Wir hatten viel Besuch aus Frankreich."

Oder der regelmäßige, jährliche Besuch ihrer Eltern, insbesondere ihrer Mutter bei verschiedenen Gelegenheiten und zu unterschiedlichen Anlässen:

„Meine Eltern sind auch nach Deutschland gekommen, vor allem Mama, sie ist mehrmals gekommen, zum Beispiel zu ihrem fünfzigsten Geburtstag. Zu ihrem fünfzigsten Geburtstag ist sie hierhergekommen, um zu feiern. Das war 1950. Und meine Schwiegermutter hatte eine Sahnetorte mit Schokolade bestellt."

Mauricette wird nie einen großen Zwiespalt zwischen den beiden Kulturen spüren, denn sie hatte nun jedes Jahr Reisemöglichkeiten in ihre Heimat:

„Ich habe nie Heimweh nach Frankreich gehabt, weil ich jedes Jahr nach Frankreich fahren konnte. [...] Und es war eine gute Zukunftsaussicht, sich zu sagen: ‚im Sommerurlaub sind wir wieder da!' Wenn ich [wegfuhr], sagte ich ‚Nächstes Jahr komme ich wieder' und immer gab es ein

Fest, wenn ich kam. Meine Schwägerin und alle Freunde sagten: ‚Komm doch zum Essen!' Es war jedes Mal ein Fest. Ach ja, und wir haben natürlich Wein aus der Touraine getrunken!"

8.6 Eine Französin in einer deutschen Kleinstadt im Südwesten

Wie ihr Mann Joseph, der von den Bewohnern des französischen Dorfes seiner Frau gut akzeptiert wurde, spürte auch Mauricette, die neu nach Deutschland gekommen war, um hier ihr Familienleben zu führen, recht schnell, ohne es wirklich aus Erzählungen zu wissen, dass die Hirschhorner sie in gewisser Weise adoptiert hatten:

„Ich weiß nicht, was die Leute in Hirschhorn dachten, jedenfalls wurde ich wirklich sehr gut akzeptiert. Sehr gut sogar. Sogar, obwohl ich damals noch kein Deutsch gesprochen habe, nein, nein, nein. Aber mein Mann konnte gut Französisch sprechen. Er hatte es schon in der Schule gelernt, er war schon ein kluger Kopf, ja. Und ich, ich habe Deutsch auf der Straße gelernt, mit den Leuten, indem ich ein bisschen geredet habe. Das war mein Leben. Wir hatten eine Dame, die bei uns wohnte, und meine kleine Tochter, die gerade ein Jahr alt war, das wurde hier gefeiert, sie hat mich sehr gut akzeptiert, und meine kleine Tochter, sie dachte, dass sie ihre Großmutter sei. Es ist also sehr gut gelaufen und auch mit ihr habe ich viel Deutsch gelernt."

Die Liebe, die sie für ihren Mann empfindet, erleichtert ihre Integration – und in der hessischen Kleinstadt – und in ihrer neuen Schwiegerfamilie erheblich:

„Ich bin aus Liebe zu meinem Mann nach Deutschland gekommen, aus keinem anderen Grund, es war nicht die Arbeit oder so, nein, nein, nein, nein. Und ich wurde sehr, sehr gut akzeptiert. Das hat mir wirklich gutgetan. Und meine Schwiegermutter, die war aus Darmstadt. Und immer, wenn ich in Darmstadt war, ich habe jetzt noch Briefe von der Familie, wurde ich ebenfalls sehr, sehr gut akzeptiert. Das hat mir gut getan."

Wahrscheinlich aufgrund des geschützten und geliebten Familienclans, den sich Mauricette und Joseph geschaffen hatten, verspürte sie kein Bedürfnis, sich an Aktivitäten deutsch-französischer Vereine oder Partnerschaften zu beteiligen:

> „Ich habe nie an deutsch-französischen Vereinen oder Treffen teilgenommen, überhaupt nicht. Ich war sehr zurückhaltend. Ich habe nur mit meiner Familie und meinen Schwiegereltern gelebt. Und ich habe gelernt, Kuchen zu backen, weil ich nicht wusste, wie man Kuchen backt, und mein Mann liebte Kuchen. Ich habe deutsch Kochen gelernt aber die französische Küche beibehalten. Zugegeben ist die deutsche Küche nicht so gut [lacht]. Als meine Schwiegermutter einmal Suppe mit einem Stück Fleisch kochte und ich ihr immer zuschaute, ich konnte damals schon kochen, habe ich mit dem Schaumlöffel den Schaum von der Suppe abgehoben und da hat mein Schwiegervater zu seiner Frau gesagt: ‚Sie kann kochen!' [lacht]"

Dank der Unterstützung ihres engagierten Ehemanns, der ebenfalls an den Familienwerten beider Kulturen festhält, wird Mauricette jedes Jahr nach Frankreich reisen, um ihre Familie und auch ihren Hund, der sie nicht vergessen hat, wiederzusehen:

> „Jedes Jahr fuhr ich nach Frankreich, jedes Jahr ließ mich mein Mann gehen. Er hatte zu Mama gesagt: ‚Ich lasse sie jedes Jahr reisen.' [...] Als ich ein Jahr später zurückkehrte, wartete der Hund immer noch auf mich. Ja, das war großartig.
> Ich bin jedes Jahr ganz allein nach Frankreich gefahren. Mein Mann hat mich immer abgeholt. Er hatte Angst, dass ich vielleicht nicht zurückkomme [lacht]. Ja, und im darauffolgenden Jahr bin ich wieder nach Frankreich zurückgekehrt."

Zuvor müssen jedoch administrative – vor allem schulische – Maßnahmen ergriffen werden:

> „Am Anfang, als meine Tochter noch nicht in die Schule ging, blieb ich zwei Monate dort, im Juli und im August. Und dann haben wir den Schuldirektor gefragt, also mein Mann ist zu ihm gegangen und hat

gesagt: ‚Meine Frau möchte nach Frankreich reisen, aber kann denn meine Tochter zwei, drei Wochen in der Schule fehlen?' Da antwortete der Schuldirektor hier in Hirschhorn: ‚Sie muss in eine Schule in Frankreich gehen.' Ich kannte den Lehrer und den Direktor der Schule in meinem Dorf in Frankreich sehr gut, und er sagte: ‚Kein Problem'. Er stellte mir ein Papier aus, auf dem stand, dass meine Tochter in Frankreich zur Schule gegangen war. Das stimmte auch. Ja, ja, wir hatten einen Nachbarn, einen Jungen, und sie sind zusammen zur Schule gegangen."

8.7 Ein normales Leben in den 1970er Jahren und danach

Mauricette berichtet von diesen Jahren des Alltagslebens ab den 1970er Jahren, in denen Lebensfreude, Teilen und gegenseitige Geselligkeit – alles in allem einfache Freuden zwischen den beiden Kulturen mit den Mitgliedern der jeweiligen Familien und den Freunden – an der Tagesordnung waren:

„Bei einem ihrer Besuche in Deutschland hatten meine Eltern Pilze mitgebracht, weil wir ein Dorf mit Pilzkellern waren. Und diese sind sogar heute noch sehr anerkannt. Die Deutschen besuchten sie am Wochenende. […]

Und als ich nach Frankreich gereist war, kamen meine Schwiegereltern einmal, oder zweimal mit, und wir wurden überall eingeladen, bei den Nachbarn. Und da man in Frankreich ja sehr gut isst, konnte selbst mein Schwiegervater irgendwann nicht mehr weiter essen."

Mauricette übt in Hirschhorn keinen Beruf aus; sie hilft ihren Schwiegereltern bei der Hausarbeit:

„Ich habe nie in Deutschland gearbeitet. Ich habe bei meiner Schwiegermutter gearbeitet, ich habe geputzt und so weiter. Wir haben fast zusammen gewohnt. Wir haben uns wirklich gut verstanden."

Mit ihrer Schwiegerfamilie verbindet sie eine enge Beziehung. Man könnte fast von einer Eltern-Kind Bindung sprechen:

„Die Eltern meines Mannes waren sehr nett. Als ich nach Deutschland kam, war meine Schwiegermutter sehr krank. Und mein Mann hatte schon gesagt: ‚Wenn sie für immer geht, wenn sie stirbt, und ich kann nicht zum Bahnhof kommen, dann schicke ich jemanden, der Französisch spricht, der dich abholt.' Und ich habe sie drei Jahre lang gepflegt. Und dann ist sie gestorben, sie war gerade 65 Jahre alt."

Ihren Freundeskreis betreffend, führt Mauricette ohne große Schwierigkeiten die französische Lebensart ein, wie sie uns in den folgenden zwei Anekdoten mitteilt, wobei sie kaum ein verschmitztes Lächeln unterdrückt:

„Was uns, meinen Mann und mich, angeht, wir hatten den ersten Fernseher in Hirschhorn, und wenn dann ein Fußballspiel übertragen wurde, saßen Familie und Nachbarn alle bei uns im Esszimmer, denn wir hatten zu Hause ausreichend Stühle."

„Auch heute noch, wenn die Leute fragen: ‚Trinken Sie einen Kaffee?' antworte ich: ‚Ich mag keinen Kaffee!' Und dann sage ich: ‚Nein, ein Glas Wein wäre besser!'"

8.8 Deutsch-französische Kinder mit zwei Kulturen

Beide Kulturen sind in dieser binationalen Familie stets präsent. Dementsprechend praktizieren ihre beiden Kinder sowohl die französische als auch die deutsche Sprache:

„Meine beiden Kinder sprechen natürlich beide Sprachen. Meine Tochter spricht gut Französisch."

Die jährlichen Besuche und Kontakte mit Frankreich, der Familie und insbesondere den Cousins tragen viel zu dieser Bikulturalität bei:

„Also, meine beiden Kinder habe ich jedes Jahr mitgenommen. Jedes Jahr sind sie mitgekommen. Mein Sohn Hubert hat heute noch unglaublich viele Erinnerungen an Frankreich. Und dann meine Schwester – sie hatte einen Sohn – und der mochte seinen Cousin Hubert sehr. Wenn wir also nach Frankreich fuhren, ging er zu meiner Schwester und schon hatte er französische Freunde. Deshalb hat er viele schöne Erinnerungen.

Sie haben in beiden Kulturen geradezu gelebt, meine Kinder, Élisabeth und Hubert, und Élisabeth hatte Freunde, die in Paris leben. Sie hat immer noch Kontakt zu ihnen."

8.9 Rückblick auf ein erfülltes Leben

Hat man ein etwas höheres Alter erreicht, ist es fast automatisch an der Zeit, Bilanz zu ziehen, über sein Leben und seine Bedeutung. Dies gilt auch für Mauricette:

„Ich bin alt und natürlich sind von unseren Freunden und Nachbarn jetzt viele nicht mehr da, also verstorben. [...]
Ich selbst habe noch Verwandte in Frankreich, aber meine Schwester ist vor zwei Jahren gestorben. Es gibt noch ihren Sohn und ich hatte einen Bruder, der mit zweiundsechzig Jahren gestorben ist. Er war ein Arbeitstier, er hat immer nur gearbeitet. Er hatte ein großes Weintransportunternehmen. Er exportierte Wein nach Deutschland, Wein aus der Touraine. Als er gestorben ist, blieb mir seine Frau als Freundin, sie war im Alter meines Mannes, mein Mann war zwei Jahre älter als ich. Mein Mann ist dieses Jahr vor zweiundzwanzig Jahren gestorben. Er wäre in diesem Jahr einhundert Jahre alt geworden. Er starb mit achtundsiebzig Jahren, es war das Herz, wissen Sie [...].
Wenn ich jetzt mein Leben Revue passieren lasse, war ich trotzdem froh, dass ich diese Entscheidung getroffen habe, einen Deutschen zu heiraten, denn damals war es nicht einfach, mitten im Krieg. Ich hatte wirklich Glück, weil ich Anschluss an eine sehr gute Familie gefunden habe, die sehr, sehr nett zu mir waren. Es war wie eine zweite Familie. Ja, meine Schwiegereltern waren wie ein schönes Geschenk für mich. Ich habe achtzehn Jahre bei ihnen gelebt, dann ist meine Stiefmutter gestorben, also haben wir weiter zusammen mit meinem Schwiegervater gelebt. Nie ein schlechtes Wort. Niemals. Ich hatte viel Geduld, und außerdem wusste mein Mann genau, wie ich war."

In Bezug auf die doppelte Staatsbürgerschaft wird Mauricette klarstellen, dass:

„[...] durch meine Heirat bin ich Deutsche, ich habe die französische Staatsangehörigkeit behalten, die französischen Pässe. Ich bin noch Französin, ich bin verheiratet, aber ich bin Französin geblieben, ich habe die deutsche Staatsangehörigkeit nicht angenommen. Aber durch meine Heirat wurde ich Deutsche. Nicht gleich am Anfang, aber ein paar Jahre später."

Zum Abschluss unseres Gesprächs erzählt uns Mauricette noch einmal, dass sie in ihrem Leben immer viel Glück gehabt habe, wie an dem Tag, an dem sie in Begleitung ihrer noch kleinen Tochter den französischen Konsul traf:

„Eines Tages ging ich dort oben mit meiner Tochter spazieren – wie alt war sie? – vielleicht sechs oder sieben Jahre alt – und ich sah drei Männer, nein, zwei Männer gingen vorbei und zwei Frauen hinterher. Sie gingen an mir vorbei, gut, und meine Tochter, sie war sechs Jahre alt: ‚Mama, die Leute da haben Französisch gesprochen!' Ich sagte: ‚Was? Warte, wir gehen zurück.' Also gingen wir zurück und sprachen sie an. Ich habe nur gesagt: ‚Bonjour'. Es war sehr schönes Wetter, also habe ich gesagt: ‚Ist in Frankreich auch so schönes Wetter?' und sie haben geantwortet: ‚Wir leben nicht in Frankreich, wir leben in Mannheim.' Daraufhin erzählte ich, dass ich immer zum Konsulat nach Mannheim fahren musste. Und die Spaziergänger fragten: ‚Was haben Sie denn im Konsulat zu tun?' und ich antwortete: ‚Ich möchte nach Frankreich reisen und brauche ein Papier für meinen Sohn.' Daraufhin zeigten sie auf ihren Begleiter: ‚Der Mann da an unserer Seite ist der Konsul' [sie lacht]. Das war der Konsul aus Mannheim. Und später dann rief er mich an: ‚Was haben Sie zu erledigen?' Ich sagte: ‚Ich habe ein Baby und brauche Papiere für mein Kind.' Er sagte: ‚Schicken Sie mir das alles, dann brauchen Sie nicht extra hierher zu kommen.' Ich war völlig sprachlos."

9

Henri (Heinrich) – Henriette und ihre schönen Blumen

Henri (Heinrich) Sturges ist seit 2006 nicht mehr unter uns, aber die Wirkung seiner humanistischen Aktionen und seine außergewöhnliche Biografie haben ihm einen Ehrenplatz in diesem Buch eingeräumt. Obwohl wir – im Gegensatz zu den anderen Partnerinnen und Partnern unseres Buches – leider nie die Gelegenheit hatten, mit ihm direkt zu sprechen, haben wir uns dafür entschieden, ihn über seinen Blog[1] zu Wort kommen zu lassen und es ist in gewisser Weise eine Art Erinnerungsarbeit, die wir hier leisten, so wie Henri Sturges es angeregt hat:

„Zeugnis ablegen ist unsere Pflicht. Unsere Kinder mithilfe unserer Zeugnisse und unserer Erfahrungen dazu zu bringen, zwischen dem, ‚was war' und dem, ‚was heute ist' zu vergleichen, ist die Pflicht von uns allen, die wir überlebt haben!" (Sturges 2006)

---

[1] Anmerkung SMM & CM: der Blog von Henri Sturges wurde mit seinem Tod im Juni 2006 geschlossen. Seit Februar 2023 kann er jedoch wieder besucht werden: http://sturgesh.canalblog.com [Letzter Besuch: 14.09.2023].

Wir werden seine Geschichte präsentieren, die eine ganz beeindruckende und einzigartige Geschichte ist, denn Henri Sturges – von Geburt Heinrich –, der in Deutschland geboren wurde, hat mehr als zwei Drittel seines Lebens in Frankreich verbracht. Er blieb dort aus freien Stücken, nach reiflicher Überlegung, aber vor allem – und das war der entscheidende Punkt – nachdem er Henriette kennengelernt und sich unsterblich in sie verliebt hatte.

Das Leben des jungen Deutschen Henri Sturges ändert sich an dem Tag, an dem er zur Wehrmacht eingezogen wird. Im Juli 1943 war er erst sechzehneinhalb Jahre alt, als Hitlers Armeen Kanonenfutter brauchten und den jungen Henri als Soldaten rekrutierten. Als Minderjähriger wurde er zunächst in den *Reichsarbeitsdienst* der Nazi-Diktatur eingegliedert. Mit einer Schaufel ausgestattet wurde er in die Normandie geschickt, um dort verschiedene Arbeiten zu verrichten, wie beispielsweise den Bau einer Luftabwehrbatterie. Kurze Zeit später wurde er unter Zwang mit einem Maschinengewehr ausgestattet und zum Soldaten der Wehrmacht gemacht. In der Normandie erlebt Henri den dramatischsten und alptraumhaftesten Moment seines Lebens, den Tag, an dem er einen Menschen töten wird. Während dieser tragischen Episode wird ihm für immer die Absurdität des Krieges und die Entmenschlichung der Soldaten bewusst werden. Lassen wir ihn selbst diese schreckliche Geschichte erzählen, die ihn bis ans Ende seiner Tage verfolgen wird:

> „Ich war damals siebzehneinhalb Jahre alt und er vielleicht neunzehn Jahre. Ich habe ihn in einem Nahkampf getötet. Mein Maschinengewehr war schneller als sein Dolch. Aber als er vor mir fiel, konnte ich in seinen sterbenden Augen Erstaunen und diese Frage sehen: ‚Warum? Warum hast du mich getötet?' Was hätte ich ihm auch anderes antworten können als: ‚Wenn ich es nicht getan hätte, wäre ich jetzt an deiner Stelle!' Ich bin mir sicher, dass ich in diesem Moment die Absurdität des Krieges begriff. Eine Absurdität, die es mir als Überlebender erlaubt, die Frage zu stellen: Wer gibt wem das Recht, über die Existenz und das Leben eines anderen Menschen zu verfügen? Diese Erinnerung an meinen ‚Amerikaner' bin ich ihm schuldig, der ich das Glück hatte, überleben zu können! Ich konnte und habe ihn nie vergessen." (Sturges 2006)

1944 einen Menschen zu töten, weil andere – seine Vorgesetzten – ihn dazu aufgefordert hatten, bleibt Henris schlimmste und makaberste Erfahrung in seinem Leben. Diese tragische Episode gab ihm die nötige Kraft, um bis an sein Lebensende gegen kriegerische Geister und revanchistische Ideen zu kämpfen. Henri berichtete immer wieder in Bildungseinrichtungen – genauer: vor Schülerinnen und Schülern – von seinen Erlebnissen, um den Frieden zu predigen und die überragende Bedeutung der deutsch-französischen Freundschaft zu verdeutlichen. Ein Krieg wie der Zweite Weltkrieg von 1939–1945 sollte sich nie mehr wiederholen und war der *la Der des Ders*. Und Henri wird nicht aufhören, mit Groß und Klein zu arbeiten, um seine pazifistischen Überzeugungen weiterzugeben. Dieser Kampf für Brüderlichkeit und die deutsch-französische Freundschaft war das große und einzige Projekt seines Lebens. In seinem Blog kann man nachlesen, was ihn zu dieser anstrengenden Arbeit getrieben und motiviert hat. Bis zum letzten Tag seines Lebens und trotz seiner Krankheit lehnte er keine Anfrage für einen Einsatz in Schulen ab. Henris Lebensweg ist ein wunderbares Beispiel für die Tausenden von Nachkriegsbiografien, für Männer, die Teil einer Armee waren, die von völkermordenden Verbrechern geführt wurde und die gezwungen waren, Länder zu besetzen, deren Sprache sie nicht sprachen und die sie meist nie gesehen hatten. Nach diesem unmenschlichen Krieg hatten sehr viele Kriegsgefangene lediglich eine einzige Sorge und den einfachen Wunsch, in Frankreich zu bleiben. Deutschland, das sie nach ihrer Befreiung vielleicht schnell wieder aufgesucht hatten, lag in Trümmern, viele ihrer Familienmitglieder waren bei den Bombenangriffen ums Leben gekommen und die Hoffnung, Überlebende zu finden, war verschwindend gering. Die beste Lösung, die sich ihnen bot, war, nach Frankreich zurückzukehren und dort ihre Katharsis zu vollziehen, vor allem, wenn dort eine schöne junge Französin auf sie wartete. Henri war einer dieser Menschen, und er empfand tiefe Schuldgefühle wegen des Geschehenen, die sein ganzes Leben lang nicht vergehen würden. Durch den Kontakt mit seinen ehemaligen Kameraden aus der Kriegsgefangenschaft sah er nur allzu deutlich, dass seine persönliche Zukunft – wie die so vieler anderer – nicht in Deutschland lag, und auch nicht, dass Deutschland in der Lage gewesen wäre, sie zu versorgen. So gründete Henri einen Verein für ehemalige Gefangene, zunächst um eine Lösung für ihre finanziellen und sozialen Probleme zu finden und dann, um die verschiedenen Fragen der Integration in die französische Gesellschaft zu beantworten. Die Zahlen dieses Vereins erscheinen uns heute fast unglaublich: 1971 zählte man über 40.000 Mitglieder, die dem Verein angehörten!

In seinem Blog schreibt Henri drei Monate vor seinem Tod im Jahr 2006 Folgendes:

> „[…] Unsere Tochter Sylvie wurde am 8. Mai 1955 [zehn[2] Jahre] auf den Tag genau nach der Unterzeichnung des Waffenstillstands vom 8. Mai 1945 geboren, der den mörderischsten Krieg des letzten Jahrhunderts beendete. Zugegeben, Sylvie ist wahrscheinlich nicht das einzige Mädchen, das am 8. Mai 1955 geboren wurde. Warum soll man sie dann überhaupt erwähnen? Weil Sylvie bei ihrer Geburt [keine normalen] Eltern hatte wie alle anderen Kinder zu dieser Zeit.
>
> Henriette, ihre Mutter […] war die Tochter eines französischen Widerstandskämpfers. Einem Widerstandskämpfer, der im Sommer 1944 in Périgueux von der Gestapo verhaftet und zum Tode verurteilt wurde. Sein Leben wurde durch einen bis heute unbekannten deutschen Soldaten gerettet, der ihm und drei seiner Kameraden wenige Stunden vor dem Erschießungskommando die Flucht ermöglichte.
>
> Henri, ihr deutschstämmiger Papa, war deutscher Soldat und später Kriegsgefangener in Frankreich gewesen. Er kam in seiner heruntergekommenen Uniform mit den riesigen Buchstaben ‚PG' am 22. Februar 1947 in Courcelles-Chaussy im *Département Moselle* an. Ein Mädchen und ein Junge, zwei Wesen, die sich aufgrund der Geschichte und der unglücklichen und unmenschlichen Vergangenheit ihrer jeweiligen Völker niemals hätten treffen oder daran denken dürfen, sich eines Tages zu vereinen, sahen sich zum ersten Mal an einem Tag zu Beginn des Jahres 1947. Das Schicksal entschied anders. Henriette setzte sich über die Gesetze der Menschen hinweg und schenkte Henri an einem Frühlings-

---

[2] Die Zahl wurde von SMM & CM korrigiert. Henri Sturges erwähnt in seinem Kanalblog am 8. Mai 2005 „fünfzig Jahre auf den Tag genau…".

9 Henri (Heinrich) – Henriette und ihre schönen Blumen 79

tag drei Pfingstrosen. Drei einfache Blumen, die durch die bloße Tatsache ihrer Existenz alle Vorurteile und Ressentiments auslöschten, die der menschliche Wahnsinn seit Jahrzehnten zwischen Henriettes und Henris Volk angehäuft hatte […]." (Sturges 2006)

Ein Paar lernte sich kennen, verliebte sich und heiratete am 26. November 1948 in Courcelles-Chaussy. Dass ihre Tochter Sylvie am 8. Mai 1955 geboren wurde, war ein reiner Zufall der Geschichte. Für Sturges hat dieses Datum, der 8. Mai, jedoch einen gewissen symbolischen Wert, der mit der Möglichkeit zusammenhängt, dass zwei Völker heute endlich koexistieren können. Diese beiden Völker, denen eingeredet worden war, dass sie füreinander Erbfeinde seien.

Die Zeilen aus dem Blog von Henri Sturges beschreiben perfekt, worum es in diesem Buch geht und verdeutlichen den gemeinsamen Nenner aller hier gesammelten Biografien. Sie sind nicht alle glücklich verlaufen, ganz im Gegenteil, aber ihnen ist gemeinsam, dass sie eine Verbindung zwischen zwei Menschen herstellen, die nicht dafür prädestiniert waren und auch in zwei Ländern geboren wurden, die seit jeher verfeindet waren. Unser Ziel ist es, diese Personen zum Sprechen zu bringen, um der breiten Öffentlichkeit eine allzu oft ignorierte Realität zu zeigen, um Lebensgeschichten vor dem Vergessen zu bewahren, um Geschichte „von unten" zu schreiben[3].

Henri hatte zwei Dörfer: Zum einen sein Heimatdorf in Deutschland, genauer gesagt Kordel bei Trier, das er im Alter von sechzehneinhalb Jahren verließ, um in den Krieg zu ziehen. Hinzu kommt sein französisches Dorf Courcelles-Chaussy, in das er als Kriegsgefangener kommt und wo er seine zukünftige Frau kennenlernen sollte. Er verließ diesen Ort nicht mehr und verbrachte dort den Rest seines Lebens, insgesamt achtundfünfzig Jahre.

Nachdem Henri von der US-Armee verhaftet und zunächst nach England und später in die Vereinigten Staaten von Amerika verschifft

---

[3] Siehe: Thompson Edward P.: „History from Below" in: *Times Literary Supplement*, Nr. 3345, 7. April 1966, S. 279–280; sowie: Simona Cerutti: Who is below? E. P. Thompson, Historiker der modernen Gesellschaften: Eine Relektüre. In: *Annals. Histoire, Sciences Sociales* 2015/4 (70. Jahrgang), S. 931–956.

worden war, wurde er später nach Frankreich zurückgebracht, wo er sich in einem Gefangenenlager in der Nähe von Metz wiederfand. Lassen wir Henri weitererzählen:

„Anfang Februar 1947 suchte die deutsche Verwaltung unseres Lagers einen Gefangenen, der ein wenig Französisch sprach. Frech meldete ich mich beim Wachposten des Lagers und wurde zu meinen Französischkenntnissen befragt. Ich kratzte die wenigen Wörter, die ich in Clermont-Ferrand gelernt und behalten hatte, zusammen, und gab vor, bereit zu sein, meine Kenntnisse zu verbessern, was gerne gehört wurde.

Für mein zweites Arbeitskommando bei einer Privatperson war ich nun auf dem Weg nach Courcelles-Chaussy, dem Dorf, von dem mir mein neuer Chef erzählt hatte. Woher sollte ich wissen, wo sich dieses Dorf befand? Man hatte mir nur wenige Erklärungen gegeben. Am Ortsausgang erfuhr ich durch ein Hinweisschild, dass mein Ziel 18 km von hier entfernt lag. [...] Später, als die Person mich zu meinem Zimmer in seinem eigenen Haus begleitete, traute auch ich meinen Augen nicht. Ein Zimmer ohne Stacheldraht und ohne bewaffnete Wachen. So etwas hatte ich noch nie gesehen. Mein neues ‚Zuhause' teilte ich mit zwei Kameraden, einem ‚PG'[4] – Kriegsgefangener wie ich – und dem Polen Stefan. [...] Wir drei verstanden uns gut, insbesondere Stefan, der Pole, der während der deutschen Besetzung des Elsass und des Département Moselle von 1940–1944 aus seiner Heimat Polen deportiert worden war.

Ich fühlte mich wohl in Courcelles-Chaussy mit dieser fast ungehinderten Freiheit. [...] Von Courcelles-Chaussy nach Kordel, wo meine Familie lebte, waren es nur 120 km. Aber nein, ich kam nur wenig herum. So sah ich an einem Sonntag im Mai 1947, als ich mich vor dem Haus meines Chefs ausruhte, ein junges Mädchen aus dem Dorf, das mir schon bei der Sonntagsmesse aufgefallen war und die mit ihrem Fahrrad an mir vorbeifuhr. Auf ihrem Gepäckträger trug sie einen riesigen Strauß Pfingstrosen. Ich konnte nicht anders, als ihr mit den wenigen französischen Wörtern, die ich konnte, zuzurufen:

‚Ah, die schönen Blumen!'. Sie blieb mit einem zunächst nicht besonders einladenden Blick stehen und antwortete: ‚Möchten Sie welche?'

---

[4] Anmerkung vom SMM & CM: PG steht als Abkürzung für *prisonnier de guerre* (Kriegsgefangener).

9 Henri (Heinrich) – Henriette und ihre schönen Blumen 81

Was sollte ich, gefangen in der Falle, anderes antworten als ‚Ja'? Sie gab mir drei Blumen und fuhr weiter. Ich stand da mit meinen drei Pfingstrosen und wusste nicht, was mir gerade passiert war. Ich spürte, dass die drei Blumen mir eine Botschaft übermitteln wollten. Aber welche? Verwirrt ging ich in mein Zimmer saß auf meinem Bett und weinte, weil mir eine Erklärung für die Botschaft fehlte, die diese drei Pfingstrosen mir zu vermitteln versuchten. Mir fehlten Worte, Worte, die ‚mein Führer' mich nicht gelehrt hatte. Worte, die laut seiner Doktrin für die deutsche Jugend nicht existierten. Für ihn sollten wir: ‚*Hart wie Kruppstahl, zäh wie Leder und flink wie die Windhunde*' sein. Und die Worte, die ich vermisste, hießen Zärtlichkeit und Liebe. Was bedeuteten diese Worte? War es wie die Geste von Mama, als sie mir als kleines Kind über die Wangen streichelte? Aber meine ‚Blumenhändlerin' war nicht meine Mama, sondern ein junges Mädchen, eine Frau. Ich glaube, dass es genau dieser Moment war, in dem die Scheuklappen in meinem Kopf wichen und der Realität Platz machten.

Was war geschehen? Heute weiß ich, dass sich in diesem Moment meines Lebens ein anderes Gesetz als das der Menschen durchgesetzt hatte – das Gesetz der Natur! Ein Mädchen und ein Junge hatten sich gerade kennengelernt, gefielen sich gegenseitig und begannen sich zu lieben.
[...] Eines war sicher, wir würden alles tun, um uns wiederzusehen. Doch später machte Henriette mir in ihrer Muttersprache klar, dass ein großes Hindernis zwischen uns stand. Ein unüberwindbares Hindernis im Jahr 1947 in den drei Provinzen Elsass und Moselle, die zweimal von meinem Land, Deutschland, annektiert worden waren, und insbesondere zwischen unseren beiden Familien: Henriettes Vater war Ende 1944 von der Gestapo in Périgueux verhaftet und zum Tode verurteilt worden. Er würde nie zustimmen, dass seine eigene Tochter eine Heirat mit ‚einem Boche' in Erwägung ziehen könnte. Die Tatsache, dass er sein Überleben einem deutschen Soldaten verdankte, der bis heute unbekannt ist, änderte für ihn nichts. ‚Ein Boche war und blieb ein Boche.'" (Sturges 2006)

Es ist Sommer, Herbst 1947 und Henri ist immer noch PG, *Prisonnier de Guerre,* der dem Lager der PG Nr. 211 in Metz untersteht. Dort wird eine Liste der schätzungsweise 167.000 deutschen Kriegsgefangenen erstellt, die noch in Frankreich festgehalten und nach und nach entlassen werden. Zuerst wurden die Kranken, die verheirateten Männer und Familienväter, dann die Ältesten freigelassen. Aus den Reihen der Jüngsten versuchten die Abgesandten der französischen Regierung, Unterschriften für einen einjährigen Vertrag als *Travailleur Libre* zu erhalten, der dem deutschen Kriegsgefangenen die gleichen Rechte und Pflichten wie jedem anderen ausländischen Arbeiter einräumte. Die Unterzeichnung hatte dann später die sofortige Freilassung des Betroffenen innerhalb Frankreichs zur Folge.

„Wir waren 44.000 Unterzeichner. Am 1. Oktober 1947 war ich frei und Henriette und ich konnten uns zum ersten Mal gemeinsam in der Öffentlichkeit zeigen. Unser Wille zu heiraten hatte sich nicht geändert. Henriette war zu diesem Zeitpunkt noch nicht 21 Jahre alt und brauchte daher die väterliche Zustimmung. Ihr Vater, Herr Carmier, stimmte widerwillig zu, dass seine Tochter darauf bestand, einen ‚boche' zu heiraten, kaum drei Jahre, nachdem er von der Gestapo in Périgueux zum Tode verurteilt worden war. In einer Atmosphäre widerstreitender Gefühle begaben wir beide uns am 26. November 1948 zusammen mit Henriettes Familie vor den Bürgermeister der Gemeinde Courcelles-Chaussy im Département Moselle, um zu heiraten." (Sturges 2006)

Henris deutsche Verwandte, die in Kordel bei Trier wohnten, hatten keine Erlaubnis erhalten, zu seiner Hochzeit nach Frankreich zu kommen. Die Formalitäten am Tag der Eheschließung waren für Henriettes Vater kaum zu ertragen, denn er begann vor der versammelten Gemeinde lauthals auszurufen: „Niemals werde ich einen dreckigen *boche* in die Familie aufnehmen!" Daraufhin klopfte ihm sein Bruder Marcel auf die Schulter und sagte: „Raymond, denk daran, dass es in Périgueux auch ein dreckiger *boche* war, der dir das Leben gerettet hat!"

Nach diesem unerfreulichen Ereignis stellte sich für den tapferen Familienvater ein weiteres Problem emotionaler Art. Herr Carmier, der der Marinefliegertruppe angehört hatte und 1940 von den Deutschen gefangen genommen worden war, musste vorher noch die Bescheinigung über die „Wiedereingliederung von Rechts wegen in die Französische Gemeinschaft" vorlegen. Dies machte ihn zutiefst wütend. Nach all diesen Unannehmlichkeiten wurde die standesamtliche Hochzeit schließlich am 26. November 1948 gefeiert. Am nächsten Tag wurden Henriette und Henri in der Kirche vor „Gott und den Menschen" zu „Mann und Frau" erklärt.

9 Henri (Heinrich) – Henriette und ihre schönen Blumen

Dann kommt der lang ersehnte Moment, in dem man seine eigene Familie gründet. Eine Familie zu gründen ist eine Sache, für ihre Bedürfnisse zu sorgen, eine andere. Henri, der zum jungen Familienoberhaupt wurde, nahm Anfang 1948 eine Arbeit in den Kohlegruben von Faulquemont der Firma *Houillères du Bassin de Lorraine* ein. So wurde er Bergmann unter Tage. Was für eine harte Arbeit in der Mine und darüber hinaus musste er noch seine Angst vor der Tiefe überwinden.

Trotzdem wird die Gründung einer Familie materiell und finanziell einfacher da:

„[...] Ich gehörte zur Familie der ‚*Premiers Ouvriers de France*‘, den ‚bedeutendsten Arbeitern Frankreichs‘, den Bergleuten. Urteilen Sie selbst: 5.000 F im Sägewerk und jetzt 12.500 F im Monat. Aber, und das darf man nicht vergessen, es fehlte uns an Allem. An diesem Punkt meiner Erzählung möchte ich Ihnen von den Bergarbeitern erzählen. Diese Männer kamen von überall her, gehörten verschiedenen Ethnien und verschiedenem Glauben an, aber nur bis zu dem Tag, an dem sie in die Tiefe der Mine hinabfuhren. Sobald sie 680 Meter unter der Erde angekommen waren, gab es nur noch Männer, die alle wussten, dass sie sich im Falle eines Unfalls aufeinander verlassen konnten. Die Frage, wer sich zum Beispiel unter einem Erdrutsch befand, woher er kam und wer er war, stellte sich nicht! Ein ‚Kumpel‘ war in Gefahr, man suchte und rettete ihn und riskierte dabei sogar, selbst zu sterben.

Zwanzig Jahre lang befand ich mich unter ihnen, ich war und bleibe einer von ihnen. Diese Zeilen sind eine Hommage an alle, die für immer in den Minen geblieben sind, für sie alle gilt unser Gruß: ‚Glück auf‘. Dieser Wunsch in deutscher Sprache, der von allen ‚Schwarzgesichtern‘ benutzt wurde, bedeutet: ‚Komm gesund und munter wieder hoch‘. Das war es, was die Bergleute nach dem Krieg und bis zur Schließung aller Minenschächte darstellten." (Sturges 2006)

Durch diese Kontakte zu seinen ehemaligen Kameraden in Kriegsgefangenschaft wird ihm sehr schnell klar, dass ihre Zukunft nicht in Deutschland liegt, und dass Deutschland auch nicht besonders begeistert davon ist, sie aufzunehmen. So gründete Henri, der neun Jahre zuvor die französische Staatsbürgerschaft erhalten hatte, seinen Verein für ehemalige deutsche Kriegsgefangene, die in Frankreich geblieben waren.

Henri Sturges, der von Anfang an zum Vorsitzenden dieses Vereins gewählt wurde, wird sich sowohl für die Rechte dieser Menschen gegenüber Deutschland als auch für die Verbreitung seiner Ideen von Frieden und Menschlichkeit vor Kindern und Schülerinnen und Schülern einsetzen. Seine unermüdliche Informations- und Aufklärungsarbeit in den verschiedenen Grund-, Mittelschulen und Gymnasien brachte ihm 1984 die höchste deutsche Auszeichnung ein: *das Verdienstkreuz am Bande des Verdienstordens der Bundesrepublik Deutschland.*
In seiner Laudatio betonte der damalige deutsche Außenminister:

„[...] Henri Sturges setzte sich ehrenamtlich für die Interessen ehemaliger Kriegsgefangener in Frankreich ein und warb für die deutsch-französische Aussöhnung. Seit 1980 ist er auch Besucherbegleiter im Fort Douaumont, wo 1916 an einem einzigen Tag 679 deutsche Soldaten starben. Wie das Generalkonsulat in Nancy betont, umfasst seine Funktion in Verdun jedoch weniger die eines Touristenführers als vielmehr die eines echten Vermittlers mit dem Ziel der deutsch-französischen Freundschaft. Anlässlich des 20-jährigen Jubiläums des deutsch-französischen Vertrags hat er insbesondere in Radio und Fernsehen für die Idee der Versöhnung zwischen den beiden Ländern geworben[5]."

Der ehemalige Gefangene musste nun, wie alle anderen in Frankreich verbliebenen Gefangenen, anstatt in ein vom Krieg ruiniertes Deutschland mit teilweise zerstörten Städten zurückzukehren, Französisch lernen, jene Sprache, die in Hitlers Deutschland nicht gelehrt werden durfte:

„Tatsächlich ist Französisch nicht meine Muttersprache, daher die Fehler in der Rechtschreibung, der Satzzusammensetzung und so weiter. Dieser Bildungsmangel ist darauf zurückzuführen, dass in meiner Schule in Deutschland und zur Zeit Adolf Hitlers dem Volk keine Fremdsprachen beigebracht wurden." (Sturges 2006)

---

[5] Das unveröffentlichte Dossier des *Bundespräsidialamts* konnte von SMM & CM konsultiert werden.

9 Henri (Heinrich) – Henriette und ihre schönen Blumen

Er ist bereits 79 Jahre alt und denkt immer noch nicht daran, seine berufliche Tätigkeit aufzugeben. Sein Terminkalender blieb bis zu seinem Tod im Jahre 2006 ähnlich wie der eines Ministers. Bald verschlechterte sich sein Gesundheitszustand und sein Tod rückte näher. Dennoch wird Henri Sturges sein Werk vollenden können; ein Mann des Friedens, der den Frieden gefunden hat. Die regionale Presse würdigt ihn mit einer bewegenden und herzlichen Hommage:

„[...] Henri Sturges war bei Kriegsende 1945 einer von 38.000 deutschen Kriegsgefangenen, die eine Französin heirateten. Pikantes Detail des Schicksals: Der Vater seiner Henriette, Herr Carmier, war als Mitglied der Résistance von der Gestapo zum Tode verurteilt worden, hatte aber fliehen können. Der Gedanke, einen Deutschen als Schwiegersohn zu haben, war für ihn jedoch unerträglich. Dennoch war die Ehe glücklich. Aus ihr gingen vier Kinder hervor, sehr zur Freude von Großvater und Großmutter Carmier. Henri Sturges' erster Beitrag zur deutsch-französischen Versöhnung war ein voller Erfolg. Dennoch hatte sein Kreuzzug für Frieden, Freiheit und Freundschaft gerade erst begonnen. Er engagierte sich auf fast allen Ebenen zwischen Paris, Straßburg und Bonn. Als Touristenführer in Verdun wurde er angesichts der Tausenden Soldatengräber nicht müde, zu mahnen: ‚Nie wieder Krieg, *plus jamais la guerre*' [die Autoren]. Er stand mit hochrangigen und bekannten Persönlichkeiten in Kontakt oder korrespondierte mit ihnen. Er erregte die Aufmerksamkeit verschiedener Gremien und Organisationen bis hin zum Europäischen Parlament. Er übermittelte seine Botschaft an alle. Henri Sturges hat für seine Verdienste zahlreiche Ehrungen und Auszeichnungen erhalten. Deutschland zeichnete ihn mit dem Bundesverdienstkreuz aus, Frankreich verlieh ihm die Ehrenlegion. Darüber hinaus vergaß Sturges nie seine Wurzeln. Sie lagen in Kordel, wo er geboren wurde, und in Courcelles, wo er mit der vor vier Jahren verstorbenen Henriette und ihrer Familie lebte. ‚Wir sind ihm zu Dank verpflichtet. Er ist immer einer von uns geblieben. ‚Seine beiden Dörfer' durch Freundschaft zu verbinden, lag ihm immer besonders am Herzen', betonten der Bürgermeister von Courcelles Medard Roth und seine Stellvertreterin Alice Kauth bei der Beisetzungszeremonie. ‚Papi Henri, deine Worte leben weiter.' Henri Sturges hatte viel Freude daran, mit Kindern zu sprechen. In den Schulen in Lothringen, Luxemburg, dem Saarland und Rheinland-Pfalz gab es viele Freudenschreie, wenn ‚Papi Henri' sich ankündigte. Bei der

Trauerfeier in der Pfarrkirche St. Remy de Courcelles sprach die 10-jährige Amanda Delamarre im Namen aller Kinder: ‚Papi Henri, wir versprechen dir, dass deine Worte weiterleben und nicht vergessen werden'." (Trierischer Volksfreund: 2006[6])

So steht die außergewöhnliche Geschichte von Henri Sturges ganz vorne in unserem Buch der deutsch-französischen Biografien der Nachkriegszeit. Die Geschichte einer hübschen, unschuldigen Bemerkung *„Ah, les belles fleurs"* von einem jungen deutschen Mann einem jungen französischen Mädchen gesagt, die den Beginn einer Liebe und eines Paares darstellte, das ein ganzes Leben lang halten sollte.

---

[6] *Trierischer Volksfreund,* Rheinland-Pfalz (19.6.2006). Online: https://www.volksfreund.de/region/konz-saarburg-hochwald/kreuzritter-fuer-den-frieden_aid-6679871 [28.12.2022].

10

Arlette und Hubert – Eine Hochzeit über die Berliner Mauer hinweg

Unter den Biografien in diesem Buch stellt das Paar, das Arlette und Hubert bilden, eine ganz andere, außergewöhnliche Geschichte dar, denn der Mann dieses Paares, Hubert, Arzt und Forscher, ist ein Ostdeutscher und demnach ein Bürger der ehemaligen Deutschen Demokratischen Republik (DDR), der während des kommunistischen Regimes weder nach Frankreich noch anderswohin reisen durfte, der eine junge Frau aus Burgund, Arlette kennenlernte, die Deutschlehrerin ist. Sie leben heute in Mainz in Deutschland und bilden eines der vielen deutsch-französischen Paare, von denen dieses Buch handelt. Trotz aller Probleme und Schwierigkeiten, insbesondere seit dem Bau der Berliner Mauer und der vollständigen Trennung der beiden Deutschlands, haben die beiden es tatsächlich geschafft, ihre Liebe zu verwirklichen und ein glückliches Paar zu werden. Wie kam es dazu? Wir werden es in ihrer Erzählung erfahren, die uns ungläubig über das *Happy End* zurücklässt. Ein echtes *Happy End* wie in einem Liebesroman vor dem Hintergrund polizeilicher Bedrohungen und der Gefahr, inhaftiert zu werden. Material für einen Politthriller, doch diese Geschichte ist wahr.

10.1 Eine Burgunderin mit einer Lizenz in Deutsch in der Tasche

Arlette beginnt ihre Erzählung folgendermaßen:

> „Ich bin also Arlette und mein Mann, das ist Hubert. Ich wurde 1937 in Til-Châtel in einem kleinen Dorf in Burgund, in der Nähe von Dijon, geboren und er 1934 in Schlesien, heute eine Region in Polen. Ich selbst wurde also in eine Bauernfamilie hineingeboren. Mein Vater war Landwirt. Er hatte einen Bauernhof im Dorf und musste 1939 in den Krieg ziehen. Er wurde sehr schnell 1940 gefangen genommen und kam erst 1945 zurück. Er war fünf Jahre lang Kriegsgefangener in der Nähe von Leipzig in einem Braunkohlebergwerk. Er kam gesund und munter zurück, zum Glück, und dann, als er zurückkam, na ja, war er trotzdem ein bisschen krank, ein bisschen schwach und der Hof lief nicht so gut. Ich habe eine ältere Schwester, die bereits Internatsschülerin im Gymnasium in Dijon war, und das kostete viel Geld. Und dann bin auch ich noch aufs Gymnasium gegangen und schließlich war es für die Eltern schwierig und so haben sie 1950 den Hof verkauft und sind nach Paris gezogen, um uns das Studium zu erleichtern. Wir waren ihnen sehr, sehr dankbar, weil es doch schon eine seltsame Veränderung in ihrem Leben war. Schließlich habe ich noch einen kleinen Bruder, der nach dem Krieg, 1947, geboren wurde. Wir haben dann in der Nähe von Paris gelebt und sind mehrmals umgezogen. Ich besuchte das Gymnasium in Sceaux und machte mein Abitur am Jules-Ferry-Gymnasium. Danach habe ich dann eine *Licence*[1] in Deutsch gemacht."

Diese berufliche Laufbahn ist erstaunlich, denn nach all den Ereignissen und den Erfahrungen ihres Vaters als Kriegsgefangener in Deutschland und der damaligen antideutschen Stimmung dort stellt sich die Frage, warum Arlette ausgerechnet einen Abschluss in Deutsch anstrebt. Die Antwort ist weniger spektakulär, als man vermuten könnte:

---

[1] Diese Universitätsprüfung ist nach sechs Semestern Studiums dem heutigen *Bachelor of Arts* vergleichbar (Anmerkung SMM & CM).

„Und weil ich Deutsch als erste Sprache hatte und Englisch als zweite Sprache, die ich nicht mochte, schwankte ich zwischen Naturwissenschaften und Deutsch. Schließlich hatte ich einen schlechten Naturwissenschaftslehrer, der mir die Naturwissenschaften verleidet hat, und sehr gute Deutschlehrer, die mir Lust auf Deutsch gemacht haben. Wie man halt in diesem Alter ist – ich war 17 als ich mein Abitur machte – ist man sehr beeinflussbar durch die Persönlichkeit der Lehrer. Nun gut, ich habe das Abitur gemacht und es 1954 bestanden. Es war normal, Deutsch zu lernen, wir waren viele Schüler, weil Deutsch zu dieser Zeit in vielen Gymnasien die erste Fremdsprache war. Englisch war die zweite Fremdsprache, nicht nur in Dijon, wo ich angefangen habe. Aber in vielen Mittelschulen und Gymnasien war Deutsch die erste Sprache. Es gab also viele Leute, viele Jugendliche, viele Gymnasiasten, die Deutsch lernten. Ich hatte sehr gute, sehr engagierte Deutschlehrer, die uns die Sprache und die Literatur beibrachten, das ist vielleicht der Grund dafür. In Englisch, da hatte ich schlechte Lehrer. Ich wäre nie auf die Idee gekommen, Englisch zu studieren. Es hat mich angewidert. Ich mag Englisch immer noch nicht. Ich spreche es auch sehr schlecht. Aber gut, man ist eben sehr beeinflussbar."

Es waren demnach einfach schulische Gründe, wie sie Millionen von Schülerinnen und Schülern vorbringen könnten. Aber was dachte der Vater, der ehemalige Kriegsgefangene, darüber? Das werden wir später sehen, wenn Hubert in das Leben der burgundischen Familie eintritt.

Beginnen wir jedoch mit Arlettes ersten Kontakten mit Deutschland.

Für eine französische Studentin, die einen Bachelor in Deutsch machen möchte, bietet sich eine Studienreise in das Land der Zielsprache – Deutschland – an. Jenes Land, das seit Kriegsende in zwei Teile geteilt ist und in dessen östlichen Teil ein kommunistisches, totalitäres Regime mit eiserner Hand regiert. Da die Mauer damals noch nicht gebaut war – sie wurde in der Nacht des 13. August 1961 errichtet –, wurde vom Geheimdienst der DDR ein engmaschiges System aus Kontrolle und Überwachung eingerichtet. Diese verdeckte Überwachung wurde auch im westdeutschen Teil durchgeführt, insbesondere in West-Berlin, der geteilten Stadt, der Stadt der Spione und der von den vier alliierten Mächten besetzten Stadt mit ihrem ganz besonderen Status, den manche Bewohner noch lange, obwohl der Krieg schon lange vorbei war, immer noch als *Frontstadt* bezeichneten. Aufgrund dieser ungewöhnlichen

Situation fühlten sich viele Berliner zu einer Art Mission berufen, nämlich die erste Bastion gegen den Kommunismus zu sein. Dieses Gefühl wurde zunächst durch die sowjetische Blockade der Stadt 1948–1949, die Arbeiterunruhen von 1953 und vor allem durch den Bau der Mauer durch die ostdeutschen Behörden im Jahr 1961 verstärkt. Seit 1961 befand sich Berlin also innerhalb der Deutschen Demokratischen Republik (DDR) wie eine Insel, die nur über drei Autobahn-, Luft- und Schienenwege erreichbar war und massiven und methodischen Kontrollen unterlag, die oft von Spott, Schikanen und scharfen Durchsuchungen durch Polizisten der *Volksarmee* begleitet wurden. Es ist auch anzumerken, dass Versuche, die Mauer zu überwinden, oft tragisch endeten, da die Grenzsoldaten auf flüchtende Zivilisten schossen. Auf diese Weise verloren mehr als 600 Menschen ihr Leben bei dem Versuch, aus der DDR zu fliehen. Dieses diktatorische Regime war keineswegs offen für Kontakte in westliche Länder, und die ersten Austauschreisen fanden nur in Zusammenarbeit mit Organisationen statt, die von den DDR-Behörden politisch akzeptiert wurden, wie die kommunistischen Parteien Frankreichs oder Italiens. Diese Reisen zum Zwecke kulturellen oder sportlichen Austausches fanden nur als Gruppenreisen statt. Was individuelle Reisen ausschließlich von West nach Ost betrifft, so wurden diese erst ab dem Jahr 1971 nach Abschluss des sogenannten Viermächteabkommens möglich.

10.2 Studentenaustausch

Fahren wir mit Arlettes Erzählung fort:

„Also, natürlich bin ich damals zum ersten Mal nach Deutschland gefahren. Und dann haben wir Studenten aus Deutschland empfangen, auch aus Ostdeutschland, damals konnten sie noch aus Berlin raus, ziemlich viele Leute von der Humboldt-Universität, Romanisten, und dann auch aus Greifswald, und dann sind wir auch hingefahren. Wir, Franzosen, wurden nach Greifswald, nach Berlin, na ja, kurz gesagt, offiziell von den Studenten eingeladen und wir hatten einen Assistenten an der Sorbonne, der Kommunist war, Mitglied der Kommunistischen Partei Frankreichs und der gute Beziehungen zur DDR und insbesondere zu Professor Meyer hatte. Hans Meyer, der Germanist, der damalige Germanistikpapst in der DDR, der Professor in Leipzig war. Er schaffte es, einen Austausch zu organisieren und Stipendien für die französischen Studenten zu finden. Also ging ich offiziell hin, wir waren zwölf Franzosen, ein bisschen aus ganz Frankreich, für ein Jahr mit einem Stipendium der DDR in Leipzig. Im Prinzip sollten sie nur Kommunisten schicken, aber von den zwölf waren zehn bei der kommunistischen Jugend, meine Freundin und ich waren katholisch, aber links. Sie hätten keine Rechten geschickt. In Leipzig haben wir mehr oder weniger den Unterricht besucht, sind herumgelaufen und haben Bekanntschaften gemacht. Wir waren nicht sehr lernwillig, Meyer mochte die Franzosen nicht besonders, weil wir zu spät kamen und im Unterricht plauderten."

Während das ostdeutsche Regime diese Art von Kontakten, die eher verdächtig erscheinen, nicht wirklich toleriert und daher versucht, sie in hohem Maße zu erschweren, sind es die verschiedenen – politischen und religiösen – Vereinigungen, die hier ins Spiel kommen:

„Also danach hatten wir, meine Freundin und ich, Kontakte zur katholischen Studentengemeinde[2] in Leipzig, um ein bisschen alle möglichen Leute kennenzulernen, die sich sehr darüber freuten, zwei Pariserinnen bei sich zu haben. Und ich erzähle das, weil ich auf diese Weise meinen Mann kennengelernt habe. Sie wollten in den Weihnachtsferien im Erzgebirge Ski fahren und sagten: ‚Wollt ihr nicht mit uns kommen?' Also fuhren wir mit der Leipziger Gruppe ins Erzgebirge, nach Schmiedeberg. Und mein Mann, der gerade sein Studium beendet hatte, kam mit der Studentengemeinde aus Halle, weil der Studentenpfarrer aus Halle dort ein Haus besaß. So haben wir uns also kennengelernt. Und dann, siehe da, ging es weiter und wurde eine dauerhafte Beziehung. Wir haben uns immer wieder gesehen und ich ging wieder für ein Jahr nach Paris zurück, um zu sehen, ob die Beziehung hielt. Damals gab es keine E-Mails, kein Telefon, wir haben uns geschrieben, und als das so weiterging, habe ich mich erneut um ein Stipendium beworben und bin ein weiteres Jahr

---

[2] *Studentengemeinde*: ein Begriff, den Arlette in ihrer Erzählung auf Deutsch erwähnt, welcher eine allgemein christliche Studentengemeinde bezeichnet (Anmerkung SMM & CM).

später mit einem Stipendium nach Halle zurückgekehrt, aber da war ich praktisch die einzige Französin. Und dann haben wir 1961 geheiratet.

Als ich Gymnasiastin und Studentin war, hieß das JOC, JEC und JAC, Katholische Arbeiterjugend, die JEC war Katholische Studentenjugend und die JAC war Katholische Landjugend, nehme ich an. Und die JEC war politisch engagierter. Und linker, weniger konservativ. Aber ich behaupte, die katholische Religion oder die katholische Kirche haben keine große Rolle gespielt, außer, dass wir uns kennengelernt haben, weil wir in die katholische Gemeinde gegangen sind. Aber in der Zwischenzeit habe ich mich von der katholischen Kirche distanziert. In Ostdeutschland waren die Leute, die katholisch waren, eine verschworene Gemeinschaft, sie lebten wie in einem Ghetto."

10.3 Als ob es nicht genug Franzosen gäbe!

Diese berühmte Redewendung muss im Nachkriegsfrankreich mehrfach gefallen sein, denn wir hatten sie bereits bei unserem ersten Interview mit Mauricette gehört, als sie, mit denselben Worten, die Worte ihres Vaters wiedergab, der wegen ihrer Absicht, einen Deutschen zu heiraten, etwas gekränkt war. Wir haben dieses häufige, populäre Motto – wie auch den immer wieder gehörten Satz: „Bring mir bloß keinen Deutschen nach Hause" – in den Titel unseres Buches aufgenommen.

Arlettes Vater zeigte keinen besonderen Hass auf die Deutschen, ganz im Gegenteil, wie seine Tochter uns bestätigte. Wie Mauricettes Vater konnte sich der patriotische Bourguignon jedoch nur schwer vorstellen, dass Arlette mit einem Deutschen gehen würde. Die nahe Zukunft sollte ihn etwas anderes lehren:

„Da ich Deutsch studiert habe, bin ich mehrmals in Familien in Deutschland gewesen. Wir hatten auch viele Besuche von Deutschen im Austausch, die bei meinen Eltern zu Gast waren. Meine Eltern waren es also schon während meines gesamten Studiums gewohnt, Kontakt zu Deutschen zu haben. Und mein Vater, der in Gefangenschaft gewesen war, hat sie immer sehr gut aufgenommen, da gab es keine Probleme. Als ich also für ein Jahr nach Leipzig ging und dann zurückkam und sagte: ‚Ich habe jemanden kennengelernt, ich glaube, es ist etwas Ernstes', und später, als ich sagte: ‚Ich werde einen Deutschen heiraten', machte mein Vater nur folgende Bemerkung: ‚Als ob es nicht genug Franzosen gäbe!' Er war zwei, drei Tage lang schlecht gelaunt und schmollte mit meiner Mutter, als ob es ihre Schuld wäre. Das war ziemlich lustig. Danach war er aber völlig einverstanden, und da wir uns sogar oft schrieben, da wir kein Telefon nach Ostdeutschland hatten, sagte er manchmal zu mir: ‚Soll ich deine Briefe zur Post bringen?' Und dann ging er los und brachte die Briefe für Hubert zur Post. Und als Hubert ein Visum hatte, um nach Frankreich zu kommen, erschien er einfach in der Familie und sagte: ‚Ich bin's, Hubert!' und damit war das Eis gebrochen, meine Eltern mochten ihn sehr, es gab keine Probleme mehr. Abgesehen von dieser Bemerkung meines Vaters wurde er sofort sehr, sehr gut von der Familie akzeptiert."

In dieser ehrenwerten burgundischen Bauernfamilie gab es jedoch eine Tante, die eher skeptisch war, die Tante Louise. Es ist Hubert, der dieses schöne Beispiel für Humanismus und die Veränderung von Sichtweisen erzählt, sobald ein echter Kontakt zwischen Menschen mit so unterschiedlicher Herkunft entstanden ist:

„Ich muss doch noch die Geschichte von Tante Louise erzählen. Ach ja, dann war es die Verlobung und dann die Hochzeit. Die ganze Familie aus dem Osten hatte ein Visum, um an der Hochzeit in Paris teilzunehmen, wo Arlettes Eltern wohnten. Und wir hatten auch eine alte Tante eingeladen, die in Burgund wohnte. Als wir ihr sagten, dass ich Deutscher bin, sagte sie: ‚Oh, unsere arme kleine Arlette heiratet einen Deutschen!' Sie stellte ihn sich wie einen Unhold vor, der sie verschlingen würde und so weiter. Sie sagte: ‚Wenn ich daran denke, dass wir im Ersten Weltkrieg gekämpft haben, um das Elsass und Lothringen zurückzugewinnen, und unsere kleine Arlette, die jetzt einen Deutschen heiratet.' Na ja, egal, egal. Das war die Reaktion der Tante. Wir haben sie trotzdem zu unserer Hochzeit eingeladen – haben ihr Hubert vorgestellt [fügt Arlette hinzu] – und als sie ihn gesehen hat, war sie sofort zu einer Deutschlandfreundin konvertiert. Zu ihren Freundinnen danach sagte sie überall ‚mein Neffe Hubert, mein Neffe Hubert [...]' Und später dann gab es deutsche Assistenten, die in der Schule in der kleinen Stadt, in der sie wohnte, arbeiteten, also vermietete sie ihnen Zimmer. Danach hatte sie deutsche Mieter. Sie war ganz und gar pro-deutsch geworden. Also die Erkenntnis, dass Kontakt und persönliche Beziehungen das Leben der Menschen völlig verändern, ist mir, Hubert dem Deutschen Schwiegersohn, zu verdanken."

Und Arlette setzt fort:

„Und dann nach dem Krieg, denke ich, dass diese Annäherung doch sehr allmählich erfolgte, eben durch den Austausch und dann durch die Städtepartnerschaften nach dem Adenauer-De-Gaulle-Vertrag. Aber gerade auf privater Ebene hat es schon vorher begonnen. Denn ich sehe alle meine Kommilitoninnen, alle meine Kommilitonen, die mit mir im Bachelor waren, sie hatten Alle gute Kontakte. Sie sind nach Deutschland gefahren, sie haben Deutsche empfangen. In dem Lycée, wo ich in Sceaux war, als wir von Burgund nach Paris gezogen sind, wohnten wir in einem Vorort im Süden, ich war im *Lycée de Sceaux*[3] und so hatten in meiner Klasse mit Deutsch als erster Fremdsprache praktisch alle meine Mitschülerinnen deutsche Brieffreundinnen und hatten Austauschprogramme und waren schon während ihrer Schulzeit in Deutschland gewesen; es war schon damals ziemlich intensiv, die Beziehungen auf Schulebene."

Hubert fügt hinzu:

„Während du von diesen ersten Kontakten erzählst, musst Du auch an den Vorfall in Auerbachs Keller[4] mit deinem Vater denken."

---

[3] Gymnasium von Sceaux (Anmerkung SMM & CM).
[4] Auerbachs Keller ist das bekannteste und zweitälteste Restaurant in Leipzig. Bereits im 16. Jahrhundert war er eine der beliebtesten Weinstuben der Stadt. Auerbachs Keller verdankt seinen Weltruhm vor allem Johann Wolfgang von Goethe, dank der gleichnamigen Szene in seinem *Faust*. Auch Martin Luther hielt sich hier auf. Laut einer amerikanischen Studie ist Auerbachs Keller nach dem *Hofbräuhaus* in München das zweitbekannteste Restaurant in Deutschland. Unter den zehn bekanntesten Restaurants der Welt steht es derzeit auf Platz 5. Zitiert und bearbeitet nach: Wikipedia: https://de.wikipedia.org/wiki/Auerbachs_Keller [27.12.2022].

Arlette greift die Idee sofort auf:

„Ach ja, in Leipzig, als sie zum ersten Mal zu Besuch kamen, sind wir in Auerbachs Keller gegangen und der Schwiegervater hatte mächtigen Durst. Er selbst traute sich nicht, sein Glas zu leeren, und Hubert traute sich nicht, es ihm nachzufüllen, solange das Glas nicht leer war. Denn das macht man nicht. Mein Vater stieß mich danach in die Rippen: ‚Aber ich habe Durst.' Er traute sich nicht, sich selbst einzuschenken und Hubert traute sich nicht, ihm einzuschenken. Mein Vater traute sich nicht, sein Glas auszutrinken, weil man in Frankreich nicht austrinkt. Er wartete darauf, dass er ihm nachschenkte. Nun gut, das waren kleine Anekdoten.

Während ihres Aufenthalts sind wir sogar an den Ort seiner Gefangenschaft gefahren, dahin, wo er gefangen gehalten wurde. Das war nicht so lustig, weil sie nicht viel zu essen hatten, es gab Bombenangriffe, es war ein Tagebau, zum Glück arbeiteten sie nicht unter Tage. Ja, aber als wir in Ostdeutschland waren, das war ja noch die DDR, sind wir mit dem Zug nach Espenhain gefahren, um zu sehen, ob es noch Baracken gibt, in denen sie gewohnt haben. Und dann sind wir mitten in der Fabrik ausgestiegen und sofort sind die Polizisten auf uns losgegangen: ‚Was macht ihr hier, das ist doch kein öffentlicher Ort!' Wir erklärten ihnen, dass mein Vater Kriegsgefangener war und in diesen Baracken gelebt hatte, und darauf waren sie völlig aus dem Häuschen und aufgeregt: ‚Natürlich könnt ihr spazieren gehen.' Und mein Vater war trotzdem sehr froh, die Orte wiederzusehen. Es hat ihm doch etwas bedeutet und dann zu sagen: ‚Es gibt viele, die unter den Bombenangriffen gestorben sind, und ich hatte Glück, dass ich lebendig nach Hause zurückgekommen bin.'"

Hubert sieht dennoch die positive Seite der Inhaftierung seines Schwiegervaters:

„Aber sie waren unter Burgundern. Er kannte viele Kriegsgefangene aus Burgund oder solche mit burgundischen Wurzeln. Sie waren alle seit Kriegsbeginn in Gefangenschaft, was ihm später sehr gute Quellen für sehr gute burgundische Weine verschaffte. Er hatte einen großartigen Weinkeller, weil alle seine Kriegsfreunde Winzer waren, in Meursault, in Chassagne-Montrachet in Beaune. Schließlich waren dort alle großen Gewächse Burgunds vertreten."

10.4 Deutsche Gefangene

Arlette berichtet von ihren Erinnerungen an deutsche Kriegsgefangene:

„Bei uns zu Hause hatten wir auch deutsche Gefangene auf dem Hof. Es waren die Deutschen, die das Dorf am Ende des Krieges besetzt hatten, 1943–1944, so etwas in der Art. Das waren übrigens Österreicher. Und wir hatten Arbeiter, sie waren Österreicher, aber sie haben auf dem Bauernhof bei uns gearbeitet, als Landarbeiter. Sie waren in Gefangenschaft geraten, ich weiß nicht wann, und irgendwann waren die Deutschen selbst weg, aber es gab noch Gefangene, die übrig geblieben waren. Als sie hörten, dass mein Vater aus der Gefangenschaft zurückkam, hatten sie sehr, sehr große Angst, weil sie dachten: ‚Ein Franzose, der fünf Jahre gefangen war, der wird sicher sehr gemein zu uns sein, vielleicht wird er uns schlecht behandeln.' Und sie waren sehr ängstlich. Aber sie waren sehr, sehr nett, freundlich und mein Vater hat absolut keinen Ärger mit ihnen gemacht, hat sie sehr gut behandelt und sie sind sehr gut davongekommen. Sie blieben noch ein bisschen, dann wurden sie im Laufe des Jahres 1945 frei gelassen. Es gab einige, die blieben, aber viele gingen zu ihren Familien zurück. Aber es gab einen, der noch den Kontakt hielt, der schrieb, der versucht hatte Französisch zu lernen. Er war wirklich sehr nett, sehr sympathisch und auf jeden Fall gab es unter all den Deutschen, die im Dorf waren, viele, die sagten: ‚Wir sind hier, weil wir müssen, aber wir sind nicht für den Krieg.' Das Wort *boche* haben wir nach dem Krieg manchmal gehört, aber nicht wirklich oft. Einmal – es war um die Zeit von 1970 – war es das einzige Mal, dass ich als *boche* bezeichnet wurde. Ich hatte auf einer kleinen Straße zwischen unserem Dorf und Dijon einen kleinen Lieferwagen überholt. Er war nicht glücklich darüber. Und dann habe ich nicht richtig an einem Stoppschild angehalten und dann auf dem Parkplatz gleich dahinter waren Gendarmen, die mich angehalten haben. Und als der Lieferwagen sah, dass ich mit meinem Auto und einer deutschen Nummer angehalten wurde, hielt er an, um mich zu beleidigen, indem er sagte: ‚Diese dreckige *boche*, sie hat mich überholt!' Ich hatte ihn ganz legal überholt, ohne jede Gefahr. Als die Polizisten das hörten, sagten sie zu ihm: ‚Fahren Sie weiter und halten Sie die Klappe!'"

10.5 Das Scheren der Haare

Am Ende des Krieges war es für viele Frauen, die verdächtigt wurden, Beziehungen zu deutschen Soldaten unterhalten zu haben, eine schwierige und erniedrigende Zeit. Tausende von ihnen wurden öffentlich kahlgeschoren und Schaulustigen vorgeführt, beleidigt und verhöhnt. Auch bei der Rachejustiz gingen die Männer besonders heftig auf die Frauen los.

Während unseres Gesprächs spricht Hubert über dieses schwarze Kapitel der ersten Wochen nach der Befreiung, aber Arlette weiß nicht, ob sie den Mut haben wird, ihre Erzählung fortzusetzen:

„Ich will nicht […], ich weiß nicht, ob ich diese Anekdoten noch einmal erzähle. Ich weiß nicht, ob das interessant ist?"

Dann nach langem Schweigen:

„Also, meine Mutter war […] ich hatte eine Schwester, meine ältere Schwester, und dann ich, ich hatte damals schon Locken, ich war lockig, ich war ein süßes kleines Mädchen. Und es gab einen deutschen Soldaten, der oft kam, der im Dorf war, und der kam und nahm mich auf seinen Schoß. Und der hat meiner Mutter erzählt, ja, eben, ja: ‚Der Krieg, das ist etwas Schreckliches. Ich habe auch ein kleines Mädchen zu Hause.' Und dann streichelte er mir über die Haare. Und dann, nach dem Krieg, gab es im Dorf einige Frauen, die geschoren wurden, weil sie ein Verhältnis mit den Deutschen gehabt hatten. Und ich hatte große Angst und sagte: ‚Aber ich war auf seinem Schoß und dieser Herr, er hat mich gestreichelt. Wird man mir auch die Haare schneiden?' Denn es gab einige im Dorf, ich erinnere mich nicht mehr, wer genau, aber egal. Ich habe meiner Mutter immer gesagt: ‚Mir wird man doch nicht die Haare scheren, weil ich auf dem Schoß eines Deutschen saß, oder?'"

10.6 Die Berliner Mauer

Die Geschichte, die Arlette uns dann erzählen wird, ist einfach schön und gleichzeitig unglaublich, wenn man die Situation der beiden Deutschlands und der Stadt Berlin bedenkt, die durch eine unüberwindbare Mauer in zwei Teile geteilt war.

„Schließlich gab es unsere Hochzeit und dann sind wir dem Bau der Mauer 1961 nicht entkommen. Wir waren Ende August zu unserer Hochzeitsreise nach Bulgarien aufgebrochen, mit einem Motorroller, und als wir dann zurückkamen, sagten sie: ‚Nein, nein, da ist die Mauer. Alles ist abgesagt. Auf keinen Fall können Sie zurück. Sie bleiben hier.' Und ich sagte: ‚Aber ich, ich kann doch in den Westen gehen, ja, aber kann ich auch zurück?' ‚Ach, das wissen wir nicht.' So, das war's. Wir waren sechs Wochen verheiratet und befanden uns in dieser ziemlich dramatischen Situation und so waren wir Ende August in Berlin und ich sagte: ‚Also gut, ich werde nach West-Berlin fahren, um zu sehen, wie die Atmosphäre dort ist und so weiter'. Das war zwei Wochen nach dem Mauerbau. Also bin ich zum Grenzübergang am S-Bahnhof Friedrichstraße gefahren und dann hat Hubert zu mir gesagt: ‚Also, ich warte auf dich. Ich warte auf dich' und dann, drei Meter, bevor ich über die Grenzkontrollen gehen wollte, sagte er: ‚Ich gehe mit dir!' Ich hatte keine Zeit, Angst zu haben oder zu überlegen, und er ging mit mir an der ersten Sperre vorbei. Es war zuerst die Bahnhofspolizei, wir zeigten unsere Pässe, und Hubert stattdessen das französische Familienbuch, das die gleiche Farbe hatte wie die französischen Pässe, ich nahm meinen schönsten französischen Akzent und Hubert machte den Mund nicht auf. Er biss in seine Pfeife und dann sagten sie: ‚Passieren Sie!' Ich kaufte zwei Fahrkarten, um nach oben zu kommen, und dann waren da die VoPo[5] , die rechts und links auf der Treppe standen. ‚Ihre Papiere, bitte!' Da haben wir gedacht: ‚Gut, das war's!' Wir haben alle unsere Papiere rausgeholt, Pässe, seinen DDR-Pass, also alle Papiere, das Papier vom französischen Konsulat. Sie blätterten, was mir wie eine Ewigkeit vorkam, ich weiß nicht, wie lange, und dann sagten sie uns: ‚Ihr könnt weiter!'

Hatten sie nicht richtig verstanden, was für Papiere wir hatten? Haben sie es verstanden und uns durchgelassen? Die Situation war zwei Wochen nach dem Mauerbau noch sehr undurchsichtig, also fanden wir uns plötzlich am Bahnsteig in der Friedrichstraße wieder, nahmen die erste S-Bahn zum Tiergarten und dann waren wir plötzlich in West-Berlin."

Ein glücklicher Zufallstreffer? Ein frecher und sehr gewagter Versuch? Eine naive Haltung, die auf ihr junges Alter zurückzuführen ist? Man

---

[5] Arlette und Hubert verwenden hier die übliche Abkürzung für *Volkspolizei*.

wird es nie erfahren, aber letztendlich gelingt es den beiden Verliebten, vor dem DDR-Regime zu fliehen und sie können ihr gemeinsames Leben in Westdeutschland beginnen. Wenn auch nur mit dem Flugzeug, denn die Kontrollen auf dem Landweg hätten sie automatisch in die große Gefahr gebracht, wegen illegalen Verlassens der DDR verhaftet zu werden. Dieses Vergehen hätte ihnen in der DDR mehrere Jahre Gefängnis eingebracht. Arlette erklärt dies folgendermaßen:

> „Wir fanden uns also im Westen wieder, mit nichts. Ich hatte ein Sommerkleid und meine kleine Handtasche. Wir hatten kein Gepäck, wir hatten kein Geld. Also bin ich zum französischen Konsulat gegangen und sie waren abscheulich! Es war eine deutsche Angestellte, die mich beschimpfte und sagte: ‚Wenn man in ein fremdes Land fährt, muss man Kleingeld haben', weil ich keine Westmark hatte. Wir wurden beschimpft. Und dann kannte Hubert katholische Leute, und sie haben uns für eine Nacht aufgenommen, uns Geld gegeben, damit wir fliegen konnten, und dann sind wir am nächsten Tag mit dem Flugzeug nach Frankfurt geflogen, ohne Gepäck."

So gelangten Arlette und Hubert dank der politischen Unruhe und den Unsicherheiten in den ersten Wochen seit dem Mauerbau durch diesen riesigen und glücklichen Zufall ohne Hindernisse in den Westen. Denn diesen Weg von Ost nach West bezahlten viele andere mit ihrem Leben, da die Soldaten, die die Grenze bewachten, mit scharfer Munition schossen und darüber hinaus den Befehl dazu hatten.

Die skandalöse und empörende Anweisung für die Spezialeinheiten des *Ministeriums für Staatssicherheit (MfS)* zeigt schonungslos die Gefahren für Flüchtige auf und das Dokument diente als Beweismittel in Prozessen gegen ostdeutsche Führer nach dem Fall der Mauer:

> „Dienstanweisung an Angehörige der Spezialeinheit des MfS innerhalb der Grenztruppen der DDR (Schießbefehl):
> [...] 2. Verhinderung von Grenzdurchbrüchen.
> Es ist Ihre Pflicht, Ihre Fähigkeiten als Einzelkämpfer und Tschekist so zu nutzen, dass Sie die List des Grenzverletzters durchschauen, ihn stellen bzw. liquidieren, um somit die von ihm geplante Grenzverletzung zu

vereiteln. Handeln Sie dabei umsichtig und konsequent, da die Realität die Gefährlichkeit und Hinterhältigkeit dieser Verräter mehrfach beweist.

Zögern Sie nicht bei der Anwendung der Schusswaffe, auch dann nicht, wenn die Grenzdurchbrüche mit Frauen und Kindern erfolgen, was sich die Verräter schon oft zunutze gemacht haben.

Nach erfolgreicher Anwendung der Schußwaffe haben Sie entsprechend der unter Punkt 1. genannten Maßnahmen zu handeln [...]." (Wikisource 2019)[6]

Es wird geschätzt, dass mehr als 600 Menschen bei einem Fluchtversuch aus der DDR ums Leben gekommen sind. Allein in Berlin wurden etwa 140 Menschen an der Mauer getötet (vgl. Berliner Senat 2022).

10.7 Die ersten Schritte im Westen

Hubert erzählt:

„Ich war schon Arzt, ja, aber damals wurde das noch nicht vollständig anerkannt. Ich konnte nur in der Forschung arbeiten und nicht in der Klinik. Und andererseits wollte ich bestimmte Techniken erlernen. Also machte ich ein Praktikum in Elektroenzephalographie im Krankenhaus Saint-Anne in der *Salpêtrière* in Paris. Ich war bereits Neurophysiologe, also qualifiziert in Psychiatrie, Neurologie und Neurophysiologie. Aber es gab noch viel zu lernen, die Franzosen waren schon viel weiter. Also habe ich ziemlich viel Forschungsarbeit geleistet. Vor allem ein Forschungsprojekt, das von den Amerikanern bezahlt wurde, teilweise von der NASA, über die Reaktionen des Gehirns in bestimmten Stresssituationen, auch im Weltraum. Dieses Projekt dauerte etwa drei Jahre. Also fuhren wir 1965 nach Paris und dort wurde ich dann auch bezahlt."

---

[6] Dienstanweisung an Angehörige der Spezialeinheit des MfS innerhalb der Grenztruppen der DDR (Schießbefehl) nach dem Dokument vom 1. Oktober 1973. Online: http://de.wikisource.org/wiki/Dienstanweisung_an_Angeh%C3%B6rige_der_Spezialeinheit_des_MfS_innerhalb_der_Grenztruppen_der_DDR_%28Schie%C3%9Fbefehl%29 [02.01.2023].

Und Arlette fügte hinzu:

„Danach sind wir nach München gegangen und dann habe ich im Dolmetscherinstitut[7] gearbeitet, wo es noch Herrn Schmidt gab, den Dolmetscher von Hitler. Ach ja, ich kannte den alten Schmidt[8]. Zusammenfassend lässt sich sagen, dass wir bei den Deutschen nie eine Ablehnung gespürt haben. Absolut nicht, überhaupt nicht, sondern eher: ‚Ah, Sie sind Französin! Wo kommen Sie denn her? Ich liebe Frankreich! *Ah je connais* und so weiter'. Das verkrampft mich manchmal, aber naja."

Hubert:

„Aber ich hatte in Frankreich auch nie Probleme. In der Familie wurde ich akzeptiert, denn in Til-Châtel gab es nie ein Massaker oder eine Bombardierung oder so etwas. Die Menschen waren also nicht persönlich betroffen. In den Krankenhäusern, in denen ich arbeitete, waren es immerhin internationale Forschungsteams, also sehr gemischt. Ich war der einzige Deutsche, aber es gab auch eine französische Mehrheit, die vom CNRS[9] finanziert wurde. Das waren also Forscher. Und dann gab es noch einen Peruaner, einen Portugiesen, also war es in diesem Forschungsumfeld sowieso ziemlich international. Nur dass ich von der DST[10] schlecht behandelt wurde. Man verdächtigte mich, ein Spion zu sein, denn ich kam in Paris mit einem westdeutschen Pass an, obwohl ich aus Ostdeutschland stammte. Und sie verstanden nichts davon, von dieser Geschichte. Ich hatte Verhöre bei der DST, die wollten mir die

---

[7] Sprachen und Dolmetscher Institut München/SDI.
[8] Paul Otto Schmidt (1899–1970), der bis 1945 als Chefdolmetscher für Hitler gearbeitet hatte, sagte ebenfalls in dem Prozess aus. Er wartete manchmal wochenlang in seiner Zelle im Zeugenflügel des Nürnberger Gefängnisses darauf, als Zeuge vernommen zu werden. Nach dem Krieg wurde er „entlastet [...]". Vgl. den Artikel der *Süddeutschen Zeitung* mit dem Titel *Ein kluger Schachzug von Amerikanern und Briten*, erschienen am 13. März 2017: *Als Zeuge beim Prozess trat auch Paul Otto Schmidt (1899–1970) auf, der bis 1945 als Chefdolmetscher für Hitler tätig war. Er wartete in der Zelle im Zeugenflügel des Nürnberger Gefängnisses manchmal wochenlang darauf, als Zeuge vernommen zu werden. Nach dem Krieg wurde er „entlastet" [...].*
[9] Abkürzung für: *Centre national de la recherche scientifique* (Nationales Institut für wissenschaftliche Forschung) (Anmerkung SMM & CM).
[10] DST = *Direction de la Surveillance du Territoire* (Direktion für die Überwachung des Territoriums). (Anmerkung SMM & CM).

Aufenthaltsgenehmigung verweigern. Erst durch die Intervention des Ministeriums, also eines Staatssekretärs im Innenministerium, habe ich die erste Aufenthaltsgenehmigung bekommen."

Dieses Paar weckt den Verdacht der Geheimdienste: Wie haben sie es geschafft, aus der DDR herauszukommen? Sind sie Spione, die die DDR in die Bundesrepublik Deutschland eingeschleust hat?

Der westdeutsche Geheimdienst und auch die Franzosen kümmern sich sofort um das Paar und Arlette erzählt von ihren Kontakten mit dem Geheimdienst:

„Auch mich haben sie angerufen. Sie wollten auch Informationen von mir, weil wir an der Grenze, wenn ich von München oder Leipzig zurückkam, kontrolliert wurden. Und sie riefen mich an und sagten: ‚Wie sind Sie dorthin gekommen?' Ich sagte: ‚Ich habe offiziell ein Stipendium bekommen, von der Universität und so weiter' und sie wollten Informationen über Ostdeutschland. Ich lehnte ab. Ich sagte: ‚Ich habe nicht die Absicht, Ihnen irgendetwas als Information zu geben. Ich habe mein Stipendium legal erhalten, wenn Sie Informationen wünschen, wenden Sie sich an die Hochschulverwaltung.' Sie waren sehr wütend und sagten: ‚Das wird Konsequenzen haben.' Sie konnten sich nicht an mir rächen und dann haben sie gesagt: ‚Verbotener Aufenthalt'. Hubert muss Frankreich innerhalb von drei Monaten verlassen. Daraufhin hat er seine Chefin von Saint-Anne eingeschaltet. Ich sagte mir: ‚Sie werden uns verhaften.' Sie waren sehr aggressiv, weil sie mich auch der Spionage verdächtigten, oder sie sagten mir: ‚Für eine Lehrerin sind Sie nicht kooperativ. Wenn man Sie um Informationen bittet, wollen Sie die nicht geben?' Oder auch: ‚Sie sind eine schlechte Französin' oder so ähnlich, in diesem Stil. Sie waren also sehr gemein. Als ob ich mit einem Spion verheiratet wäre!"

Der französische Geheimdienst drängt hartnäckig darauf, diesem äußerst verdächtigen Paar Informationen zu entlocken. Hubert erzählt:

„Ich hatte Schwierigkeiten, mich angemessen auszudrücken. Und dann wollten sie noch wissen, wo es in Ostdeutschland Raketenabschussrampen gibt. Ich wusste es nicht, ich habe auch nie bei der Nationalen Volksarmee der DDR gedient, also wusste ich wirklich nichts und konnte ihnen nichts sagen."

Und Arlette fügt hinzu:

„Ja, das war ziemlich unangenehm und dann war damals Krieg mit der OAS[11] in Frankreich, es gab Anschläge. Und es gab Leute vom DST, die sogar bei meinen Eltern waren, die meine Mutter befragt hatten, um zu wissen, wo ich überall war, wo ich mich an einem bestimmten Datum befand, ich hatte mich immerhin im kommunistischen Block, also im Ostblock, aufgehalten, auch wenn die Mauer noch nicht gebaut war. Und meine Mutter war wütend, sie sagte ihnen: ‚Ihr solltet euch lieber um die Leute kümmern, die OAS-Bomben legen, als um meine Tochter, die nichts getan hat.' Jedenfalls ist das heute alles vorbei."

10.8 Eine europäische Familie

Arlette, Hubert und ihre Kinder stellen eine echte europäische Familie dar, wie Jean-Pierre Guérend es sich erhofft hatte: ein zweisprachiger Haushalt mit Kindern, die in beiden Kulturen aufwachsen: der deutschen und der französischen Kultur. So beschreibt Arlette ihr binationales Leben und vor allem die Zweisprachigkeit ihrer Sprösslinge:

„Mit unseren drei Kindern habe ich immer Französisch gesprochen und Hubert hat Deutsch mit ihnen gesprochen. Und sie sprachen wirklich beide Sprachen perfekt. Das heißt, perfekt, wie Kinder in diesem Alter. Auf ihrem Niveau natürlich. Und dann später, als sie in die Schule gingen, begann die deutsche Sprache zu dominieren. Weil sie von der Schule nach Hause kamen, erzählten sie, was sie erlebt hatten, also begannen sie, ein bisschen mehr Deutsch zu sprechen. Ich habe immer auf Französisch mit ihnen gesprochen, auch jetzt noch, aber sie antworten mir schon seit langem auf Deutsch. Aber wenn sie in Frankreich sind oder wenn die französische Familie da war, dann kommen sie sehr, sehr gut zurecht. Ja,

---

[11] *OAS*, französische Abkürzung für *Organisation de l'armée secrète*, Terrororganisation der extremen Rechten, die Anschläge in Frankreich verübte, um das Ziel eines Erhalts eine französischen Algeriens zu erreichen. (Anmerkung SMM & CM).

ja, und mit den Enkelkindern versuche ich auch Französisch zu sprechen, aber ich habe sie nicht jeden Tag, also verstehen sie schon ein bisschen, aber sie sind nicht zweisprachig."

Und Hubert ergänzt:

„Sie kommen zurecht, aber man darf nicht von ihnen verlangen, dass sie einen Brief auf Französisch schreiben. Rechtschreibfehler sind etwas anderes."

Arlette und Hubert fassen ihr Interview zusammen:

„Endlich fühlen wir uns als Europäer. Gerade die Tatsache, dass man andere Leute kennenlernt, die persönlichen Beziehungen zu einem Land. Ich finde das sehr, sehr wichtig. Auch in meiner Familie war die Offenheit gegenüber Deutschland viel größer, viel tiefer, weil ich mit einem Deutschen verheiratet war. Auch in unserem Freundeskreis. Ja, und für uns in Ostdeutschland war Europa ein Traum."

11

Géraldine – Die unglaubliche Geschichte ihrer Eltern

Géraldine ist die Tochter eines deutsch-französischen Ehepaars und kam 1954 in Frankreich zur Welt. Ihr Vater, Karl[1], wurde 1916 in Dresden geboren. Vom Krieg fortgerissen, strandete er zunächst an der russischen Front, doch die Ereignisse überschlugen sich und schließlich wurde er von den Amerikanern gefangen genommen. Er wurde nach Frankreich gebracht und gehörte damit zu einer Million deutscher Kriegsgefangener, den PGA *(prisonniers de guerre allemands)*, die einerseits die französischen Behörden vor erhebliche logistische Probleme stellten, andererseits aber auch eine wichtige Arbeitskraft für den Wiederaufbau des Landes waren. Ab Juni 1947 schlug Frankreich eine Umwidmung ihres Status, auch Transformation genannt vor, bei der alle dazu gewillten Männer in freie Zivilarbeiter *(Travailleurs Civils Libres: TCL)* umgewandelt wurden. Nachdem er selbst zum *TCL* geworden ist, hat Karl endlich Anspruch auf einen ersten Urlaub. Seine lang ersehnte Heimkehr endete jedoch mit der Scheidung von seiner ersten Frau. Nach seiner Rückkehr nach Frankreich wird er in einer kleinen Stadt im Norden auf die Baustelle eines Kraftwerks geschickt.

---

[1] Alle Vornamen sind geändert; Anmerkung SMM & CM.

In dieser kleinen Stadt an der Grenze zu Belgien wurde Clémence, die Mutter von Géraldine, eine Französin mit belgischen Wurzeln, geboren. Im Alter von dreizehn Jahren wird sie zur Waise und wird, wie ihre jüngere Schwester, von einer Tante aufgenommen. Als sie Karl kennenlernt, kann sie endlich davon träumen, eine Familie zu gründen, auch wenn es in der damaligen Zeit in den Augen der Gesellschaft nicht gut angesehen war, eine Beziehung zu einem deutschen Gefangenen zu haben und darüber hinaus bereit zu sein, ihn zu heiraten.

Es war kein Problem, Géraldine zu treffen und mit ihr ein Interview zu führen. Sie war sehr interessiert an unserem Projekt und erzählte uns die unglaubliche Geschichte ihrer Eltern mit Leichtigkeit und Freude. Ihre Art zu erzählen ist präzise, spannend und berührend. Aus diesem Grund lassen wir ihr die volle Freiheit, uns ihre Familiengeschichte zu erzählen.

11.1 Ernüchterung und eine neue Liebe

„Mein Vater hat diesen Krieg immer gehasst. Er beendete gerade seinen Militärdienst, als er begann, und wurde daher automatisch eingezogen. Später, an der russischen Front, an der er sich befand, versuchte er zweimal zu desertieren, indem er sein Regiment ohne Erlaubnis verließ. Das war sehr riskant und brachte ihm ein Jahr Militärgefängnis und ein Arbeitslager in einem Disziplinarbataillon ein. Die Bedingungen dort waren schrecklich, aber diese Zwangsarbeit in verschiedenen Straflagern hat ihm wahrscheinlich das Leben gerettet, da er sicherlich nicht aus Russland zurückgekehrt wäre. Sobald er konnte, begab sich in Gefangenschaft und war froh, dass dieser verfluchte Krieg endlich vorbei war. Schon immer war er sehr frankophil gewesen. Als er nach Russland geschickt wurde, war er froh, nicht gegen die Franzosen kämpfen zu müssen, obwohl er noch nie in Frankreich gewesen war. Damals reiste man nicht einfach mal so. Später war er immer glücklich in Frankreich. Er war neugierig auf alles und sehr kritisch in Bezug auf die deutsche Vergangenheit. Für ihn gab es nichts Schlimmeres als den Krieg. Mein Vater hat das immer, immer wieder betont, dieses Bedürfnis nach Frieden und Versöhnung. Und doch sahen ihn alle als ‚sehr deutsch' an. Ein geradliniger, zuverlässiger, konsequenter und auch strenger Mann. Wenn er ‚Ja' sagte, dann war es auch

‚Ja'. Außerdem war er sehr fair. Bei der Arbeit war er Vorarbeiter in einer Textilfabrik und ging mit Konflikten in Gruppen so um, dass er jedem zuhörte. Und wenn meine Cousinen Probleme hatten oder Entscheidungen treffen mussten, kamen sie zu ihm. Er war so etwas wie der Ratgeber, der weise Mann in der Familie.

Als 1947 den Gefangenen angeboten wurde, noch ein Jahr länger zu bleiben und in Frankreich zu arbeiten, zwar mit einem Pflichtvertrag, aber mit dem Status eines freien Arbeiters, war mein Vater begeistert. Die Alpes-de-Haute-Provence, wo sich seine erste Baustelle befand, war das Paradies, vor allem im Vergleich zu den Ruinen von Dresden. Ein Bauer aus der Gegend hatte ihm angeboten, ihn einzustellen, sobald er seinen Vertrag beendet hatte, und bestand darauf: ‚Lass deine Frau und deinen Sohn kommen! Ich habe ein kleines Haus für euch!' Aber das war nicht so einfach. Die erste Frau meines Vaters hatte ihre Eltern, Geschwister und Freunde in Dresden, sie sprach kein Wort Französisch, wusste nichts über Frankreich und war sicher nicht viel gereist. Und sie sollte alles aufgeben, ihren vierjährigen Sohn mitnehmen und ganz allein so weit weg mit einem Mann mitgehen, den sie seit acht Jahren kaum gesehen hatte? Wenn ich versuche, mich in ihre Lage zu versetzen, kann ich ihre Reaktion verstehen. Es gab wirklich Gründe Angst zu haben und sie fühlte sich vielleicht verraten, weil er nicht sofort zu ihr zurückgekehrt war, wie er es hätte tun können, anstatt davon zu träumen, sich woanders niederzulassen. Aber sie konnte ihm nicht gestehen, dass sie nicht kommen wollte, also sagte sie nicht nein, aber auch nicht ja. Und das alles in Briefen, die erst nach Wochen ankamen. Deshalb blieb sie ausweichend, schrieb ihm: ‚Ich kann jetzt nicht kommen', ‚Der Kleine ist krank' etc. etc. und unterschrieb wie sie es jedes Mal tat: ‚Deine für immer treubleibende J.²'. Er hoffte immer noch, verstand nicht, musste sich entscheiden und unterschrieb schließlich dieses Vertragsangebot, während er weiter auf sie wartete.

Sobald mein Vater 1948 seinen ersten Urlaub bekam, ging er zu einer Tante, die in Bremen wohnte. Er durfte nicht in die Sowjetzone reisen und konnte daher nicht nach Dresden zurückkehren. Seine Frau sollte ihn dort in Bremen treffen, aber als sie ihre Reise absagte [‚der Kleine ist krank', hieß es mal wieder...], beschloss er, sich vor Ort von der Situation zu überzeugen, wobei er sich viele Fragen stellte. Er reiste also trotz des Verbots mit gefälschten Papieren [die seines Cousins, der ihm ähnlich

---

[2] Auf Deutsch im Originaltext; vgl. Méron-Minuth & Minuth 2023.

sah] nach Dresden. Eine erste Rückkehr nach so langer Zeit! Wir vergessen oft diese Nachkriegszeit, in der die Soldaten jahrelang warten mussten, bevor sie nach Hause zurückkehren konnten. Als es meinem Vater nach tausend Irrfahrten gelang, die Grenze illegal zu überqueren, und er unerwartet zu Hause ankam, fiel er aus allen Wolken... Seine Frau war mit einem anderen Mann zusammen und im fünften Monat schwanger. An dem Abend, als er ankam, feierten sie gerade den Geburtstag des neuen Mannes im Haus. Für ihn gab es nur eine Lösung: die Scheidung, und zwar sofort. Sie warf sich ihm zu Füßen und flehte ihn an, zu bleiben, aber für ihn war es vorbei. Das Vertrauen war gebrochen. Also reichte er die Scheidung ein, die sehr schnell ausgesprochen wurde – es muss damals Tausende solcher Fälle gegeben haben! Seine Frau wurde schuldig geschieden, er bekam sogar das Sorgerecht für das Kind, wollte es aber nicht von seiner Mutter trennen. Den Vater dieses Kindes kannte er nicht einmal...

Mit seiner Scheidungsurkunde in der Tasche [heute in meinem Besitz] fuhr er zurück, völlig deprimiert, aber gezwungen, den Arbeitsvertrag zu Ende zu bringen, für den er sich verpflichtet hatte. Die Rückreise war genauso gefährlich wie die Hinreise. Der Bruder seiner Frau, der bei der Polizei war, versuchte, ihn wegen seiner gefälschten Papiere beim Verlassen des Gerichtsgebäudes verhaften zu lassen. Er musste sich vor der Rückreise verstecken – Festnahme an der Grenze zur Westzone, Verhöre usw. – aber er schaffte es, nach Bremen und dann in die *Alpes-de-Haute-Provence* zu gelangen. Nach dieser ersten Baustelle in Südfrankreich wurden die ehemaligen Vertragsgefangenen in den Norden geschickt, um ein neues Kohlekraftwerk zu bauen. Das bedeutete, das Paradies des Südens zu verlassen und gegen ein Leben im Nebelgrau einzutauschen. Eine unscheinbare Kleinstadt an der Grenze zu Belgien, die 1914 völlig zerstört wurde, und eine Region, die abgesehen von der damals noch relativ florierenden Textilindustrie arm war. Nichts mehr mit Südfrankreich, das ihm so gut gefallen hatte! Dort fiel mein Vater in eine tiefe Depression. Ganz allein, keine Familie, keine Pläne mehr, alles brach zusammen. Er wartete nur noch auf eines: seine Papiere, das Ende der Arbeit, seine Unterlagen, um nach Deutschland zurückkehren zu können, wobei er daran dachte, zunächst in Bremen zu bleiben. Das Vertragsjahr ging zu Ende. Er ging also jede Woche zur Gendarmerie, um zu sehen, ob die bedeutsamen Papiere endlich angekommen waren.

Etwa ein Dutzend Deutsche hatten denselben Weg beschritten; sie, die im selben Gefangenenlager gewesen waren, die dasselbe Arbeitsangebot bekommen hatten, dieselbe Baustelle in Frankreich im Süden und dieselbe Baustelle im Norden. Sie wohnten zusammen in Baracken, die für sie gebaut worden waren, eine Gruppe von *boches* in einer Kleinstadt, das war sicher nicht einfach... Mein Vater hatte dort einen Freund, der am Sonntagnachmittag tanzen gehen wollte. Er selbst tanzte nicht gerne und hatte auch keine Lust auf irgendetwas. Aber der andere bestand so sehr darauf, dass er ihn schließlich begleitete. Und dort lernte er meine Mutter kennen. Es war Liebe auf den ersten Blick! Und als der Mann von der Gendarmerie, der Mitleid mit ihm hatte, sogar bis in die Firma gelaufen kam, in der mein Vater arbeitete, mit einem Umschlag wedelte und freudestrahlend sagte: ‚Es ist soweit, ich habe Ihre Papiere', antwortete mein Vater: ‚Nicht mehr nötig, ich bleibe.'

Und er ist im Norden geblieben, sein ganzes Leben lang..."

11.2 Probleme mit der Sprache

„Mein Vater hat immer ein komisches Französisch gesprochen. So sprachbegabt meine Mutter auch war, so sehr hatte er Probleme. Ich frage mich, ob er vielleicht Legastheniker war. Er sagte oft, dass er immer viele Rechtschreibfehler gemacht habe, auch im Deutschen. Französisch hatte er sich nebenbei angeeignet. Und mit seinem sächsischen Akzent, der die Silben abrundete, ergab das eine ziemlich seltsame Mischung! Im Norden hielt man ihn für einen Flamen. Davon gab es in der Region viele. Aber all das hinderte ihn nicht daran, sich über alles und mit jedem zu unterhalten. Meine Mutter sprach ein wenig Deutsch, was auf eine dunkle Episode in ihrem Leben zurückzuführen war, die durch den Krieg bedingt war.

Um das zu verstehen, muss man ein wenig zurückblicken... Meine Mutter hatte eine sehr unglückliche Kindheit. Als sie mit dreizehn Jahren Waise geworden war, wurde sie etwas später als Dienstmädchen eingestellt und kümmerte sich um die Kinder einer reichen Familie in der Stadt. Sie waren zu sechst und sie hatte genug zu tun. Sie blieb zehn Jahre lang bei ihnen, das war sozusagen ihre neue Familie. Und nach all dieser Zeit wurde sie 1943 entlassen. Ihre Schwester arbeitete zu dieser Zeit in Belgien für eine Familie, die eine Autoreparaturwerkstatt hatte, zu der die Deutschen kamen, um ihre Fahrzeuge zu reparieren. Die Großmutter des Hauses empfing sie mit offenen Armen, spielte aber gleichzeitig ein doppeltes Spiel. Tagsüber brachte sie sie zum Reden. Abends warnte sie die einen oder anderen vor möglichen Gefahren, zum Beispiel den Bruder meiner Mutter, der in der Résistance war. Die Familie, in der meine Mutter arbeitete, war dagegen sehr antideutsch eingestellt und konnte es nicht ertragen, dass ihre Angestellte den Sonntag, ihren einzigen freien Tag in der Woche, bei ihrer Schwester in einem so schlecht beleumundeten Haus verbrachte. Vielleicht hatten sie sie gewarnt, ich weiß es nicht. Aber darauf zu verzichten, ihre Schwester zu sehen, die ihr sehr nahestand, muss für sie unmöglich gewesen sein. Meine Mutter musste also diese Familie und diese Kinder verlassen, an denen sie so sehr gehangen hatte und mit denen sie bis zu ihrem Tod in Kontakt geblieben war. Das war ein schrecklicher Schock für sie. Nun war es so, dass kurz darauf ihre beste Freundin nach Deutschland geschickt wurde. Sie erzählte mir einmal von diesem Befehl, den sie für sich und ihre Schwester erhalten hatte, wahrscheinlich als Vergeltung für die Aktivitäten des Lebensgefährten ihrer Mutter, der der Résistance nahestand. Daraufhin beschloss meine Mutter, mit ihr zu gehen. ‚Ich wurde rausgeworfen, ich wusste nicht, wohin ich gehen sollte, keine Familie, nichts, kein Dach über dem Kopf. Deine Freundin, die geht. Und dann der Impuls zu sagen: ‚Ich gehe auch'. Und das war's. Sie verbrachten beide ein Jahr in Erfurt und erlebten gemeinsam die Bombardierung der Stadt, tief in einem Keller, eine Decke über dem Kopf, unzertrennlich. Sie blieben ihr ganzes Leben lang Freundinnen. Aber meine Mutter hat sich immer Vorwürfe wegen dieser Entscheidung gemacht, sie hatte Schuldgefühle, weil sie einfach so dorthin gegangen war. Sprachbegabt wie sie war, kehrte sie mit guten Deutschkenntnissen zurück – so wie sie mit ihrer Freundin auf Niederländisch korrespondierte, ohne die Sprache je gelernt zu haben. Später, durch den Kontakt mit der Familie meines Vaters, sprach sie schließlich wirklich gut Deutsch, mit einem sehr guten Akzent. Wenn sie länger zur Schule hätte gehen können, hätte sie sicher eine hervorragende Ausbildung absolviert."

11.3 Einige Deutsche blieben in Frankreich

„Von der Gruppe der Deutschen, die in den Norden kamen, blieben einige. Alle aus demselben Grund: Liebe! Mein Vater wollte anfangs nach Hause zurückkehren, aber für andere war das undenkbar. Einige sagten: ‚Zurückgehen, um die Ruinen wegzuräumen?' Das machte für sie keinen Sinn. Aber in Frankreich zu leben war auch nicht einfach. Ein Typ aus

Hamburg zum Beispiel, groß, blond und kräftig, das Bild eines typischen Deutschen, wie man ihn sich vorstellen konnte, sprach ein wenig wie alle Norddeutschen, hatte Schwierigkeiten, sich zu integrieren. Er hatte eine Französin kennengelernt und als er erfuhr, dass sie schwanger war, blieb er. Sonst wäre er sicher wieder gegangen, sagte mir seine Frau einmal. Ihre Beziehung war nicht besonders glücklich. Sie war die erste, die 1949 in dieser kleinen Stadt im Norden einen Deutschen heiratete, und zog den Zorn ihrer gesamten Familie auf sich. Es war zu früh, es war ein Tabu. Am Tag ihrer Hochzeit kam ihr Bruder, der Trauzeuge sein sollte, im Blaumann und mit seinen dicken, völlig verdreckten Stiefeln zum Standesamt. Er kam zu spät, platzte mitten in die Zeremonie hinein, und fragte nur: ‚Wo muss ich unterschreiben?'. Er unterschrieb und knallte die Tür wieder zu. Sie erzählt auch, dass sie aus dem Rathaus kamen und nach Hause liefen, und dass entlang der Straße alle Ladenbesitzer mit verschränkten Armen und stumm vor der Tür standen und ihnen beim Vorbeigehen zusahen. Wie eine öffentliche Verurteilung! Für den Beginn einer Ehe hätte man sich etwas Besseres wünschen können... Auch die Nachbarn waren ihnen auf den Fersen. Trotzdem zog sie nicht aus. Wegzugehen, woanders neu anzufangen, wäre vielleicht besser für sie gewesen? Aber Familie ist Familie. Auch wenn diese gegen ihre Ehe war, blieb sie für sie wichtig. Der Hass ließ im Laufe der Jahre nach, aber sie und ihre Kinder litten sehr darunter."

11.4 Ein Onkel im Widerstand

„Kommen wir aber zu meiner Geschichte und der meiner Familie zurück. Ich wurde 1954 geboren, also neun Jahre nach dem Ende des Krieges. Viel Zeit war inzwischen vergangen. Ich persönlich kann mich nicht an negative Reaktionen erinnern, obwohl mein schwer auszusprechender Nachname mir sofort ein Etikett an die Stirn heftete. Meine Schwester hingegen, die drei Jahre früher geboren wurde, musste unbedingt das Haus einer Freundin verlassen haben, bevor der Vater von der Arbeit nach Hause kam, denn seine Eltern waren im Konzentrationslager gestorben, und er hätte es nicht ertragen, die Tochter eines *boche* im Haus zu haben.

Mein Vater hatte auch eine ziemlich komische Episode mit einem Zollbeamten, der die Deutschen hasste. Mein Vater hatte sich von meinem Onkel, der in Belgien wohnte, einen großen Koffer geliehen, um mit seinen Sachen umzuziehen. Der Koffer war voll mit Resten von Schnüren und Bindfäden, die er darin zurückgelassen hatte. Nun war mein

Vater mit dem Koffer auf dem Gepäckträger seines Fahrrads unterwegs. Um schneller zu sein, nahm er auf dem Weg zurück nach Frankreich eine kleine Straße, die nicht über den offiziellen Grenzübergang führte. Doch der besagte Zöllner entdeckte ihn und schwang sich auf sein Fahrrad, um ihm zu folgen. Ein *boche,* der betrügt, das durfte man sich nicht entgehen lassen! Fünf Kilometer weiter, als mein Vater sein Haus erreichte, hielt er ihn an: ‚Französischer Zoll, öffnen Sie diesen Koffer!', mit einem fiesen Grinsen im Gesicht. Und mein Vater sehr höflich: ‚Sehr gerne, Monsieur'. Als er die Schnüre sah, wurde der Zöllner rot vor Zorn. Und er konnte weder die Demütigung noch die umsonst geradelten zehn Kilometer verdauen! Jahrelang durchsuchte er meinen Vater jedes Mal noch genauer, wenn er Dienst hatte.

Insgesamt wurde mein Vater aber trotzdem gut akzeptiert und wertgeschätzt, sogar in der Familie meiner Mutter, deren zwei Brüder auf der belgischen Seite im bewaffneten Widerstand aktiv waren. Einer der beiden starb jung an den Folgen einer Kriegsverletzung, der zweite Bruder hat nie etwas über diese Jahre erzählt. Erst lange nach seinem Tod erfuhr ich von der Rolle, die er gespielt hatte. Ich fiel aus allen Wolken genau wie seine Tochter in dem Moment, als sie das alles in den Familienpapieren entdeckte. Ich hätte mir nie vorstellen können, dass er all diese Risiken eingehen würde. Er war so ruhig, so unauffällig, so schweigsam und bescheiden. Nach dem Krieg war doch jeder stolz darauf, Widerstandskämpfer gewesen zu sein, oder behauptete, es wenigstens. Er aber hat nie etwas erzählt. Hat er mit meinem Vater darüber gesprochen? Ich glaube nicht. Mein Vater hätte es mir erzählt. Sie haben sich beide sehr gut verstanden und mein Onkel hat meinen Eltern viele seiner Sorgen anvertraut. Was war mit meiner Mutter in all dem? Was wusste sie schon? Während des Krieges war sie nicht unbedingt über die Handlungen ihres Bruders informiert. Man schwieg, um die Familie zu schützen. Das führt zu Geheimnissen, Unausgesprochenem, Tabuthemen ... Und niemand ist mehr da, um die Fragen zu beantworten, die ich mir stelle.

Ich bin mir sicher, dass mein Vater seinen Schwager bewundert hätte. Er verstand viele Dinge. Er hatte schon mit vierzehn Jahren angefangen, als Mechaniker zu arbeiten; das war damals die Regel. Aber er hatte sehr feine Hände. Frauenhände sagten manche etwas spöttisch. Sonntags ging er mit seinem Taschengeld in die Oper. Es reichte für einen Platz im obersten Rang, oben links, er zeigte ihn uns einmal, als wir zusammen die Semperoper besuchten, als er nach dem Krieg zum ersten Mal nach Dresden zurückkehrte. Das war 1973. Er hatte immer große Musik geliebt, hatte eine schöne Sammlung klassischer Schallplatten, die er mitnahm, als er ins Altersheim kam. Dort traf er auf die Generation von Menschen, die den Krieg ebenfalls erlebt hatten; auf der anderen Seite... Als eine Gruppe von Gymnasiasten die Heimbewohner über ihr Leben während des Krieges interviewte, erklärte er sich bereit, mitzumachen und ihnen seine Erlebnisse als ‚Feind' zu schildern. Das war sehr mutig! Er selbst wollte nie die französische Staatsbürgerschaft annehmen und sagte, dass er für alle anderen ‚der Deutsche' bleiben würde und dass er kein Pseudo-Franzose werden wollte, nur auf dem Papier. Er stand den anderen Deutschen, die in der Stadt geblieben waren, jedoch nicht besonders nahe. Sie trafen sich ab und zu so, aber nie als Gruppe. Mit zwei der Familien hatten wir mehr Kontakt. Ich erinnere mich an einen Tag, an dem einer dieser deutschen Kollegen bei meinem Vater vorbeikam, um einfach nur Hallo zu sagen. Als er wieder gehen wollten, hatten sie sich noch eine Weile auf dem Bürgersteig vor dem Haus unterhalten. Meine Mutter, die im Schlafzimmer war, hatte sich totgelacht und ihnen zugehört. Nach einer Weile öffnete sie das Fenster und fragte, ob sie nicht Deutsch sprechen könnten, anstatt in ihrem schlechten Französisch zu plappern. Sie hatten nicht einmal daran gedacht, was beweist, dass sie ziemlich gut integriert waren."

11.5 Alles endet mit einer schönen Geschichte

„Meine Eltern haben mit 82 Jahren, ein Jahr nach ihrer Goldenen Hochzeit, kirchlich geheiratet. ‚Ja vor Gott, 50 Jahre nach ihrer standesamtlichen Hochzeit', titelte die Lokalpresse. Mein Vater war nicht nur Deutscher und Protestant, sondern auch geschieden: alle Fehler auf einmal! Daher konnten sie 1951 nicht kirchlich heiraten, da seine erste Ehe in den Augen der Kirche nur durch den Tod aufgelöst werden konnte. Meine Mutter, eine sehr gläubige Katholikin, die einen geschiedenen Mann geheiratet hatte, durfte auch nicht mehr zur Kommunion gehen. Sie hat das immer sehr bedauert und sich von der Kirche ausgeschlossen gefühlt – was meinen Vater empörte. ‚Ich konnte nicht in der Kirche heiraten', diesen Satz wiederholte sie oft. Als mein Vater von seinem Sohn erfuhr, dass seine erste Ehefrau verstorben war, stieß das nicht auf taube Ohren. Seine erste Ehe war durch den Tod aufgelöst worden... nun war er Witwer! Und ein Witwer hat das Recht, in der Kirche wieder zu heiraten. Eines Tages, als wir alle zusammen waren – es war am Ostersonntag – tranken wir in einem Straßencafé etwas, als er plötzlich sagte: ‚Kinder, ich muss euch etwas sagen... ich möchte heiraten!' Es kam einfach so aus dem Nichts. Wir waren völlig verblüfft. Und er erklärte uns warum und fügte hinzu, dass Mama zwar mit ihrer Alzheimer-Krankheit nicht wirklich etwas davon merken würde, aber sie endlich die Hochzeit haben könnte, die er ihr vorher nicht hatte geben können. Typisch mein Vater! Er hatte bereits alles geplant: die Hochzeit in der Kapelle des Altenheims, einen jungen Priester, den eine Freundin kannte, der die Zeremonie durchführen sollte, und *voilà*,.. Nur stellte der Priester einige grundlegende Fragen. Er brauchte die Zustimmung der Eheleute. Wie sollte man mit einer Alzheimer-Patientin umgehen? Mein Vater fand die Lösung: ‚Was wäre, wenn ich Clémences Hand nehmen und für uns beide Ja sagen würde?' Der Priester änderte also die Formel und sagte: ‚Karl und Clémence, seid ihr einverstanden, euch zu euren Ehepartnern zu machen?', anstatt die Frage jedem einzeln zu stellen. Mama war an diesem Tag wunderschön, lächelnd und entspannt. Emotional fühlte sie sich geehrt, sie war wie eine Königin. Es war sehr bewegend. Zwei ihrer Enkelkinder waren Trauzeugen. Es war eine sehr schöne Zeremonie, bei der die Familie, Freunde, Bewohner usw. anwesend waren. Mein Bruder aus Dresden, der Sohn aus der ersten Ehe meines Vaters, war sogar extra angereist. Während des Umtrunks wurde im Garten ein kleiner Apfelbaum, aus Deutschland mitgebracht, als Erinnerung an diese etwas ungewöhnliche Hochzeit gepflanzt. Seitdem trägt er jedes Jahr Äpfel und die Bewohner machen daraus Apfelmus oder einen Kuchen.

Meine Eltern starben ein Jahr später, beide in derselben Woche. Er hatte gerade einen Herzanfall erlitten, als sie einen Herzinfarkt bekam. Sie verbrachten zwei Tage im selben Krankenhaus und konnten sich sehen. Dann konnte er entlassen werden und sie kehrte in ihr Zimmer zurück und wurde an denselben Sauerstoff angeschlossen. Sie wurde an einem Freitag beerdigt, er folgte ihr am Sonntag.

Es war verrückt. Aber es war gut, dass sie zusammen gingen. Er war für sie in Frankreich geblieben, er war mit ihr in ein Pflegeheim gegangen, als sie Alzheimer bekam, er ging mit ihr.

‚Die Geschichte [...] könnte als eine amerikanische *Love Story* durchgehen [...] vor dem Hintergrund des Weltkriegs und des europäischen Aufbaus', schrieb eine Journalistin am Tag ihrer goldenen Hochzeit. Der Aufbau geht weiter. Meine Schwester hat einen Belgier geheiratet und lebt in Belgien. Ich habe einen Deutschen geheiratet und lebe in Deutschland. Unsere Kinder haben die doppelte und möglicherweise die dreifache Staatsangehörigkeit. ‚Wir haben Europa vor der Zeit gemacht', sagte mein Vater oft. Und er hatte Recht."

12

Alain – Mein Vater war sehr, sehr hart. Meine Mutter, sie hat das alles ertragen

Es ist ein schöner Nachmittag im August 2014, als uns der 65-jährige Alain herzlich in seinem hübschen Haus empfängt, das in einem Weiler in der Nähe von Château-Landon in der Region Seine-et-Marne liegt, in der er und seine Frau seit jeher leben. Es ist ein wichtiger Tag für Alain, denn er hat ohne zu zögern zugestimmt, für unser Buches über seine Kindheit, seine Eltern und seine vielen Geschwister zu berichten. Seine 62-jährige Frau Martine ist ebenfalls anwesend und empfängt uns mit großer Herzlichkeit. Sie hält sich diskret im Hintergrund und greift nur gelegentlich ein, um die Erzählungen ihres oft von Emotionen überwältigten Mannes zu unterstützen oder um sie mit ihren eigenen Beobachtungen, Gefühlen und Erlebnissen innerhalb der Familie zu ergänzen. Alain gibt bereitwillig Auskunft über die Familienerinnerungen an seine Mutter Jeanne, eine Französin aus der Bretagne, die im Mai 1924 geboren wurde, und seinen deutschen Vater Georg, der 1919 in der Nähe von Darmstadt in Hessen das Licht der Welt erblickte[1] und mit gerade einmal 48 Jahren verstarb.

Dieses Gespräch hat nach Alains eigenen Worten eine therapeutische Funktion – eine Art Katharsis – eingenommen, die zuweilen von nur schwerlich unterdrückten Schluchzern unterbrochen wird.

12.1 Alains gemischte Familie

Alain beginnt seine Erzählung mit seiner Familie mütterlicherseits und erzählt uns die Geschichte seiner Familiengenealogie. In der Tat hatte er kaum Gelegenheit, seine Großeltern wirklich kennenzulernen, allerdings erinnert sich Alain recht deutlich an seine Großmutter. Sie erinnerte ihn an die kalten Gefühle seiner Mutter, über die äußerlichen Ähnlichkeiten hinaus.

„Um von meiner Familie zu sprechen, so war die Großmutter Bretonin und der Großvater, ich weiß es nicht. Ich habe meine Großmutter nicht oft gesehen, ich habe meine Großmutter nicht wirklich gekannt. Was ich sagen kann, ist, dass zwischen meiner Großmutter und meiner Mutter auch keine große Liebe zu spüren war und ich finde, dass sie sich sehr ähnlich waren. Sie hatten wirklich gemeinsame Charakterzüge, auch körperlich waren sie sich sehr ähnlich. Den Großvater habe ich nicht wirklich gekannt, nur sehr wenig. Ein oder zwei Mal habe ich ihn so beiläufig gesehen. Die Großmutter ein bisschen mehr, zwei oder drei Mal, also das ging nicht sehr weit. Also, es war so, wir waren nicht sehr auf Familie eingestellt, wenn ich das so sagen darf, das ist alles. Bei den Frauen merke ich jetzt, dass es eher familiär zugeht. Die Männer sind tendenziell eher distanziert, das ist mein Eindruck."

Was seine Großeltern väterlicherseits betrifft, so erzählt Alain, dass er sie auch nicht wirklich gekannt hat. Er hat jedoch eine zarte und bewegende Erinnerung an seine deutsche Großmutter, die einmal auf einen

---

[1] Alain wird uns offenbaren, dass er weder den Tag noch den Monat kennt, an dem sein Vater Georg geboren wurde.

Besuch bei ihnen im *Département de l'Yonne*[2] erschien, als Alain noch jung war. Die Erinnerung an seine Großmutter lässt zunächst ein zaghaftes Lächeln auf seinen Lippen erscheinen. Doch schon bald wird er von Rührung überwältigt. Alain hat Mühe, die Tränen zurückzuhalten.

> „Ich habe die Eltern meines Vaters nicht wirklich gekannt. Ich habe nur die Großmutter gekannt, ich habe eine Erinnerung an meine Großmutter [schüchternes, tränenreiches Lächeln]. Es tut mir leid, ich bin sehr emotional. Ich habe meine Großmutter einmal gesehen. Außer auf einem Foto habe ich sie nur einmal gesehen. Es war wunderschön. Ach ja, ach ja. Sie erschien mir ein bisschen wie die Jungfrau Maria. Aber ja, das war so ein Zufall, sie kam durch die Haustür und sie war alt, sie hatte weiße Haare, ein feines Gesicht, sie lächelte, es war [kurzes Überlegen] es war toll. Sie stammte aus der Gegend von Darmstadt. Sie ist einmal in die *Yonne* gekommen, das war's. Und ich glaube, Onkel Maurice, der Amerikaner, hatte das alles ein bisschen gemanagt, damit wir uns ein bisschen sehen konnten, denn er war jemand, der nicht so sehr an menschliche Beziehungen gewöhnt war. Wir lebten ja auf dem Land."

12.2 Begegnung zwischen einer jungen Französin und einem jungen Deutschen

Alains Eltern haben sich offenbar in den 1940er Jahren in Paris kennengelernt. Alain wird zu seinem Bedauern gestehen müssen, dass er leider nicht in der Lage ist, uns das Datum ihrer ersten Begegnung zu nennen:

> „Ich kann nicht genau sagen, wann sie sich kennengelernt haben, Mama und Papa. Ich weiß, dass ich 1948 geboren bin, aber sie kannten sich schon eine ganze Weile, ich weiß es nicht mehr genau."

Zu dieser Zeit – Alain wird uns erzählen, dass er erst kurz zuvor in den Besitz dieser Informationen gekommen war – lebte Georg, sein Vater,

---

[2] Ein französisches Département im Nordosten Frankreichs; Ordnungsnummer 89, benannt nach dem Fluss *Yonne*.

als Kriegsgefangener in einem Lager in Mailly-la-ville im *Département de l'Yonne* und seine Mutter Jeanne arbeitete bei einer Unternehmerin in Paris, die Arbeitskräfte benötigte. So kam es, dass Georg bald von Jeannes Vorgesetzten eingestellt wurde und er die Frau kennenlernte, die später seine Frau werden sollte.

> „Sie [meine Mutter] hat ihn während des Krieges kennengelernt. Sie arbeitete in Paris, ich habe das erst vor kurzem erfahren. Sie arbeitete in Paris und ihre Chefin brauchte Arbeitskräfte und mein Vater war Gefangener in einem Lager, ich erinnere mich, es war in Mailly-la-Ville, also im *Département de l'Yonne*. Und so war mein Vater in diesem Lager in Mailly-la-Ville als Kriegsgefangener und wurde von der Chefin meiner Mutter angeworben und so haben sie sich kennengelernt. Ich bin also 1948 geboren."

Diese Anwerbeaktion – das sei nur am Rande erwähnt – erinnert an die Aktion des französischen „Ministeriums für Arbeit und soziale Sicherheit" von 1945, bei der die Arbeitgeber die Möglichkeit hatten, eine offizielle Stelle anzurufen, die ihnen auf Anfrage deutsche Kriegsgefangene vermittelte, die durch harte Arbeit die immensen Kriegsschäden beheben sollten, die die Wehrmacht angerichtet hatte, wie Theofilakis in seinem 2014 erschienenen Buch betont, in dem er die Plakate und Anzeigen von damals veröffentlicht:

> „Lasst eure Ruinen von denjenigen aufrichten, die für die Zerstörungen verantwortlich sind.
> Lassen Sie Ihre Städte von denjenigen verschönern, die sie zerstören wollten
> Lassen Sie die feindlichen Gefangenen arbeiten."
> (vgl. Theofilakis 2014: Abb. 18 und 19[3])

---

[3] Theofilakis 2014, Auszüge aus der Broschüre *Lassen Sie Ihre Ruinen aufrichten*: den besiegten Feind durch Arbeit bezahlen lassen.

Zu dieser Zeit war Alains Vater weit davon entfernt, die Sprache Molières zu beherrschen, auch wenn er sie einige Jahre später klug einzusetzen wusste:
„Mein Vater sprach sehr gut Französisch, er hat schnell gelernt, ja. Aber er hat vorher kein Französisch gesprochen. Ich weiß, dass er in Deutschland in Büros gearbeitet hat und in Deutschland eher ein Bürokrat war."

Bevor er seine Mutter kennenlernte, war Alains Vater Berufssoldat in Deutschland. Zwischen der Gefangenschaft und der Befreiung 1945 nutzte er mehrmals die Gelegenheit, in die Heimat zurückzukehren, um Arbeit zu finden, kehrte aber schließlich nach Frankreich zurück, „um seine Französin zu heiraten und sich auf dem Land niederzulassen."

Alain schildert den Lebensweg seines Vaters folgendermaßen:

„Mein Vater war Soldat, denn ich weiß, dass er 1940 im Krieg war, und ich weiß auch, dass er in Russland war, er hat mir Fotos [Alain unterbricht sich, kann seine Tränen kaum unterdrücken] gezeigt. Er wurde in Russland verwundet, er wurde nach Deutschland zurückgebracht, gepflegt und dann ging er nicht zurück nach Russland, er ging an die Front in Frankreich, da es in den Vogesen war, wo er gefangen genommen wurde. [...] als er dann schließlich aus der Kriegsgefangenschaft entlassen wurde, gingen er und meine Mutter zunächst nach Deutschland, um ein Praktikum zu absolvieren [...]."

Um Arbeit zu finden, zog die Familie mehrmals um, sowohl in Deutschland als auch in Frankreich, aber schließlich ließ sie sich im ländlichen *Gâtinais* in der Nähe von Château-Landon in einem bescheidenen Haus ohne jeglichen Komfort nieder.

12.3 In Frankreich oder Deutschland leben?

In der ersten Zeit ihres gemeinsamen Lebens müssen Alains Eltern abwechselnd auf beiden Seiten des Rheins leben. Die Sprachbarrieren, die zu einer eher introvertierten Persönlichkeit hinzukommen, stellen Alains Mutter jedoch schnell vor Anpassungsprobleme. Nach mehreren

Aufenthalten in Deutschland wählen Alains Eltern Frankreich als Wohnort:

„Ich kann es Ihnen nicht sagen, aber ich denke, dass es vor allem die Sprache war, die meiner Mutter Probleme bereitet hat, weil sie eine sehr verschlossene, unzugängliche Person war. So sagte sie zum Beispiel: ‚Meine Schwägerin hat mich immer zum Friseur gebracht, um mir zu erklären, wie man mir die Haare schneiden solle.'"

Und Alain fügt hinzu: „Ich persönlich fahre ins Ausland und kann mich verständlich machen, auch wenn ich die Landessprache nicht spreche".

„Aber selbst beim Einkaufen war es die Schwägerin, die schrieb, und meine Schwiegermutter ging dann mit dem Einkaufszettel los. Also meiner Meinung ist das eher so die Erklärung. Und dann hat mein Papa beschlossen, nach Frankreich zurückzukehren. Das ist wirklich seltsam, so ist das Leben, so ist der Krieg. Und er hat seine Familie in Deutschland zurückgelassen, aber das hat sie nicht gestört, er hatte viele Brüder und Schwestern, mein Vater, und ich weiß, dass eine seiner Schwestern einen amerikanischen Soldaten geheiratet hat, aber es gab keine Feindseligkeiten. Ich war zwei oder drei Mal in Deutschland, als ich jung war. Ich wollte ein bisschen dorthin zurückkehren, um zu sehen, wer meine Familie ist und so weiter, und wir wurden sehr gut aufgenommen, das war so 1966-68, weil ich meinen Führerschein mit 18 Jahren bekommen habe und ich bin mit 18 Jahren dorthin gefahren. Das war's. Und so wurden wir gut aufgenommen, das war kein Problem mehr, der Krieg war seit 25 Jahren vorbei. Mein Vater hatte darauf bestanden, nach Deutschland zurückzukehren. Sie sind also nach Deutschland zurückgekehrt, nach Darmstadt. Meine Mutter konnte es nicht ertragen, es gefiel ihr nicht. Unter anderem wegen der Sprache. Sie sprach überhaupt kein Deutsch, überhaupt nicht, und selbst heute noch versteht sie, naja, sie sagte, sie würde schon etwas verstehen, wenn es Familientreffen gab, die waren aber sehr, sehr selten. Dann hatte man schon das Gefühl, dass sie verstand, aber sie sprach überhaupt nicht. Sie wollte nicht reden. Es gab eine komplette Ablehnung seitens meiner Mutter. Und so sagte sich mein Vater: ‚Was soll's, wir gehen zurück nach Frankreich.'"

Die Familie zieht in den Weiler *Puteau* im *Département de l'Yonne*. Alains Vater hat in einem Unternehmen in der Region eine neue Arbeitsstelle gefunden. Die Eingewöhnung allerdings ist äußerst schwierig, da die Wohnverhältnisse katastrophal sind. In einem Haus ohne Wasser, Strom und Toiletten muss die Familie ein neues Leben aufbauen.

„Wir gingen also zurück nach Frankreich, und dort wurde ich auch geboren. Und dann hat mein Vater Arbeit in einem Unternehmen in der *Yonne* gefunden. Ich habe den ersten Teil meiner Kindheit mit meinen Geschwistern in der *Yonne* verbracht. Und dann hat er hier Arbeit gefunden, also bei der *Sovirel* und wir sind in ein Haus in *Puteau* gezogen. Wir kamen in das Haus, in dem wir heute wohnen und das wir gekauft, renoviert und so weiter haben. Als wir ankamen, ich war zwischen 11 und 12 Jahre alt, das war etwa 1961, gab es kein Wasser im Haus, es gab keinen Strom. Wir holten Wasser 200 Meter entfernt von einem öffentlichen Wasserhahn, der auf der Straße stand. Es gab keine Toilette, das Haus war katastrophal. Meine Mutter hat geweint, als sie das gesehen hat, weil mein Vater es ihr nicht gesagt hatte. Es gab das Problem der Arbeit und die Arbeit hatte Vorrang vor all dem, also als wir ankamen, war es eine Katastrophe."

Viele Jahre später musste Alains Vater wieder nach Deutschland zurückkehren, um zu arbeiten und dort verstarb er in sehr jungen Jahren an den Folgen seines Alkoholkonsums.

„Es gab eine Zeit, in der mein Vater wieder in Deutschland in einem Hotel gearbeitet hat. Er war Portier, er hat Gäste empfangen [...] ich will sagen, dass er nach Deutschland gegangen ist, weil, also, mit meiner Mutter, ich glaube, die Jahre waren vergangen und es gab vielleicht nicht mehr die Anziehungskraft zwischen den beiden und so. Und so ging er zurück nach Deutschland, wo er sehr, sehr jung starb, mit 48 Jahren."

12.4 Alain und seine Geschwister

Alain ist der Älteste einer großen Gruppe von Geschwistern, die er wie folgt vorstellt:

„Ich wurde im Oktober 1948 in Paris im 13. *Arrondissement* geboren. Ich habe einen Bruder, Gérard, der 1950 im Abstand von siebzehn Monaten zu mir geboren wurde, einen weiteren Bruder, Henri, der 1951 geboren wurde, dann einen weiteren Bruder, Christian, der 1952 geboren wurde, dann noch einen Bruder, Jean-Claude, der 1956 geboren wurde, und meine Schwester Nathalie, die viel später, 1965, zur Welt kam. Das ist also die ganze Familie. Mein Vater wollte viele Kinder haben, was mich sehr erstaunt, aber gut [...]."

Und Alain spricht die folgende Behauptung aus, die er vielmehr als laut gestellte Frage an sich selbst formuliert:

„[...] Vielleicht wollte er erreichen, dass die Rasse fortbesteht?"

Der Begriff ‚Rasse', den Alain hier verwendet, erinnert uns an die Sprache der Nazi-Ideologie, nicht dass Alain Gedanken in diese Richtung äußert, ganz im Gegenteil. Die Verwendung von Wörtern, die mit totalitären oder nazistischen Bedeutungen behaftet sind, ist eine Gewohnheit aus der Zeit der 1930er und 1940er Jahre bis in die späten 50er Jahre und auch das Ergebnis einer fast unsichtbaren und unbewussten Gehirnwäsche und Manipulation, die diese Ideologie hinterlassen konnte. Diese Nazi-Sprache, die Viktor Klemperer – vor dem Hintergrund seiner schmerzhaften, bedrohlichen und erniedrigenden persönlichen Erfahrungen als verfolgter Jude – in seinem 1996 erschienenen Buch *„LTI, die Sprache des Dritten Reiches"* brillant analysiert hat, ist in das Unterbewusstsein der Zeitgenossen ebenso eingedrungen wie in alle Bereiche des täglichen Lebens der Deutschen:

„Der Nationalsozialismus schlich sich durch einzelne Ausdrücke, Wendungen und syntaktische Formen, die sich millionenfach durchsetzten und mechanisch und unbewusst übernommen wurden, in das Fleisch und Blut der vielen Menschen ein. [...] [Das Dritte Reich] unterwirft die Sprache seinem schrecklichen System, es gewinnt mit der Sprache sein mächtigstes, öffentlichstes und geheimstes Propagandamittel." (Klemperer 1996: 40–41)

12 Alain – Mein Vater war sehr, sehr hart ...

Diese Ideen und diese Sprache wurden auch von einem Teil des *Pétainistischen*, antisemitischen und kollaborierenden Frankreichs aufgenommen.

Aus Alains Erzählungen wissen wir jedoch, dass sein Vater kein Nazi war. Trotzdem ist es nicht überraschend, dass seine Sprache von den vorherrschenden Ideen der damaligen Zeit beeinflusst wurde, Ideen, die von Millionen Deutschen geteilt wurden.

Viele Jahre später, als der Zweite Weltkrieg schon lange zurückliegt und sein Vater bereits seit einigen Jahren verstorben ist, wird Alain klar, dass einer seiner Brüder, der in der Bundesrepublik Deutschland lebt, neonazistische Überzeugungen teilt und gewalttätig gegen seine Familienmitglieder vorgeht.

Dabei brechen neue Wunden auf, die sich nie wirklich schließen werden.

Wie auch immer, Alain spielt eine verbindende, ausgleichende Rolle für seine Brüder und seine Schwester, die alle mit einer Deutschen oder einem Deutschen verheiratet sind. Nur Alain ist in Frankreich geblieben. Nur er hat die Fähigkeit, die verstreuten Familienmitglieder durch seinen Humanismus und sein Einfühlungsvermögen wieder zusammenzuführen. Er ist mit niemandem zerstritten. Sobald das Telefon klingelt und sich ein Problem oder ein Vorfall am Horizont abzeichnet, steht Alain voll und ganz zur Verfügung und ist stets darum bemüht, eine angemessene Lösung zu finden.

„Insgesamt fünf Brüder und eine Schwester, eine kleine Schwester, die ganz anders erzogen wurde als wir, weil sie 1965 geboren ist. Wenn man die Fotos meiner Schwester sieht, kommt man vom Mittelalter in die Gegenwart, das ist fast so [der Eindruck]. Wenn man sich selbst sieht, wie wir gekleidet waren, hat man den Eindruck, dass wir die Sinti und Roma von heute sind. Verstehen Sie, was ich meine? Das ist alles. Und so lebten wir in der *Yonne*, nicht sehr weit weg von hier. Ich verbrachte hier die erste Hälfte meiner Kindheit bis zum Alter von 11 Jahren, wo ich in der Schule sehr schlecht lernte, ich arbeitete überhaupt nicht für die Schule. Wir waren ein bisschen unzivilisiert. Mein Vater war sehr hart, sehr, sehr hart, meine Mutter hat das alles ertragen."

12.5 Schwierige Schulbildung und Grundschulzeugnis

Was soll man über Alains Schulzeit vor dem Hintergrund familiärer und emotionaler Ärmlichkeit sagen?

Alain berichtet, dass seine Schulzeit kompliziert verlief und alles mehrfach zum Scheitern verurteilt schien. Seine Familie, die sehr einfach und dörflich war, legte keinen Wert auf intellektuelle Höchstleistungen, sondern nur auf körperliche Anstrengungen:

> „Wir waren Alle schlechte Schüler, und das hatte nichts mit unserer deutsch-französischen Familie zu tun. Ich denke, die anderen Familien waren ein bisschen im gleichen Stil wie wir, es war nicht üblich, ich spreche über die gleichen Verhältnisse. Sie wissen, was ich meine? Ländlich, dörflich nicht intellektuell, also die Kinder für die Schule arbeiten zu lassen, war nicht üblich, weder bei uns noch bei den anderen."

Dieser Umstand betrübt ihn noch Jahrzehnte später. Er kommentiert diese umfassende Erkenntnis wie folgt:

> „Es ist vielleicht ein bisschen überheblich, aber ich denke, dass wir alle, Einer wie der Andere, Potenzial hatten."

Bald wird sein Lehrer in der Schule im *Gâtinais*[4], der seine zahlreichen schulischen Defizite und die der anderen Schüler mit ähnlichen Familienverhältnissen kennt, die Geduld aufbringen und die richtigen, treffenden Worte finden; Worte, die dauerhaft im Kopf dieses jungen Teenagers nachhallen, um ihn immer wieder zu ermutigen und zu motivieren. Es ist eine schöne und bewegende Wertschätzung, die Alain seinem Lehrer zollt, der ihn bis zum Erhalt seines Grundschulabschlusses geführt hat:

---

[4] Landschaft in Zentralfrankreich.

„Und dann [...], als wir hier ankamen, gingen wir in *Chenou* in die Schule und ich war 12 Jahre alt. In der Schule haben sie gesehen, auf welchem Kenntnisstand ich war. Sie haben mir vertraut. Herr Barrier, der Lehrer, er hat mir vertraut, er war sehr hart zu uns. Aber ja, er hat uns allen vertraut. Und ich hätte nie meinen Grundschulabschluss erreichen können, und die Tatsache, dass er mir vertraut hat, hat mir das Gefühl gegeben, zum ersten Mal wie ein Erwachsener gehandelt zu haben. Die Tatsache, dass er mir vertraute, führte dazu, dass er mit mir wie mit einem Erwachsenen sprach. Das einzige Mal, als er es ernst meinte, sagte er: ‚Alain, wir können dich schlagen, wir können alles tun, was wir wollen, es wird nicht funktionieren. Die einzige Lösung ist, dass du dich entscheidest, zu arbeiten.' Und das hat mich geprägt. Ich bin heute 65 Jahre alt, aber das hat mich geprägt. Und so habe ich gearbeitet und obwohl ich kaum eine Chance hatte, mein Schulzeugnis zu bekommen, habe ich es trotzdem bekommen. Ich habe es geschafft, das Grundschulzeugnis[5] zu bekommen. Und als ich mein Grundschulzeugnis in der Hand hatte, waren viele Mädchen da, die wussten, wie schwer ich es hatte, und da sind sie vor Freude aufgesprungen, als sie meinen Namen hörten. Denn dort, wo wir zur Schule gingen, wurden die Ergebnisse noch öffentlich ausgerufen, als die verantwortlichen Lehrer nach den Prüfungen aus der Schule heraustraten. Es waren Hunderte von Kindern da und ich wartete auf meinen Namen und dann kam er endlich, das war es. Also, das war ein großartiger Moment, ja, das war ein großer Moment."

Als Alain einige Jahre später zur Armee eingezogen wird, nimmt er wieder Kontakt zu seinem Lehrer auf, um ihm für seine konstante, fortwährende Unterstützung zu danken. So hat Alain sein Leben – wie man gemeinhin sagt – allein durch seinen Willen und seinen Mut, sich durchzuschlagen, gemeistert. Seine Erzählung ist ein gutes Beispiel für Resilienz und persönliche Stärke.

---

[5] Hier verweist Alain auf das französische Abschlusszeugnis namens *Certificat d'Études Primaires*, das nach erfolgreichem Abschluss der allgemeinen Schulpflicht verliehen wurde.

12.6 Aufwachsen ohne Liebe – eine karge Kindheit und Jugend in der Nachkriegszeit

Es ist eine schwierige, weltabgewandte, fast zurückgezogene Kindheit, die Alain mit seinen Eltern und seinen zahlreichen Brüdern und seiner Schwester erlebt: sechs Kinder, die – so gut es geht – auf dem flachen Land aufwachsen, zunächst in der *Yonne* und später, als er ein junger Teenager ist, in der Region *Gâtinais*. Der Mangel an Liebe und Zuneigung ist das tägliche Los eines jeden von ihnen wie auch von Alain, dem Ältesten der Geschwister. Sein Vater trinkt viel, ja: zu viel, und ist gewalttätig. Seine Mutter beschreibt Alain als eine zurückhaltende Frau. Sie ist den Alkoholproblemen und der Gewalt ihres Mannes nicht gewachsen.

Durch das Gespräch mit Alain und seiner Frau Martine wird das Ausmaß der psychologischen und emotionalen Verwüstung deutlich, die der Krieg, die Nazi-Diktatur und die Besatzung bei Menschen und hier bei Alains deutschem Vater und seinen Geschwistern anrichten konnten. Das absolute Fehlen menschlicher Gefühle bei den Führern des Dritten Reiches und ihren französischen Kollaborateuren, die den niederträchtigsten Gefühlen Platz machten, dieselben Leute, die die abscheulichsten barbarischen Verbrechen erlaubten und unterstützten und gleichzeitig die Vorherrschaft der germanischen Rasse predigten, haben für immer unauslöschliche Spuren hinterlassen und sollten in vielen Fällen die zwischenmenschlichen Beziehungen für immer verdorben haben.

Das Verhältnis zu den Dorfbewohnern erwies sich als eher schwierig, wenn nicht sogar praktisch inexistent. Es gab höchstens zwei Familien, die in der Nähe wohnten und höfliche Nachbarschaftsdienste leisteten. Alain porträtiert sie wie folgt:

> „Und dann, auf der Ebene des Dorfes, außer zwei Familien, einer Familie, in der alle Kinder in der öffentlichen Fürsorge waren, mit denen wir ein bisschen diskutierten und so weiter, mit denen wir zusammenspielten, und einer anderen Familie, die wir *les Gaulot* nannten, mit denen wir zusammen Unsinn machten, also, kurz gesagt, niemand aus dem Dorf verkehrte mit uns, oder man könnte auch sagen, umgekehrt verkehrten wir mit niemandem aus dem Dorf, mit niemandem. Also heute sage ich

mir, ohne sicher zu sein, dass es vielleicht gerade daran lag, dass wir eine deutsch-französische Familie mit einem deutschen Vater und einer französischen Mutter waren [...].
Die Leute sprachen nicht mit uns. Niemand, außer der Nachbarin, die neben uns wohnte, die praktisch im selben Haus wohnte, außer dieser Dame, niemand [...].
Wir sprachen nicht darüber. Wir durften auf keinen Fall etwas Dummes tun, obwohl wir es taten. Es mag zu persönlich klingen, aber ich erinnere mich daran, dass ich viel später, während meines Militärdienstes gegenüber meinen Kameraden ein wahnsinniges Verlangen hatte, besser als alle anderen zu sein. Wir in der Familie hatten auch immer wieder mit der Polizei zu tun und einen Moment lang hatte ich das Gefühl, dass wir uns auf einer Art Drahtseil befanden, wir konnten auf die eine oder die andere Seite fallen."

Der starke, schon früh empfundene Wunsch, anderen zu beweisen, dass auch er wertvoll ist, dass er es zu etwas bringen kann, verlässt ihn niemals wieder. Wir werden später noch darauf zurückkommen.

12.7 Eine sehr harte Erziehung vor dem Hintergrund familiärer Gewalt und Alkoholkonsums

Inzwischen ist Georg ein äußerst gewalttätiger Vater geworden, der seine Kinder mit dem Gürtel verprügelt. Die Versuche ihrer Mutter, einzugreifen, bleiben erfolglos, da auch sie die gleichen körperlichen Misshandlungen wie ihre eigenen Kinder durch den Ehemann erfährt. Alains Bericht ist ergreifend, brutal und kaum zu ertragen.

„Mein Vater war hart, aber wir waren auch hart, das muss man ehrlich sagen, wir waren drei Jungs, ein jeder stand hinter dem anderen. Wir machten Dummheiten, keine bösen Sachen, aber wir machten Kinderdummheiten. Dinge, bei denen wir aber schon enorme Risiken für unser Leben eingingen und so. Meine Mutter sagte immer: ‚Kommt nach Hause, bevor euer Vater von der Arbeit kommt', und dennoch kamen wir immer erst spät nach Hause, gerade wenn er kam. Wir spielten immer draußen in der Natur. An einer bestimmten Stelle hörten wir das Moped meines Vaters an uns vorbeifahren und mein Vater rauchte und wir hörten das Moped und rochen den Geruch der Zigarette, als er vorbeigefahren war. Wir waren in einem kleinen Fluss, wir fingen Kaulquappen, irgendwas, wir waren 50 Meter, 100 Meter von der Straße entfernt, die über eine kleine Brücke wie diese hier führte, und wir konnten den Geruch riechen. Ich wusste, dass er es war, der vorbeigekommen war, also würden wir eine Tracht Prügel bekommen, wir würden geschlagen werden. Und wir kamen nach Hause, da war der Gürtel, der auf der Rückenlehne lag. Der Gürtel aus Militärleder. Er war auf der Stuhllehne und meine Mutter wusste nicht mehr, wo sie stehen sollte, die Ärmste. Ich war der Älteste, also musste ich zuerst zwischen seine Beine und ich drehte mich, er schlug mich, und meine Brüder, als sie mich sahen, fingen sie an zu weinen, zu schreien und bekamen auch so eine Tracht Prügel. Und ich war der Erste, weil ich der Älteste war. Aber ab einem gewissen Alter fing ich an zu rebellieren, und es gab einen Moment, in dem ich mir sagte: ‚Ich werde kein Wort sagen, er wird mich schlagen, und ich werde nicht weinen, ich werde mich nicht bewegen', und ich hielt eine Weile durch, und er schlug und schlug und schlug. Und am Ende habe ich trotzdem geweint und geschrien. Danach gingen wir ins Bett, ohne etwas zu essen. Und meine Mutter, wenn sie dazwischen gehen wollte, wurde sie umgestoßen und am Boden geschlagen, getreten und so weiter. Und ich kann meinem Vater nicht böse sein, wissen Sie? [Alain weint]

Ich denke, seine Mutter, sie war ein netter Mensch, das denke ich wirklich [Alain betont das!], sie war ein netter Mensch. Aber das waren damals die Beziehungen zwischen Mann und Frau, der Mann ist alles und die Frau ist nichts, vorbei, das war's. Das muss so gewesen sein, ich stelle mir das in Deutschland ein bisschen wie in Frankreich vor. Sie hatten eine locker sitzende Hand, und ich weiß, dass mein Vater eines Tages getrunken hatte und mich am Ende verprügelt hat, als ich ein Teenager war, ich war über 14, ich weiß nicht mehr genau, jedenfalls war es in diesem Alter, was auch immer. Da es nicht mehr weh tat, schlug er mich mit den Fäusten, und ich erinnere mich, dass er eines Tages getrunken hatte und zu meinem Bruder Henri sagte: ‚Geh und hol ein paar Liter Wein!' und ihm ein kleines Trinkgeld gab, damit es ihm leichter fiel, weil ich mich weigerte, literweise Wein zu holen. Und dann hat er angefangen mich zu schlagen, weil er getrunken hatte. Aber ich bekam langsam Teenagerkräfte. Natürlich hätte ich nie geschlagen, aber ich habe ihn so gepackt [er greift nach seinem Arm] und habe gesagt: ‚Hör auf, Papa, hör auf, Papa', und danach habe ich mich schlecht gefühlt [Alain weint]. Ich habe mir gesagt: ‚Kacke, was habe ich gerade getan?' Und ich habe mich in die Lage meines Vaters versetzt und gedacht: ‚Jetzt ist er entehrt, das ist schrecklich'. Aber er war schon so ein harter Alkoholiker, dass ich denke, dass sein Stolz schon ein bisschen verschwunden war, um es nicht noch anders zu sagen, aber ich sah meine Mutter auf dem Boden liegen und schreien und meine Mutter sagte: ‚Hör auf, Georg, du wirst sie umbringen, hör auf, Georg, du wirst ihn umbringen' und mein Vater stand so auf und sah meine Mutter hasserfüllt an, die sogar noch auf dem Boden liegend geschlagen wurde, sogar als sie schwanger war."

Trotz der täglichen Gewalt, die der Vater gegen seine Familie ausübt, sucht und findet Alain Erklärungen für ein solch böswilliges, hasserfülltes und zerstörerisches Verhalten: der Krieg, seine Schrecken, und der absolute Mangel an psychologischer Unterstützung hinterher.

„[...] und natürlich der Alkohol, da bin ich mir ganz sicher. Ich weiß, Dinge über meine Mutter und meinen Vater, natürlich nicht alles, aber das, was ich weiß, ermöglicht es mir, nicht über sie zu urteilen, gar kein Urteil zu fällen, Ich würde mir nie erlauben zu sagen: ‚Sie hätten das anders machen sollen, das ist nicht richtig.' Es ist natürlich nicht richtig, seine Frau zu schlagen und so weiter, aber ich weiß, wenn mein Vater manchmal ein bisschen getrunken hatte, holte er sein Fotoalbum von der Armee hervor, das war schrecklich. Er hat Sachen erzählt, da ist es unmöglich, unbeschadet rauszukommen, es ist unmöglich, so einen Krieg unversehrt zu überleben, überhaupt egal welchen Krieg. Es ist unmöglich, da rauszukommen, wenn es keine Hilfe gibt so wie heute und so weiter, und selbst ich, ich habe in meinem Beruf als Feuerwehrmann Leute getroffen, die in Indochina, Algerien und so weiter gewesen waren, das ist das gleiche Schema. Es ist unmöglich, dass sie es alleine schaffen können."

Der emotionale Mangel, wie ihn Alains Mutter erlebte, wird wiederum auf die nächsten Generationen, auf Alain und seine Geschwister übertragen. Nur durch Bewusstwerdung und persönliche Entscheidungen – allein oder zusammen mit einem Partner – kann diese teuflische Kette durchbrochen werden.

„[...] was meine Mutter angeht, so sagt sie nie, dass sie von ihrer Mutter geliebt, umsorgt oder geküsst wurde. Und bis heute hat meine Großmutter meine Mutter nie geküsst, meine Mutter hat mich nie geküsst und bis heute sehe ich, wie Martine meine Mutter küsst und ich kann meine Mutter nicht küssen, das ist verrückt [Alain in Tränen aufgelöst].

Ich muss ihnen nicht verzeihen, ich meine, ich bin nicht Gott, aber ich urteile nicht, ich verstehe, ich sage mir, es war eine andere Zeit, es war anders. Alle diese Menschen haben Dinge erlebt, die dazu führen, dass [unterbricht sich], und ich weiß, dass ich, als wir Pascal, unseren Sohn, bekamen, später hatten wir eine Tochter, als wir Pascal bekamen, hart mit ihm umging. So, dass Martine nur zu mir sagte: ‚Alain, Alain!' Ich erinnere mich auch, dass er eines Tages durch den Flur auf mich zukam, wir lebten damals in einer Feuerwehrkaserne, wie auch immer, und ich habe mein Kind ankommen sehen und ich weiß nicht mehr, was ich zu ihm gesagt habe und er hatte in die Hose gemacht, was auch immer, aus Angst. Und da habe ich mir gesagt: ‚Das kann nicht sein.' Das ist das Muster, das ich erlebt habe, und ich dachte, daher kommt das alles und ich sagte mir: ‚Hör auf!'"

12.8 Henri, der Neonazi-Bruder

Ein schmerzhafter Teil der Familiengeschichte in Alains Leben bleibt sein Bruder Henri, der ein glühender Verfechter der Neonazi-Ideologie war. Anstatt sich von seinem Bruder mit seinen rechtsextremen Ansichten abzuwenden, wird Alain ihm trotz seiner völlig unterschiedlichen Ansichten Zeit und ein offenes Ohr schenken.

„Bei uns ist die Tür heute für jeden offen, jeder kommt zu uns, selbst Henri, mit dem es Probleme gab. Henri ist verstorben. Es stimmt, dass er niemanden außer uns gesehen hat. Ich verbrachte ganze Nächte mit Henri und diskutierte mit ihm, weil er ein Nazi war. Ja, Neonazi, mein Bruder ja, Henri. Ich verbrachte ganze Nächte damit, ihm zu sagen: ‚Hör mal, denk mal ein wenig nach. Papa war kein Nazi, er war Teil der Wehrmacht', also der regulären Armee, ich weiß nicht, wie ich es sagen soll, weil es so viele Verbindungen zwischen der Gestapo, der SS und anderen gab, aber mein Bruder Henri, er war Deutscher als ein Deutscher, Sie wissen, was ich meine. Er hat völlig über die Stränge geschlagen, er ist weit über all das hinausgegangen, darüber hinaus, ich weiß nicht. Dieser Bruder sprach Sätze wie: ‚Zu Hitlers Zeiten wäre das nicht so gelaufen' oder: ‚Es wäre besser gewesen' und er hatte die Vorstellung, dass die Deutschen besser als alle anderen waren. Das war ganz klar für ihn, und das ist schrecklich, also habe ich Nächte lang mit ihm diskutiert, wurde nie wütend, manchmal war ich hart in bestimmten Punkten und sagte: ‚Aber das kannst du doch nicht sagen' und habe alles erklärt. Auf diese Weise haben wir uns nie getrennt. Aber das hat mich müde gemacht."

Alain und Martine werden Henri dennoch von Zeit zu Zeit besuchen, vielleicht alle zwei oder drei Jahre. Im Laufe der Jahre wird die Beziehung allerdings immer unbedeutender. Alains Bruder beginnt viel zu trinken wie sein Vater. Alain fasst diese schwierige Beziehung vor dem Hintergrund einer harten und kaltherzigen Erziehung zusammen (siehe oben). Henri, der Erwachsene, übt die gleichen väterlichen Misshandlungen – seine zerstörerische Macht – an seinen Kindern und seiner Frau aus; eine Kontinuität des Erlebten, das nie verarbeitet, niemals ausgetrieben wurde.

„Rita, seine Frau, hat ihn in seinen Ideen nicht unterstützt, aber sie ist trotzdem bei ihm geblieben. Sie hatte keine große Wahl, das habe ich erst nach seinem Tod erfahren, aber ich hätte mir das nie von meinem Bruder vorstellen können, dass er seine Frau und seine Kinder verprügelt, was auch immer. Ich leide, weil ich das bin, was ich heute bin, und natürlich kommt das von alledem. Es gab einen Mangel an Liebe."

Es ist ein wiederkehrendes Problem, das durch Alains Erzählung deutlich wird: Gewalt und Alkohol.

In Ebba D. Drolshagens Buch über die *„Wehrmachtskinder"* zeichnet sich das gleiche Phänomen bereits bei den Kriegskindern ab, die noch während des Krieges von Paaren zwischen einem deutschen Soldaten und einer Französin geboren wurden.

„Nun kann man nicht wissen, ob dieses erschreckende Ausmaß an Gewalt und Alkoholismus in vergleichbaren ‚normalen' Familien nicht genauso verbreitet war. Es ist möglich, dass diese Strukturen bei Wehrmachtskindern nur deshalb sichtbar werden, weil sie die Geschichten aus ihrer

Kindheit und Jugend öffentlich machen. Ich halte es jedoch für möglich, dass in solchen Familien ein Machtungleichgewicht zwischen den Ehepartnern bestand, das die Gewalt begünstigte." (Drolshagen 2005: 102)

Natürlich erscheint ein Vergleich der beiden Situationen – der Vater als Soldat der Besatzungsarmee während des Krieges, verglichen mit dem Vater als ehemaliger Kriegsgefangener nach dem Krieg – gewagt, dennoch sind die Ähnlichkeiten in den verschiedenen Biografien offensichtlich. Das heißt, dass die Legalisierung einer Verbindung durch die Ehe den Alltag weder für die Paare noch für die Kinder wirklich erleichtert.

12.9 Psychologische Traumata nach dem Krieg – Wenn er getrunken hatte, sprach er über den Krieg

Alain erinnert sich an die Zeiten, in denen sein Vater unter dem Einfluss von Alkohol ein paar Vertraulichkeiten über den Krieg ausplauderte:

„[...] er war Alkoholiker, das war schrecklich. Ja, wenn er getrunken hatte, sprach er über den Krieg. Er sagte, dass er seine Kameraden vermisse, weil er in Belfort war. Da gibt es den Löwen von Belfort, und seine ganze Einheit oder ein großer Teil davon wurde fotografiert, und dann nahm er das Foto und sagte, der ist tot, der ist tot, der ist tot, tot, tot. Das war jedes Mal so, und er erzählte mir, dass die Deutschen in Russland in Löchern mit Anti-Panzer-Minen saßen, und wenn ein Panzer vorbeikam, legten sie die Mine. Er erzählte mir davon und sagte, wenn ein Panzer manchmal ein Loch sah, stellte er sich mit seiner Kette darauf und drehte sich, bis er den Kerl in dem Loch zerquetschte. Und er erzählte mir auch: ‚das Erste, was wir taten, wenn wir russische Gefangene machten, war: ‚Gebt uns eure Stiefel und Socken", und mein Vater sagte, dass die Russen dann anfingen zu weinen und sich sagten, es ist vorbei [Alain weint].

Er hat übrigens auf Französisch darüber gesprochen, ja, weil wir kein Deutsch verstanden haben. Wir haben ihn kaum Deutsch sprechen hören, und es ist schade, dass er uns nicht [unterbricht sich]. Ich hätte es gerne gehabt, denn es wäre wirklich sehr schön gewesen, wenn wir gelegentlich zu unserer deutschen Familie gefahren wären. Ich kenne zwar ein paar Wörter, aber ich habe es nicht gelernt, ich spreche es nicht. Unsere beiden Kinder haben Sprachen gelernt, aber nicht richtig. Pascal hat Deutsch gelernt. Statt Englisch hat er Deutsch als erste Sprache im *Collège* gewählt, Audrey übrigens auch, ja, beide. Na ja, sie sprechen nicht wirklich, und sie haben fast keinen Kontakt nach Deutschland außer zu unserer Familie."

12.10 Militärdienst und Integration in das Erwachsenenleben

Während seine Brüder und seine Schwester, nachdem sie ihre Schullaufbahn beendet haben, auf ausdrücklichen Wunsch des Vaters nach Deutschland gehen:

„Alle haben ihren Militärdienst in Deutschland abgeleistet, Gérard, Henri, Christian. Sie haben ihren Militärdienst in Deutschland gemacht."

Alain entschied sich, seinen Militärdienst in Frankreich abzuleisten:

„[...] und ich habe ihn in Frankreich gemacht, ich habe ihn in Frankreich beantragt, weil ich wusste, dass ich in Frankreich, wenn ich meinen Militärdienst in Frankreich leistete, auch als Franzose galt. Ich wurde also Franzose. Und ich habe diese Entscheidung getroffen, weil ich in Martine, die hier neben mir sitzt, verliebt war. Das hat mich dazu gebracht, in Frankreich zu bleiben, und dann habe ich mir in den Kopf gesetzt, dass ich sowieso verliebt bin und mein Leben in Frankreich leben kann. Ich habe mich in Frankreich ziemlich wohl gefühlt und das war's. Und so habe ich mich entschieden, den Militärdienst hier abzuleisten."

Seine Ängste vor möglichen kriegerischen Auseinandersetzungen zwischen Frankreich und Deutschland lösen in ihm allerdings böse Träume aus:

„[...] Es gab ein großes Problem für mich, denn ich dachte, dass es eines Tages Probleme mit Deutschland geben könnte, und manchmal dachte ich, dass es passieren könnte, dass ich mich irgendwo wiederfinde. Das ist dumm, es war eine Art Albtraum, ich sah mich an irgendeinem Ort irgendwo in Frankreich, und ich sah meine Brüder gegenüber, und das war schrecklich."

Diese Passage in Alains Erzählung, seine Angst und seine Albträume erinnern an Jean Ferrats Lied „Maria" (1966[6]), in dem der Sänger auf den Spanischen Bürgerkrieg und die schreckliche Situation anspielt, dass sich zwei Brüder in den verfeindeten Lagern gegenüberstehen und sich gegenseitig umbringen. In den 1960 er Jahren wurde dieses Lied einem breiten Publikum in Frankreich bekannt. Das Bild der beiden Brüder, die sich bekriegen, hat vielleicht Alains Gedanken beeinflusst:

Maria hatte zwei Kinder, zwei Jungen, auf die sie stolz war
Und es war doch das gleiche Fleisch, und es war doch das gleiche Blut
Sie wuchsen in diesem Land am Mittelmeer auf.
Sie wuchsen im Licht auf, zwischen Oliven- und Orangenbäumen
Fast genau an ihrem zwanzigsten Geburtstag brach der Bürgerkrieg aus
Man sah das vom Blut gerötete Spanien in eine uninteressierte Welt schreien
Marias zwei Jungen waren nicht auf derselben Seite
Waren nicht im selben Kampf.
Der eine war rot, der andere weiß
Wer von beiden schoss zuerst an dem Tag, an dem die Gewehre sprachen
Und wer von beiden tötete sich auf dem noch warmen Körper seines Bruders?
Wir wissen es nicht. Man weiß nur, dass sie zusammen aufgefunden wurden
Weiß und Rot lagen zwischen Steinen und Asche
Wenn Sie ihr vom Krieg erzählen, wenn Sie ihr von der Freiheit erzählen, wird Sie Ihnen den Stein zeigen, an dem ihre Kinder begraben sind […].
(Ferrat und Massoulier 1967)

---

[6]Text von Jean-Claude Massoulier, *Maria,* Album von Jean Ferrat, 1966 im Eddy Barclay Studio aufgenommen, 1967 veröffentlicht. Die großzügige Lebensweise, welche die Mitglieder.

12 Alain – Mein Vater war sehr, sehr hart ...

Diese Angst Alains war glücklicherweise unbegründet, denn die deutsch-französischen politischen Beziehungen verbesserten sich endgültig, was eine erneute militärische Konfrontation zwischen den beiden Ländern äußerst unwahrscheinlich machte.

> „[...] es war alles vorbei, und dann ist es verblasst und verschwunden, was auch immer. Die Generation unserer Eltern hatte Angst, dass es eines Tages wieder losgehen könnte. Selbst nach den Abkommen mit Adenauer und De Gaulle hat es in Frankreich noch ein bisschen geklemmt, die Leute haben gesagt: ‚Oh la la, das wird nicht funktionieren.'"

Alain erzählt uns, dass Diskriminierung im Alltag immer noch vorkommt:

> „Als ich 1962 meine Mechanikerlehre gemacht habe, war ich gerade mal 14 Jahre alt und da hat mich mein Chef eines Tages als *sale boche* bezeichnet. Also bin ich daraufhin sofort gegangen und habe meine Mechanikerlehre abgebrochen."

Seine eigene Mutter wurde damals als Hure beschimpft, weil sie mit einem *boche* geschlafen hatte. Alain hat diese Worte aus dem Mund seiner Mutter gehört, als der Krieg schon lange vorbei war und die Eltern offiziell verheiratet waren. In jener Zeit wurden auch Frauen geschoren, und auch seine Mutter wurde dieser erniedrigenden Behandlung unterzogen. All diese Formen der Feindseligkeit von Dorfleuten ließen langsam nach und Alain fand einen Ausweg, indem er sich in Frankreich zum Militärdienst meldete und später der Feuerwehr beitrat. Nur auf diesem Weg konnte er Respekt und Selbstvertrauen gewinnen.

> „In der Armee 1968, gab es das nicht, klar, deutlich, präzise, keine Anspielung, nie, nie. Dann war ich bei der Pariser Feuerwehr, ich habe mich für drei Jahre verpflichtet, keine Anspielung auf meine Herkunft, nie, nie. Auf der Ebene meiner Ausbildungsschule, niemals. Es war die Schule der Republik, es war klar, es war sauber."

12.11 Sich selbst etwas beweisen, indem man Berufsfeuerwehrmann wird

Alain hat sich für den Beruf des Berufsfeuerwehrmanns entschieden, um anderen und der Gesellschaft zu zeigen, dass er vertrauenswürdig und glaubwürdig ist, dass er ein wertvoller Mensch ist, der sich in seinem Dienst für das Wohlergehen Anderer einsetzt:

„Und es gibt einen Moment, an dem ich mir gesagt habe, ich werde ihnen zeigen, dass ich es wert bin, dort zu sein, wo ich bin, das ist klar, seit jeher. Ich hatte Lust, einen Dienst zu leisten, wusste aber nicht so recht, wie ich das anstellen sollte, und habe dann eine Karriere als Berufsfeuerwehrmann gemacht, weil ich Lust hatte, zu helfen und mich den Menschen zur Verfügung zu stellen. Es ist ein sehr, sehr harter Beruf, aber ich brauchte das auch, ich war ein körperbezogener, sportlicher Mensch. Ich merkte, dass ich nicht an einem Ort arbeiten konnte, an dem ich immer die gleichen Dinge tun musste. Beim Militär oder bei der Feuerwehr, man hat viele Spezialgebiete: zum Beispiel Brände, oder wenn man jemanden retten muss, der einen Herzstillstand hat. Ich war auch Taucher, also tauchte man, um Leute aus dem Wasser zu holen, kurz gesagt, es gibt viele Möglichkeiten, es war nie das Gleiche, immer ein bisschen unvorhergesehen. Wir machten immer sehr viel Sport, ob bei den Fallschirmjägern meiner Brigade oder später in meinem Beruf als Feuerwehrmann. Und als ich beim Militär war, hatten wir auch die Möglichkeit, entweder in Zivil oder in Uniform nach Hause zu fahren. Vielleicht aus Trotz, ich weiß nicht, wie ich es sagen soll, um den Leuten zu zeigen, dass ich vielleicht ein guter Mensch war, ging ich immer als Soldat gekleidet durch mein Dorf, um ihnen zu sagen: ‚Habt ihr den kleinen Kerl da drüben gesehen? Schaut genau hin, er ist Teil eurer Nation, er akzeptiert dieses Land!' So ist es."

13

Annie und Sylvie – Unser Papa, der war nicht glücklich

Am späten Nachmittag des 13. August 2014, nachdem wir unser Gespräch mit Alain und seiner Frau Martine einige Stunden zuvor beendet hatten, begaben wir uns in eine andere Gemeinde des *Département Seine-et-Marne*, wo uns die beiden Schwestern Annie und Sylvie, die aus einer deutsch-französischen Ehe stammen, privat empfingen. Es war der Zufall der Bekanntschaften und Freundschaften zwischen unseren beiden Partnerstädten Hirschhorn am Neckar und Château-Landon, der unser Treffen mit Annie und Sylvie ermöglichte. Nach einigen Unsicherheiten, gemischt mit verständlichen Vorbehalten gegenüber diesem Interview, das von zwei, bis dahin, völlig unbekannten Personen geführt wurde, stimmten beide unserem Treffen zu, bei dem Annie und Sylvie uns ihre ungewöhnliche, bewegende und schmerzhafte Familiengeschichte offenbaren sollten. Wir sind ihnen sehr dankbar für das Vertrauen, das sie uns entgegengebracht haben.

Albert, der Vater von Annie und Sylvie, wurde im Februar 1926 in einer kleinen Stadt im Landkreis Regen in Niederbayern, geboren. Im Alter von 17 Jahren wurde er für den Kriegsdienst gezogen. Marthe, ihre Mutter, wurde Anfang 1930 in einer ländlichen Gemeinde in der

Bretagne, in der Nähe von Vannes im *Département Morbihan*, geboren. Albert und Marthe lernen sich 1953 bei einem Dorffest kennen:

„Er [Albert] hatte Freunde, hatte verschiedene Freundeskreise und mit denen ging er dann sonntags aus. Er traf sich mit seinen Freunden und Mama ging runter ins Dorf zu ihrer Großmutter."

Sie heirateten im darauffolgenden Jahr, 1954.

Albert ist Kriegsgefangener auf einigen Bauernhöfen, darunter La Madeleine in der Region Loire-Atlantique. Er bleibt dort bis zur Befreiung unter Vertrag, denn ab 1946–1947 werden die Gefangenen nach und nach wieder in die Heimat entlassen oder in freie Arbeitnehmer umgewandelt[1] (vgl. Archives nationales 2023). Die Online-Enzyklopädie Wikipedia berichtet wie folgt über den Status der deutschen Kriegsgefangenen in Frankreich nach dem Zweiten Weltkrieg:

„Der Status des ‚freien Arbeitnehmers oder freien Arbeiters' ähnelt dem, der in Frankreich beschäftigten Ausländern gewährt wird: gleiche soziale Rechte und Löhne, die an die Bedingungen der Franzosen angeglichen sind. Als Beweis für die Unwiderruflichkeit dieses Rechtsstatus wies der Arbeitsminister die örtlichen Behörden eindringlich auf diese Tatsache hin, als er erfährt, dass gerichtlich verfolgte freie Arbeiter bis zu ihrem Prozess in den für Kriegsgefangene reservierten Lagern interniert wurden. Für ihn war es selbstverständlich, dass ‚diese Vorgehensweise ein Fehler ist', da die in freie Arbeiter umgewandelten Kriegsgefangenen *ipso facto* ihre Eigenschaft als Kriegsgefangene verloren.

[...] Im November 1946 beschlossen die französischen Behörden, das System der sogenannten ‚freien Arbeiter' einzuführen. Auf diesem Weg versuchte die französische Regierung zunächst, eine einvernehmliche Lösung für das Problem der Entlassung von Gefangenen zu finden, indem sie einerseits die Unausweichlichkeit der Entlassungen aufgrund der rechtlichen, diplomatischen und moralischen Herausforderungen und

---

[1] National Archives (2023): Deutsche Kriegsgefangene in Frankreich 1944–1949. Online: https://www.siv.archives-nationales.culture.gouv.fr/siv/cms/content/helpGuide.action?uuid=b9319616-b743-4418-abb3-d32f880f15b3&version=4&preview=false&typeSearch=AideRechercheType&searchString=0/1/13%20Fol.88V%20de%201669 [02.01.2023].

andererseits die Notwendigkeit, eine noch schwache Wirtschaft zu unterstützen, berücksichtigte." (Wikipedia[2] 2022)

So gehört Albert zu den deutschen freien Arbeitern, die nicht in ihr Land zurückkehren möchten und sich dafür entscheiden zu bleiben und sogar eine Französin zu heiraten. Im Jahr 1954 wird Albert übrigens als Franzose eingebürgert. Erst nach dem Ableben ihres Vaters im Jahr 1985 erfahren die beiden Schwestern Annie und Sylvie bis dahin unbekannte Details über das bewegte Leben ihrer Eltern.

Unser Gespräch mit Annie und Sylvie entwickelte sich sehr schnell von einem Interview zu einem Dialog zwischen den beiden Schwestern, die um 1960 geboren wurden[3] und die sich an ihre Kindheit und Jugend mit einem deutschen Vater und einer französischen Mutter erinnerten. Ein Dialog, der offensichtlich schon sehr lange nicht mehr stattgefunden hat; eine Art Erinnerungsarbeit mit ihrer unvorhersehbaren Dynamik.

Aus diesem Grund geben wir unser Gespräch mit Annie und Sylvie in unveränderter, dialogischer Form wieder. Wir hatten seinerzeit lediglich eine beobachtende Rolle eingenommen und stellten von Zeit zu Zeit punktuelle Fragen, um den roten Faden unseres Gesprächs beizubehalten aber ohne uns wirklich in ihr Gespräch einzumischen. Das Ergebnis ist ein beeindruckendes Familienzeugnis, das über unsere potenziellen Fragen weit hinausgeht.

13.1 Papa auf dem Bauernhof – Er war wie *Fernandel*

Annie: „Also, Papa arbeitete von einem Hof zum nächsten Hof und irgendwann ging er sonntags aus. Er traf sich mit seinen Freunden und zur selben Zeit ging Mama runter zu ihrer Großmutter ins Dorf und da trafen sich beide. Damals gab es immerzu

---

[2] Wikipedia (2022): *Deutsche Kriegsgefangene des Zweiten Weltkriegs in Frankreich*. Online: https://fr.wikipedia.org/Prisonniers_de_guerre_allemands_de_la_Seconde_Guerre_mondiale_en_France [05.01.2023].
[3] Annie wurde Ende August 1958 und Sylvie Anfang November 1961 geboren.

	Dorffeste in allen Dörfern und da haben sie sich kennengelernt."
Sylvie:	„Also er war nicht mehr Wehrmachtssoldat in Frankreich, nein, nein. War er ein Gefangener?"
Annie:	„Ja, so ist es. Das war das Ende des Krieges. Es war vorbei. Ja, weil es… [kurze Pause]. Sie müssen sich 1953 getroffen haben. Sie haben 1954 geheiratet, na ja, sie müssen sich 1953 getroffen haben."
Sylvie:	„Ja, es ist trotzdem schon eine ganze Weile her."
Annie:	„Ach ja. Nein, sie kannten sich nicht schon vom Sehen oder von früher, weil Mama in Fontainebleau gearbeitet hat. Sie hat beim Zahnarzt in Fontainebleau gearbeitet. Es hat sie durch den Krieg hierher verschlagen, weil sie aus der Bretagne stammte. Und Mama war in *Beaune-la-Rolande*[4]."
Annie:	„Ja, das stimmt, sie sprach immer von *Beaune-la-Rolande* und dem Lager, das es dort gab, das berüchtigte Lager in *Beaune-la-Rolande*. Ja, und Papa war Soldat und dann Kriegsgefangener."
Sylvie:	„Er war ein Kriegsgefangener, ohne wirklich gefangen zu sein. Er arbeitete auf verschiedenen Bauernhöfen."
Annie:	„Er war ein bisschen wie *Fernandel*[5] [Lachen]."
Sylvie:	„Ja, das war so. Papa hat sich nie über den Bauernhof beschwert, auf dem er war."
Annie:	„Nein, überhaupt nicht, dort war er glücklich. Er hat nie etwas Schlechtes erzählt, oder? Im Gegenteil, er ist immer wieder zu seinen alten Arbeitgebern zurückgekehrt. Na ja, Papa hat auf dem Bauernhof Französisch gelernt, während er gefangen war. Außerdem hatte er unter seinen Kumpels auch französische Freunde. Er lernte dort Franzosen kennen, junge Leute wie er."

---

[4] Internierungslager der Nazis, in der Nähe von Château-Landon. Im Juli und August 1942, nach der Razzia im *Vél d'Hiv*, wurden jüdische Familien – Männer, Frauen und Kinder –, das heißt, mehr als 3000 Personen, in *Beaune-la-Rolande* unter schrecklichen Bedingungen interniert, z. B. im Lager *Pithiviers*, bevor sie in das Vernichtungslager Auschwitz verbracht wurden. Online: https://www.beaune-la-rolande.fr/histoire/le-camp-dinternement/ [02.01.2023], [Anmerkung SMM & CM].

[5] Anspielung auf den Film „Die Kuh und der Gefangene" mit Fernandel, ein Film von Henri Verneuil, der 1959 in Deutschland gedreht wurde und in dem ein französischer Kriegsgefangener es schafft, sich quer durch Nazideutschland bis nach Frankreich durchzuschlagen, unter dem Vorwand, die ihn begleitende Kuh irgendwo abliefern zu müssen [Anmerkung SMM & CM].

Sylvie:	„Ja. Er konnte sogar ganz gut auf Französisch schreiben, oder?"
Annie:	„Ja, ja, und er hat viel gelesen."
Sylvie:	„Er hat viel gelesen, das hat ihn sehr geformt."
Annie:	„Na ja, er war Soldat bei der Wehrmacht. Und er musste nicht nach Russland, obwohl er dorthin verlegt werden sollte. Man hatten ihnen gesagt, dass es nach Russland gehen würde und Papa erzählte uns von seinem Transport: ‚Das ist komisch, je weiter wir fuhren, desto wärmer wurde es uns.' Anstatt zur Ostfront gebracht zu werden, ging es nach Südfrankreich. Das hat er immer erzählt. Er hat den ganzen Krieg in Frankreich verbracht, in Südfrankreich."

13.2 Der Vater, ein Soldat im Krieg

Annie:	„Ich denke auch daran, was er während des Krieges erlebt hatte, die Sache mit den Albträumen. Er hatte Albträume. Ach ja, da hatte er einen Splitter [zeigt auf ihr Bein]. Er erinnerte sich immer wieder an diesen Explosionsblitz. Er hatte hier ein Loch, weil ein Granatsplitter in den Oberschenkel eingedrungen war. Das war während des Krieges in *Pontchâteau* dort wurde er verwundet. Ganz kurz bevor sie sich in diesen Bunker zurückzogen, sein ganzes Regiment."
Sylvie:	„Na ja, sie wollten sich schützen."
Annie:	„Sie wollten in den Bunker gehen und Papa erzählte: ‚Ich weiß nicht warum, ich habe mir am Eingang den Kopf gestoßen und das hat mich rückwärts zu Boden stürzen lassen.' Das war's."
Sylvie:	„Das hat ihn gerettet."
Annie:	„Ja, und das hat ihm das Leben gerettet. Die anderen sind im Bunker gestorben, aber er war draußen. Er hat gesagt, dass alle seine Freunde in dem Bunker gestorben sind. Basta!"
Sylvie:	„Ansonsten hatte er seinen amerikanischen Freund, dem er sein Blut gespendet hatte, mit dem er in Amerika lange Zeit in Verbindung stand."
Annie:	„Weil Papa Blutgruppe 0-negativ hatte und der Amerikaner Blut brauchte, konnten sie schwupp-di-wupp sein Blut nehmen. Der andere sagte: ‚Du hast mir das Leben gerettet' und so blieben sie in schriftlicher Verbindung. Eine ganze Weile lang."

Sylvie: „Aber dieser Herr dort in Amerika ist ja längst gestorben. Aber solange hatte Papa ein paar Jahre lang eine Verbindung mit diesem Amerikaner."

Annie: „Papa ist 1985 gestorben, im November 1985. Ja, und wir haben in der Zwischenzeit geheiratet. Er war von 1979 bis 1985 krank. Und war er in verschiedenen Krankenhäusern, weil er Arthritis hatte. Die Finger wurden ganz schwarz und dann waren es die Zehen, die alle amputiert werden mussten. Und das endete dann mit Nierenkrebs."

Sylvie: „Außerdem hat unser Vater wegen dem, was er im Krieg erlebt hat, [macht eine lange Pause] deswegen hat er getrunken."

Annie: „Ja, um seinen Kummer zu ertränken [...], wenn er getrunken hatte, war er böse, um es mal so zu sagen, ja."

13.3 Akzeptanzprobleme in der französischen Familie – Weil er ein Deutscher war

Annie: „Also 1953 hat er unsere Mutter kennengelernt. Und 1954 haben sie geheiratet. Also, das wurde von der Familie unserer Mutter nicht so gut aufgenommen, meine Großmutter hat das nicht so gut akzeptiert."

Sylvie: „Oh nein! Papa, das war der *Kraut*. Er war der Deutsche, der *boche*. Sie hat ihn nicht Albert genannt."

Annie: „Hat sie ihn nie beim Vornamen genannt?"

Sylvie: „Ah nein, ah nein. Hey, sie nannte ihn immer *l'Allemand, le boche.*"

Annie: „Aber nicht in unserer Gegenwart."

Sylvie: „Nein, nicht, wenn wir dabei waren, aber sie hat ihn so genannt. Papa hat uns das immer gesagt, dass sie ihn nicht liebt. Es war schwer für ihn, glaube ich, sie war nun mal die Mutter seiner Frau, na ja, er hat uns nichts davon erzählt. Da sie Mamas Mutter war, hat er das einfach so hingenommen."

Annie: „Trotzdem behandelte er sie gut, denn, wenn es Gewitter gab, rannte er immer los, um zu sehen, ob alles in Ordnung war. Als sie ihren zweiten Mann verlor, nahm er sie mit zu uns nach Hause. Also, ich denke, er war [...], ich habe immer gehört, dass Papa ein sehr guter Mensch war."

13 Annie und Sylvie – Unser Papa, der war nicht glücklich

Sylvie: „Aber trotzdem, die Großmutter, es war trotz allem seine Schwiegermutter."

Annie: „Ja. Sie akzeptierte nicht das wohlwollende Mitgefühl, das er ihr zeigte, weil er ein Deutscher war."

Sylvie: „Und außerdem wurde unsere Großmutter im Krieg auch verletzt. Sie war mit den anderen auf der Flucht. Sie mussten ihr Haus verlassen und sie wurde auf der Brücke in *Sully-sur-Loire*, genau auf der Brücke von *Baignères*, verletzt, also hat sie ein Knie verloren und [...]."

Annie: „Ja, genau, ihr Knie."

Sylvie: „Sie wurde im Krieg schwer verwundet. Aber es waren sowohl die Engländer, die mit Maschinengewehren schossen, als auch die Deutschen. Es kann also gut sein, dass sie auch von den Engländern verletzt wurde."

Annie: „Ja, das hat Mama gesagt, oder? Sie wurde dort verletzt. Also ähm, vielleicht waren trotzdem die Deutschen schuld?"

Sylvie: „Ja, so ist es. Sie sind eben geflohen und hätten besser zu Hause bleiben sollen. Sie wurde verletzt, also war sie vielleicht auch deswegen sauer auf ihn?"

Annie: „Ja, na ja, sie war trotzdem eine autoritäre Frau, sehr autoritär. Aber letztendlich hat sie sich dann doch nicht völlig gegen die Ehe ausgesprochen, nein, nein, nein!"

Sylvie: „Nein. Ich habe nie gehört, dass sie sich der Hochzeit widersetzt hätte. Sie haben in La Madeleine-sur-Loire geheiratet, Papa und Mama."

Annie: „War sie bei der Hochzeit dabei?"

Sylvie: „Das weiß ich nicht, nein."

Annie: „Warte mal. Haben wir die Fotos von der Hochzeitsgesellschaft? Es waren nicht viele Leute da, aber mir scheint, dass Oma vorne auf dem Foto ist, lass mich mal nachdenken [überlegt], doch ich denke, dass sie dabei war."

Auf unsere Frage, ob die deutschen Schwiegereltern nach Frankreich gereist waren, um der Hochzeit des jungen Paares beizuwohnen, antworten beide gemeinsam:

Sylvie: „Nein, weil mein Vater sich als Franzose hat einbürgern lassen. Und deshalb haben seine Eltern ihn in Deutschland nicht akzeptiert. Mein Vater ist nach Deutschland zurückgekehrt und sein Vater hat sich, glaube ich, komplett geweigert, ihn zu sehen."

Annie: „Sie wollten ihn nicht mehr sehen. Sie wollten Papa nicht mehr in Deutschland sehen."

Erst als Alberts Mutter stirbt, kehren die Eltern von Annie und Sylvie in die Heimat zurück, um an der Beerdigung teilzunehmen. Zu diesem Zeitpunkt stellt Albert seine Frau der Familie vor Die deutschen Angehörigen haben sich daraufhin über die Situation unterhalten und sich gesagt: „Das ist ja blöd, ein Bruder, der erst jetzt zurückkommt." So wurden dann nach so vielen Jahren wieder Familienbande mit Alberts vielen Geschwistern geknüpft; insgesamt zwölf Brüder und Schwestern.

13.4 Eingebürgerter Franzose – deutsche Familie bricht Brücken ab

Sylvie: „[...] Er ist in Frankreich geblieben, weil er nach dem Krieg in Frankreich gut aufgenommen wurde."

Annie: „Er war zurückgegangen, um in Deutschland zu arbeiten, aber als er sah, dass alles zerstört war, sagte er: ‚Ich gehe zurück nach Frankreich.'"

Sylvie: „Er wollte sich als Franzose einbürgern lassen, weil er sich sagte, er sei Franzose und lebte in Frankreich, [...] und vielleicht wollte er von Deutschland und seiner Familie eine Zeit lang nichts mehr wissen, also hat er sich gesagt: ‚Ich werde mich als Franzose einbürgern lassen.'"

Annie: „Sein Leben war in Frankreich. Und außerdem wollte er wählen dürfen, das wollte er wirklich auch."

Sylvie: „Ja, das auch. Er wollte in Frankreich wählen. Er hat auch davon gesprochen und erzählte oft, dass er, wenn er eingebürgert wird, auch in Frankreich wählen kann. Er wollte wirklich voll und ganz Franzose sein."

Annie: „Ja, aber er hat nie wirklich mit uns darüber gesprochen. Er ist in Frankreich geblieben, weil er nach dem Krieg in Frankreich aufgenommen wurde."

Sylvie: „Er war selbst zurückgegangen, um dort zu arbeiten, aber als er sah, dass alles zerstört war, sagte er: ‚Ich gehe zurück nach Frankreich, zu meinen Freunden in Frankreich. Ich werde dort mein Leben leben.' Außerdem verstand er sich sehr gut mit seinem Chef. Wegen seiner Papiere haben sie den Chef gefragt und dieser hat gesagt: ‚Ja, ja, Albert, kann zurückkommen. Man kann sich auf ihn verlassen, er arbeitet sehr gut, er ist ein sehr netter Mann.'"

Annie: „Für die Einbürgerung, glaube ich, musste er sich wie beim Militärdienst einer Prüfung unterziehen. Das musste er tun und wir wissen das, weil wir seine Aktenordner angeschaut haben. Wir haben sie gefunden und waren sehr erstaunt, denn wir haben beispielsweise entdeckt: ‚Na, da musste er ja so etwas wie einen Dienst in Frankreich machen, um zu beweisen, dass er wirklich Franzose sein wollte.' Er hat eine Art Militärdienst geleistet. Das war's. Mama hat es uns erzählt, es war ein Militärdienst, um seine französische Einbürgerung zu bekommen."

Annie: „Papa war im Dorf sehr gut akzeptiert. Papa wurde geliebt. Es wurde nur Gutes über Papa gesagt. Er war ein schöner Mann. Und er hatte viele Freunde."

Sylvie: „Ah ja. Er hatte ein paar Freunde. Die gleichen Freunde, die er auf den Bauernhöfen kennengelernt hatte, auf denen er arbeitete."

Annie: „Ja, ja, er hatte sie alle behalten und erfuhr Freundschaft von allen Seiten. Sie können über Albert mit Leuten seines Alters sprechen und sie werden sagen: ‚Aber Albert kennen wir doch. Sind Sie die Tochter von Albert? Wer kennt Albert nicht?' Und so ist es überall.

Eines Tages sagte eine Frau, bei der ich wohnte, zu mir: ‚Dein Vater hat mir damals 50 Francs gegeben. Ich hatte kein Geld und er hat mir 50 Francs zum Leben gegeben.' Sie war Polin und er gab ihr seinen Lohn, den er durch die Feldarbeit verdient hatte, weil sie nicht genug besaß. Deshalb gab er es ihr. Das hat sie mir immer erzählt. Nein, Papa hatte ein gutes Herz."

Sylvie: „Ja, aber es gab trotzdem eine Ablehnung, na ja, Ablehnung seitens unserer Großmutter, aber auch, von der anderen Seite."

Annie: „Auf der anderen Seite, auf der deutschen Seite. Bis hin zum Abbruch aller Beziehungen."

Sylvie: „Ach ja, sie hatten den Kontakt abgebrochen. Sie wollten ihn nicht mehr sehen. Sie wollten Papa nicht mehr in Deutschland sehen."

Annie: „Sagen wir, er war der einzige, äh, Papa. Er hatte eine große Familie, sie waren mindestens zwölf Geschwister. Und nur er ist wirklich nach Frankreich ausgewandert, um hier zu leben. Und das hat der Vater nicht akzeptiert, aber ich weiß es nicht genau."

Sylvie: „Wir haben ihn nicht gekannt, den Vater."

Annie: „Nein, auch nicht die Großmutter, die habe ich auch nicht gekannt. Ich habe auch nur ein Foto mit Papas Vater und Mutter und den Geschwistern. Da sind auch nicht alle drauf."

Sylvie: „Es hat unseren Vater traurig gemacht, dass er abgelehnt wurde."

Annie: „Vielleicht, weil er auch sehr familienorientiert war, Papa. Er hatte eine Schwester, mit der er immer weiter Kontakt gehalten hat, die hat er behalten."

Sylvie: „Ja, sie kam oft hierher."

Annie: „Ja, aber durch sie hatte er wieder eine Verbindung zu seiner Familie und sie waren sich sehr nahe. Und dann, irgendwann ist er wieder nach Deutschland gereist und wir sind auch oft mitgefahren."

Sylvie: „Ja, da sind wir mitgefahren und es war wie Urlaub."

13.5 Wir haben nach seinem Tod Einiges erfahren

Familiengeheimnisse zu enthüllen, sei es durch Zufall oder wenn nachfolgende Generationen die Älteren nach ihrer Herkunft fragen, kann für diejenigen, die sie zum ersten Mal hören, eine schwere Herausforderung sein. Daher ist es für Annie und Sylvie keine leichte Aufgabe, im Rahmen unseres Interviews über diese Geheimnisse zu sprechen.

13 Annie und Sylvie – Unser Papa, der war nicht glücklich

Annie: „Ich meine, nach seinem Tod, als Papa gestorben ist, haben wir Dinge von [kaum hörbar] erfahren. Oder es war vielleicht auch erst später."

Sylvie: „Nein, nein. Er hat uns diesen Teil seines Lebens verschwiegen, wir haben es erst später erfahren [...]. Willst du nicht darüber reden, Annie? [...] Ich weiß ja nicht, denn Papa hat ja Kinder bekommen, als er in Kriegsgefangenschaft war, mit genau der Bäuerin, von dem Hof. Ihr Mann war ja auch im Krieg."

Annie: „Ja, aber äh, dann haben wir es doch erfahren [zögert]. Wir haben es erst nach seinem Tod erfahren. Nach ein paar Jahren erfuhren wir es, Papa war schon tot. Sagen wir mal, so um 1985, denn da ist Papa gestorben."

Sylvie: „Ja. Wir haben erfahren, dass wir zwei Halbbrüder und eine Halbschwester haben. Gut, ich wollte nicht zu viel darüber reden, aber [unterbricht sich]"

Annie: „Ähm [zögerlich], sie sehen aus wie [...] sie sehen aus wie Papa, oder? Und sie sehen aus wie wir."

Sylvie: „Und sie haben auch unter [der Situation] gelitten, sie haben uns viel erzählt, dass sie gelitten haben, weil sie auch als [traut sich nicht, das Wort auszusprechen...] behandelt wurden."

Annie: *„boche."*

Sylvie: [bestärkend] „Ja, als *boche*, das ist es. Vor allem deshalb, weil eine Frau, die eine Beziehung mit einem Deutschen einging, auch schlecht angesehen war."

Sylvie: „Na ja. Aber das war halt so. Als der Krieg zu Ende war, wurden sie gefangen und [...]."

Annie: „Ja, aber das war vor Mama."

Sylvie: „Ja, das war vor Mama, deswegen hat es gedauert, also, sie haben lange gebraucht, um sich zu treffen. Denn das erste [mit einer anderen Frau gezeugte Kind, Anmerkung der Autoren] wurde 1950 geboren, Jean Noël. Und dann kam Paul, er ist 1951 geboren und Dominique 1952 und dann erst hat er Mama kennengelernt, so war das."

Annie: „Aber all das hat Mama nie erfahren [...]. Äh, sie hat es erst vor ein paar Jahren erfahren."

Sylvie: „Er hat uns ein paar Hinweise gegeben, äh, damit wir es erraten können. Aber nie hat er mit uns über irgendetwas gesprochen."

Annie: „Mama sagt, es war vor der Hochzeit."

Sylvie: „Ja, sagen wir mal, sie hat es trotzdem erst lange nach dem Tod von Papa erfahren. Man könnte sagen, vorher ging es noch nicht, die Zeit war nicht reif."

Annie: „Nein, und außerdem hat Mama immer gesagt, dass das früher war. ‚Das war, bevor wir geheiratet haben, das war nicht [kurze Pause] danach.'"

Sylvie: Aber Mama, die hat auch nicht so viel darüber geredet. Über solche Sachen sowieso nicht."

Annie: „Sie hat erst mit uns gesprochen, als sie im Sterben lag, und da haben wir viel über sie erfahren. Ansonsten war Mama[6] eine sehr diskrete, verschlossene Frau."

Sylvie: „Ja, Papa war einerseits glücklich, andererseits aber nicht, weil er seine Familie vermisst hat, denke ich, und dann die Tatsache, dass er drei Kinder mit einer anderen Frau hatte, die er nicht sehen durfte. Weil es ein Verbot gab, das von der Frau und von ihren Eltern ausgesprochen worden war, Papa nicht mehr zu sehen, weil sie schon vier, fünf Kinder vorher hatte, vielleicht mehr, nicht wahr, Annie?"

13.6 Familiengeheimnisse – Immer wenn der Alkohol sprach

Annie: „Ja, da kamen Sachen heraus, dass er Kinder hat, und sogar ein Kind, das *Weihnachten [Noël]* mit Vornamen hieß."

Sylvie: „Ja, weil er uns gesagt hat, dass wir einen Halbbruder haben, und vor allem hat er von Jean-Noël gesprochen, oder? Dass er Jean-Noël heißt, weil Jean auf Deutsch Johann heißt, weil es sein Vater war, der Johann hieß. Und Weihnachten, weil er am 25. Dezember geboren wurde. Also sagte er, dass sie ihn deswegen Jean-Noël genannt hätten und das war's. Und wir sagten ihm: ‚Wenn wir einen Halbbruder haben, warum kennen wir ihn nicht?' Daraufhin antwortete er: ‚Normalerweise dürfte

---

[6] Anmerkung SMM & CM: zum Zeitpunkt unseres Gesprächs war ihre Mutter im Herbst zuvor an den Folgen einer langen Krankheit gestorben.

	ich nicht darüber sprechen, ich habe [unterbricht sich...] kein Recht, es zu sagen.
	'Er hatte geschworen, es nicht zu sagen."
Annie:	„Er hatte es vor einem Familienkreis geschworen, wie soll ich sagen, sie hatten sich als Familie zusammengefunden, weil es immerhin Leute aus der Bourgeoisie waren."
Sylvie:	„Ja, sie stammte aus einer aus einer alten Familie der französischen Großbourgeoisie."
Annie:	„Aber der Ehemann von Papas Geliebten, der eingezogen worden war, kam irgendwann zurück. Aber, dann hat er trotzdem diese Kinder akzeptiert."
Sylvie:	„Ja das ist so, denn auch sie waren unglücklich."
Annie:	„Sie waren unglücklich. Sie wurden als *Krauts* beschimpft."
Sylvie:	„Aber er hat sie trotzdem aufgezogen. Das sind diese Familiengeheimnisse. Die Mutter will uns bis heute nicht kennenlernen."
Annie:	„Ja, weil sie [einer adligen Familie entstammen[7]]. Also das haben wir gehört, wenn man sich das bildlich vor Auge führt. Deren Adelstand verbietet es uns, mit ihnen zu sprechen oder Kontakt zu haben, nur weil sie blaues Blut in den Adern haben."
Sylvie:	„Das waren so spezielle Momente, in denen er uns das erzählt hat. Es war dann der Alkohol, der da gesprochen hat."
Annie:	„Ja, weil es raus musste, und das war der Moment, in dem er es sagen konnte. Und er wusste nicht so recht, was er sagte, er merkte es erst später."
Annie:	„Ja. Und dann hat er uns gesagt, dass es nicht wahr sei, und dass er es nicht gesagt habe. Er hat sich schließlich mit dem Alkohol umgebracht, weil er die Kriegserlebnisse nicht mehr ertragen konnte. Ich glaube, so war das mit Papa."
Sylvie:	„Aber ja, das denke ich auch. Weil er irgendwie vergessen wollte, hat er seinen Kummer im Alkohol ertränkt."
Annie:	„Aber uns hat er auch unglücklich gemacht."

---

[7] Genauere Details zwecks Bewahrung der Anonymität der Geschwisterfamilie wurden von SMM & CM entfernt.

13.7 Kernfamilie als Quelle des Glücks

Sylvie: „Na ja. Er hat uns gut erzogen, er hat uns erzogen, er war präsent. Er hatte zwar eine schlechte Phase, aber wenn wir ihn brauchten, war er stets da. Und ja, es stimmt, er hat uns eine gute Erziehung mitgegeben."

Annie: [bestärkend] „Doch, doch, doch."

Sylvie: „Sagen wir mal so, der Alkohol war sein einziges Laster, für uns war es ein Laster. Es ist schade, dass es das gab. Aber gut, wir sind ihm da nicht böse. Es ist vorbei, es ist vergessen, wir sind älter geworden. Es stimmt, wenn man jung ist, ist man anders. Aber wenn man älter wird, hat man seine eigenen Kinder mit eigenen Erfahrungen, man sieht das Leben anders. Es gibt Dinge, die muss man loslassen, und dann lernt man und versteht man, warum Papa das so und so gemacht hat."

Sylvie: „Also wir hatten in dieser Hinsicht keine sehr glückliche Kindheit. Aber wir, ähm, ich meine, wir betrachteten uns als glücklich. Wir waren alle fünf Kinder zusammen, also betrachteten wir uns trotzdem als glücklich."

Annie: „Weil es einen Kern der Familie gab. Wir hatten Papa und Mama."

Annie: „Es ist ziemlich schwer, das alles aufzuarbeiten. Manchmal, wenn ich über Papa spreche, bin ich [unterbricht sich, tief bewegt]."

Sylvie: „Ja, sicher, und außerdem haben wir ihn früh verloren. Ich erinnere mich noch an die Zeit, als er krank war. Ich ging mit meinem zukünftigen Mann aus, kam abends nach Hause und sah ihn leiden und sagte: ‚Papa, willst du, dass ich bei dir bleibe?' Und er sagte: ‚Nein, nein, geh schlafen. Du musst morgen arbeiten.' Wir beide, Annie und ich, denken heute, dass wir uns hätten Dinge sagen können. Ich denke an meine Kinder und versuche, ihnen von ihrem Großvater oder ihrer Großmutter zu erzählen, aber sie kannten sie nicht mehr. Aber dennoch muss man miteinander reden."

Annie: „Und überhaupt ist die Familie wichtig."

Sylvie: „Ja. Das ist es. Und deshalb will ich auch mal wieder nach Deutschland reisen. Ich fahre gerne nach Deutschland. Und ich möchte dann die Cousins und Cousinen treffen, die sprechen nämlich Französisch. Und es gibt Viele, die in der Schule Französisch lernen. Man sagt, dass die Deutschen in der Schule viel Französisch lernen."

13.8 Zu Hause sprach Papa nie Deutsch

Sylvie: „Unser Vater sprach zu Hause und auch mit uns immer Französisch, immer."
Annie: „Aber niemals Deutsch."
Sylvie: „Wir haben ihn nie Deutsch sprechen hören, aber wir hatten ihn an Weihnachten Deutsch singen hören, das Lied *O Tannenbaum*. Also das war in jedem Jahr gleich, und *Stille Nacht*."
Annie: „Ja, er hat es an Weihnachten auf Deutsch gesungen. Das mussten deutsche Lieder sein. Das war die Tradition, die er wieder hervorgeholt hat."
Sylvie: „Ah ja. Es war schön. Wir haben immer darauf gewartet. Und besonders dann, wenn seine Familie dabei war, natürlich."
Annie: „Ah ja, da konnte man Papa Deutsch sprechen hören."
Sylvie: „Wir haben nichts mehr verstanden. Also standen wir da und fragten uns: ‚Was sagen sie?'"
Annie: „Und außerdem hatte er einen eigenen Dialekt, den Bayerischen."

Wenn die beiden Schwestern ihrem Vater einen Vorwurf machen müssten, dann den, dass sie kein Deutsch von ihm gelernt haben:

Sylvie: „Das ist das Einzige, was ich Papa vorwerfen würde."
Annie: „Aber ich denke, er hatte seine Gründe. Es war nach dem Krieg, also, äh [überlegt]."
Sylvie: „Ja, ich habe es verstanden. Wir haben es verstanden und akzeptiert. Aber es ist schwer, wenn man nach Deutschland fährt und kein Gespräch führen kann."

13.9 Beleidigungen in der Schule

Möge der geneigte Leser uns erlauben, in diesem Abschnitt einen Kommentar in Form einer Zeugenaussage aus Ebba D. Drolshagens erschütterndem Buch einzufügen (vgl. deutsche Bibliografie). Die Autorin berichtet darin, dass in den Nachkriegsjahren zahlreiche Lehrpersonen abfällige Bemerkungen und Beleidigungen gegenüber Kindern deutsch-französischer Herkunft äußerten, was wiederum die Klassenkameraden dazu veranlasste, diese Kinder auf demütigende Weise als *boches* zu bezeichnen. Widerstand war möglich, wenn sich nur die Eltern gegen solche Praktiken auflehnten, wie Ebba D. Drolshagen berichtet:

„Wenn eine Mutter der Umwelt stolz und ohne Scham die Stirn bot, konnten die Kinder ihr auch von Ungerechtigkeiten berichten, die ihnen widerfahren waren: Als eine französische Lehrerin eine ihrer Schülerinnen als ‚*bâtarde de boche*‘ (‚Deutschenbastard‘) bezeichnete, stellte deren Mutter sie zur Rede: ‚Madame, nicht meine Tochter hat mit einem Deutschen geschlafen, sondern ich. Wenn sie jemanden beleidigen wollen, müssen Sie sich an mich halten, statt das an einem unschuldigen Kind auszulassen.'" (Drolshagen 2005: 137)

Auch Annie und Sylvie wurden als Schülerinnen mit beleidigenden und diskriminierenden Sprüchen bedacht. Der Unterschied ist, dass sie allein zurechtkommen und die Beleidigungen stillschweigend hinnehmen mussten, weil es vorteilhafter war, zu schweigen. Sie erzählen ihre Geschichte weiter.

Annie: „Ich, ich habe Deutsch in der Schule gelernt."
Sylvie: „Du ja, aber ich nicht."
Annie: „Aber ich, ich habe es gelernt. Ich hatte einen Lehrer. Aber Deutsch in der Schule ist nicht dasselbe. Es ist wie Englisch in der Schule. Also, wir wurden ein bisschen [überlegt], wir wurden angesehen wie, wie […], ich hatte einen, der in der Schule hinter mir stand, in der Oberschule, er trat immer gegen meinen Stuhl und sagte: ‚*boche, boche, boche*‘. Das ist mir im Gedächtnis geblieben."
Sylvie: „Bei mir war es auch so, sie waren böse, die Kinder."

13 Annie und Sylvie – Unser Papa, der war nicht glücklich

Annie: „Noch mehr als in der Grundschule."
Sylvie: „Die Art und Weise, wie es gesagt wurde, hat uns getroffen. Das ist doch klar, wenn man jeden Tag so etwas hört [...]."
Annie: „Also haben wir geschwiegen. Wir redeten im Unterricht nicht."
Sylvie: „So ist es. Das hat uns völlig verstummen lassen."
Annie: „Ich erinnere mich, dass meine Deutschlehrerin mir in mein Heft geschrieben hat: ‚Annie, sollte aufgrund ihrer Herkunft viel besser Deutsch sprechen können.' Ich habe nichts dazu gesagt. Im Gegenteil, ich wollte nicht einmal darüber sprechen."
Sylvie: „Aber auch in der Grundschule war man nicht zimperlich mit uns, oder? Diese Lehrer, oh je!"
Annie: „Hast du nicht C.[8] gehabt?"
Sylvie: „Doch, doch. Der war gemein!"
Annie: „Ach ja, ich erinnere mich, er hat dich geschlagen."
Sylvie: „An seine Worte erinnere ich mich nicht mehr, aber ich habe immer noch deutlich in Erinnerung, dass es eine gewisse Feindseligkeit gab."
Annie: „Ja, in Bezug auf unseren Namen haben wir nichts gesagt. In der Schule haben wir nichts gesagt. Es war besser so."
Sylvie: „Mama hat immer gesagt: ‚sagt vor allem eurem Vater nichts!'"
Annie: „Wir wurden überhaupt nicht geschützt. Wenn wir es Papa gesagt hätten, wäre das eine Provokation für ihn gewesen. Nein, nein, wir haben nichts gesagt."
Sylvie: „Deshalb haben wir es nicht gesagt. Es hat ihm wehgetan, aber uns nicht, außer als wir einmal zu Papa gesagt haben: ‚Was bedeutet *boche*?'"
Annie: [vergegenwärtigt sich die Szene] „Oh ja."
Sylvie: „Als wir das Wort zum ersten Mal hörten, dachten wir: ‚Was zum Teufel soll das bedeuten?' und haben Papa gefragt. Wir waren vielleicht acht oder zehn Jahre alt."
Annie: „Ja, aber das hat ihn ziemlich wütend gemacht. Er sagte: ‚Wer hat euch das gesagt?' Er wurde wütend: ‚Wer hat euch so behandelt?' Wir sagten, es sei in der Schule gewesen und Mama sagte: ‚Psst, psst!' Warum, warum, warum hatten wir das gesagt? Weil wir es in der Schule gehört hatten, haben wir gesagt: ‚Papa, was ist ein *boche*?'"

---

[8] Der Name der Lehrkraft wurde anonymisiert (Anmerkung SMM & CM).

Sylvie:	„Also für uns war es eine Beleidigung."
Annie:	„Na ja. Er wäre gerne in die Schule gegangen, um sich darüber zu beschweren, denke ich. Ach ja. Keiner durfte uns zu nahekommen. Wenn uns auch nur irgendjemand ein Haar gekrümmt hätte, würde sich der Täter, in der folgenden Viertelstunde, nicht mehr sehr gut gefühlt haben."
Sylvie:	„Selbst jetzt, wie lange ist der Krieg schon vorbei? Mehr als fünfzig Jahre nach dem Krieg? Selbst jetzt hören wir diese Worte noch, ja."
Annie:	„Aber mich stört das überhaupt nicht."

13.10 Auch fünfzig Jahre später muss man nicht alles erzählen

Sylvie:	„Sogar als Mama letztes Jahr in ihrem Krankenbett lag, hatte sie Leute neben sich im Zimmer, aber sie wollte nicht, dass man erzählte, dass sie mit einem Deutschen verheiratet ist. Sie wollte das nicht, weil sie sagte, dass es Leute in ihrem Alter gab, die im Krankenhaus waren und die unter dem Krieg gelitten hatten. Also durfte man da nicht drüber reden."
Annie:	Annie: „Ja. Ja, denn sie hatten Verwandte, die im Krieg umgekommen sind. Bei den Alten heute, im Jahr 2013, gibt es immer noch Leute, die daran denken. Unter den Alten, die den Krieg und die Nachkriegszeit erlebt haben."
Sylvie:	„Einige, hmm, nicht Alle, denn es gibt auch immer welche, die sagen werden, dass das ihnen nichts ausmacht. Ich sage immer, dass es mich nicht stört."
Annie:	„Vor nicht allzu langer Zeit traf ich jemanden, der mir sagte: ‚Mit dieser Dame da, darf man nicht über die Deutschen sprechen.'"
Sylvie:	„Ach ja?"
Annie:	„Ja."
Sylvie:	„Na ja, was soll's?"
Annie:	„Sie haben im Krieg ohnehin Alle gelitten, sowohl auf französischer als auch auf deutscher Seite."
Sylvie:	„Ja."

13 Annie und Sylvie – Unser Papa, der war nicht glücklich

Annie: „Also, unser Großvater väterlicherseits wurde, obwohl er Deutscher war, in das Konzentrationslager Dachau geschickt, weil er mit Anderen Flugblätter gegen Hitler gemacht hatte. Das hat uns unser Vater erzählt."

Sylvie: „Ja, aber es war nicht Papa, es war Papas älterer Bruder, der die Flugblätter gemacht hat. Und als sie von den Leuten aus dem Dorf verraten wurden, hat der Großvater gesagt: ‚Ich habe es gemacht', damit sein Sohn nicht ins Lager kommt. Aber er kam lebend wieder heraus. Ich habe es besucht, das Lager in Dachau. Das prägt einen. Und in Auschwitz, da gab es doch auch so ein Lager! Da war unser Onkel, in Auschwitz."

Annie: „Nein, das weiß ich nicht."

Sylvie: „Doch, deshalb möchte ich es sehen, dieses Lager. Also ähm, das ist in Polen, Auschwitz, und ich möchte da hin, weil ich eben etwas gehört habe, dass einer aus unserer Familie in diesem Lager dort gestorben sein soll."

Zum Abschluss dieses starken und bewegenden Zeugnisses haben wir unsere Gesprächspartnerinnen gefragt, ob ihr Vater glücklich war. Beide waren sich einig, dass dies nicht der Fall war:

Sylvie: „Nein, nein! [...] Er war nicht glücklich."

Annie: „Und schon deshalb nicht, weil er mit seinen geheim gehaltenen Kindern nicht glücklich war. Er hatte drei Kinder mit einer anderen Frau, die er nicht sehen durfte [...], und weil er uns das nicht sagen konnte."

Sylvie: „Ich glaube, man konnte es sehen, dass er nicht glücklich war."

14

Sandrine – Bei meinem Vater gab es viel Unausgesprochenes

Wir hatten das Glück, Sandrine über eine Anzeige kennenzulernen, die wir auf der Website des Deutsch-französischen Jugendwerks (DFJW) veröffentlicht hatten, in der Hoffnung, Personen zu finden, die uns in einem Interview ihre Familiengeschichte und insbesondere die Besonderheiten einer deutsch-französischen Ehe nach dem Zweiten Weltkrieg erzählen würden. Sandrine antwortete prompt auf unsere Anzeige und erklärte, dass sie ihrem Vater durch ihre Teilnahme an dem Interview einen ehrenvollen Platz geben wolle.

Sandrine wird uns ihre erschütternde und traurige Familiengeschichte erzählen, denn erst im Alter von 27 Jahren, als sie mit ihrem ersten Kind schwanger wird, erfährt sie bei einem Gespräch mit ihrer Mutter über die Familiengenealogie, dass

„[…] es zwischen deinem Großvater und deinem Vater, komplizierter ist als es aussieht."

Sandrine, die näheres, genaueres über ihre Familie erfahren möchte, befolgt den Ratschlag ihrer Mutter, nachdem sie ihr „eine Tür geöffnet hatte" und sucht ihren Vater auf, um ihm Fragen zu stellen.

„Ich möchte ihm [später] von seiner Geschichte erzählen [können], damit er Bescheid weiß. Allerdings habe ich das Gefühl, dass er sich nicht daran erinnern kann oder nicht mehr erinnern will."

Sie legt hier ein ergreifendes Zeugnis ab und erzählt uns, wie alles begann.

14.1 Die unruhigen Zeiten der französischen Besetzung Badens

Der Krieg und seine Feindseligkeiten sind nun seit etwa einem Jahr vorbei und in Freiburg im Breisgau wurde die französische Garnison eingerichtet. Es folgen unruhige Zeiten im Zusammenhang mit der Besatzung des Südwesten Deutschlands durch die französischen Streitkräfte in Baden. Trotz des Befehls von General de Lattre de Tassigny, jede Annäherung an die deutsche Bevölkerung zu vermeiden, verließen die französischen Soldaten ihre Kasernen und verkehrten mit deutschen Zivilisten, insbesondere mit deutschen Frauen. So lernte der 1925 in Calais geborene Gaston Émile Louis O. die sehr hübsche und charmante Elisabeth, eine Deutsche, kennen.

Elisabeth und Gaston haben ein Liebesabenteuer, obwohl die junge Frau erst 16 Jahre alt und – in den Augen des Gesetzes – noch minderjährig ist. Ihre Beziehung führt bald zu Elisabeths Schwangerschaft, aber Gaston kehrt nach Frankreich zu seiner Familie zurück, wo er verheiratet ist. Vor einem deutschen Familiengericht erkennt er zwar an, der Vater des Kindes zu sein, das im September 1946 in Offenburg geboren wird; er gibt ihm aber nicht seinen Namen. Elisabeth zieht ihr Baby allein auf und nennt es Gaston François. Gaston ist dabei der Vorname eben dieses französischen, biologischen Vaters. François, der zweite Vorname des Kindes weist auf seine französischen Wurzeln hin. Sandrine zufolge habe ihre Großmutter ihm diesen zweiten französischen Vornamen *François* als eine Botschaft verliehen, die es für künftige Generationen zu entschlüsseln gelte. François als das veraltete Wort für *„le Français"*, sprich: der Franzose.

14 Sandrine – Bei meinem Vater gab es viel Unausgesprochenes

Serge Jules, ein weiterer französischer Soldat, geboren 1916, ist ebenfalls in der Garnison Baden-Baden stationiert. Wir befinden uns in den Jahren 1948–1950 und er lernt diese hübsche junge Frau kennen, die alleinerziehende Mutter ist, kümmert sich um sie und verliebt sich unsterblich in sie. Er bietet ihr an, sie zu heiraten und adoptiert ihren kleinen Sohn Gaston François. Die Volladoption wird 1952 am Gericht in *Bobigny* bei Paris vollzogen.

Serge und sein Adoptivsohn Gaston entwickeln eine sehr enge Beziehung, bleiben aber bezüglich ihrer besonderen Familiensituation, die Sandrine beschreibt, sehr zurückhaltend:

„[...] Ich glaube, dass mein Großvater absolut verrückt nach diesem Kind war. Er hat es angebetet. Ich glaube wirklich, dass er meinen Vater anbetete. Und mein Vater verehrte seinen eigenen Vater, aber es war eine extrem schamhafte Beziehung. Das heißt, mein Großvater hat meinem Vater nie gesagt, dass er sein Adoptivvater war."

Sandrines Vater findet jedoch später durch wenig sensible Personen in seiner Familie heraus, dass sein Adoptivvater, der ihn großgezogen hat, nicht sein biologischer Vater ist.

„Aber mein Vater wusste, dass er sein Adoptivvater war, durch Leute, Verwandte, die es ihn auf eine etwas brutale Art und Weise enthüllt haben."

Selbst als Serge im Sterben liegt, werden Vater und Sohn dieses entscheidende Geheimnis nie offen ansprechen. Das Unausgesprochene wird weiterhin eine größere Bedeutung haben als die Worte, die jemals zwischen ihnen gewechselt wurden:

„Aber bis zum Tod meines Großvaters haben sie sich nie etwas gesagt. Mein Vater hat mir erzählt, nachdem sein Vater gestorben war, dass sie eine Art Diskussion geführt haben, ähm, nicht ganz offen. Sehr implizit. Im Grunde genommen hat mein Vater ihm zu verstehen gegeben, dass er das wusste. Auch mein Großvater hat meinem Vater zu verstehen gegeben, dass er wusste, dass dieser das weiß. Aber das war alles unausgesprochen, ein Tabu. So war es."

14.2 Schwierige Rückkehr nach Frankreich – Gastons Mutter trinkt

Die junge Familie bleibt fünf Jahre in Deutschland und genießt ein relativ angenehmes und geschütztes Leben in der Garnison von Baden-Baden:

> „Wir hatten ein schönes Leben, wir lebten inmitten der Sieger."

Der kleine Sohn Gaston lernt Deutsch.

Fünf Jahre vergehen, Serge, seine Frau Elisabeth und der inzwischen fast sechs Jahre alte Gaston ziehen nach Frankreich in den Norden von Paris „an einen ziemlich schäbigen Ort".

Ihr luxuriöser Lebensstil in Baden findet ein jähes Ende. Die junge Frau, die kein Französisch spricht, muss sich sofort den harten Lebensbedingungen stellen, die mit dem Wechsel von einem Land in ein anderes und der jeweiligen Kultur und Sprache zusammenhängen. Hinzu kommen die Ablehnung und Verachtung, die Gaston und ihr selbst von Serges Familie entgegengebracht werden. Sandrine bezeugt dies wie folgt:

> „Er [mein Vater] war für die Familie seines Vaters so etwas wie ein Bastard.
>
> Diese Bezeichnung eines Kindes, das aus der Verbindung eines Franzosen mit einer Deutschen geboren wurde, als Bastard existierte in den Augen der Gesellschaft, in den Einstellungen der französischen Familie und vielleicht auch der Nachbarschaft? Aber vor allem in den Augen der französischen Familie. Es gab Onkel und Tanten, die ihm deutlich zu verstehen gaben, dass, nun ja, er nicht wirklich zur Familie gehörte. [...] Diese deutsche Frau war sechs oder sieben Jahre nach Kriegsende nicht sehr willkommen. Vor allem, weil sie dieses Kind nicht mit meinem Großvater, mit Serge, gezeugt hatte. [...] Außerdem war Serge sehr, sehr dunkelhaarig. Sie haben alle braune Haare mit braunen Augen und dieses Kind, das mein Vater ist, war blond mit hellen Augen. Also gab es zusätzlich auch noch diesen körperlichen Unterschied."

14 Sandrine – Bei meinem Vater gab es viel Unausgesprochenes

Sandrines Großvater ist von gutmütiger Natur. Es gelingt ihm aber, sich mit seiner neuen Familie sanft, aber bestimmt durchzusetzen:

„Mein Großvater war kein Mensch, der sich besonders durchsetzen konnte. Er hat die Dinge durchgesetzt, indem er sagte: ‚Na ja, so ist das eben.' Aber er hat nicht mit der Faust auf den Tisch geschlagen, weil das wohl nicht seinem Charakter entsprach. Ich denke, er war eher versöhnlich und wahrscheinlich wollte er sich nicht mit seiner Familie und seinen Geschwistern anlegen."

Elisabeth, Gastons Mutter, kommt jedoch mit ihrem Leben in Frankreich nicht zurecht und wird nach und nach depressiv. Sie beginnt zu trinken, sie trinkt sogar sehr viel. Sie ist Alkoholikerin.

„Sie war eine Deutsche im Nachkriegsfrankreich der 1950er Jahre, eine alleinerziehende Mutter, die das Glück hatte, einen gut aussehenden Mann zu finden, und sie hatte einen kleinen Jungen. Sie begann zu trinken und musste sich in einer psychiatrischen Klinik behandeln lassen. [...] Es war das Leben in Frankreich, das sie zerstört hat."

Für Sandrines Vater, damals noch ein kleiner Junge, ist der Alltag mit seiner Mutter besonders unerträglich:

„Sie schickte ihn nachts nach *Saint-Ouen,* um Wein zu holen. Er war ein Kind von acht, neun Jahren. Also holte er die Flaschen für seine Mutter, damit sie sich betrinken konnte. Das ist [sucht nach passenden Worten], das ist schrecklich. Er hat heute noch diese Erinnerungen und er hat eine große Wut auf seine Mutter."

Sie verbrachte einige Zeit in einer psychiatrischen Klinik in Rottweil in Deutschland, und nahm sich nach ihrer Rückkehr das Leben. Sie war zu diesem Zeitpunkt gerade einmal 27 Jahre alt. Sandrine berichtet über die Erinnerungen ihres Vaters wie folgt:

„Ich denke, dass es ihr gut ging, solange sie in Deutschland war. Und ich weiß, dass sie sich nach der Rückkehr von einem Aufenthalt in Deutschland das Leben genommen hat. Sie hat sich mit Gas umgebracht und mein Vater hat nicht einmal an der Beerdigung teilgenommen. Tatsächlich wurde er zu Freunden der Familie geschickt, während die anderen sich um die Beerdigung kümmerten. Auch in dieser Hinsicht gab es viel Unausgesprochenes. [...] Was für ein schreckliches Schicksal!"

Für Sandrines Vater Gaston ist es ein schreckliches Verlassenwerden, mit dem er aufwächst und das er sein ganzes Leben lang tief in sich vergraben hat. Es löst furchtbare, unangenehme Empfindungen in ihm aus, mit dem Gedanken zu leben, dass seine Mutter es vorgezogen hat, zu sterben, anstatt bei ihm, ihrem Sohn, zu bleiben. Sandrine gibt uns folgende Bericht darüber, was ihr Vater geäußert hat:

„Es gibt jetzt noch immer keine Vergebung, es gibt keine milden Gefühle: Das ist für einen Jungen in diesem Alter unverzeihlich. Nicht nur mein Vater war jung, sondern mit 27 Jahren zu sterben, das ist immerhin die Blüte des Alters, das ist doch mitten in der Blüte der Jugend."

14.3 Streit mit der deutschen Familie um das Sorgerecht für das Kind

Als Sandrines Großmutter Elisabeth stirbt, beansprucht die deutsche Familie das Sorgerecht für das mittlerweile zehnjährige Kind Gaston.

„Er ist unser Enkel. Er ist das Kind unserer Familie, nicht Ihres. Sie sind nur der Adoptivvater. Aber mein Großvater hat nein gesagt, ich bin sein Vater. Und deshalb behalte ich das Kind."

Sandrines Großvater bleibt standhaft, er kämpft um das Kind, für das er die vollen Adoptionsrechte hat. Er stellt sich der deutschen Familie entgegen und bricht den Kontakt zu ihr für viele Jahre ab:

„Da er befürchtete, sein Kind nicht zurückbekommen zu können, wenn er es nach Deutschland schickte, brach er die Verbindungen nach Deutschland ab. Mein Vater war also zwanzig Jahre lang von seiner deutschen Familie abgeschnitten."

Sandrine erwähnt zusätzlich noch:

„Es war sehr schwer für ihn, ja, ja, und ich denke, dass es wie viele Themen zwischen seinem Vater und ihm unausgesprochen war. Alles, was die Beziehung zu seiner Mutter betrifft, ist eigentlich sehr schmerzhaft."

Sandrines Vater hegt eine tiefe Zuneigung zu seinem Adoptivvater.

„Wenn er über seinen Vater spricht, sagt er derzeit: ‚Mein Papa.' Er spricht wie ein kleiner Junge. Er sagt sogar: ‚Also weißt Du, mein Papa [...]'. Also geht er ein bisschen zurück. Er sagt nie: ‚Meine Mama', er sagt immer nur: ‚Meine Mutter.' Wenn er darauf zu sprechen kommt, sagt er: ‚Meine Mutter', aber er sagt nicht oft: ‚Mein Vater', sondern er sagt: ‚Mein Papa.'"

Für Gaston ist es selbstverständlich, dass Serge sein Vater ist, denn er hat ihn wie seinen eigenen Sohn erzogen und wird immer in seinem späteren Leben präsent bleiben. Übrigens akzeptierte Serge 1952, dass sein Adoptivsohn auch seinen Nachnamen bekam. Ab seinem fünfzehnten Lebensjahr beschloss Gaston, sich nur noch François zu nennen, da er seinen Vornamen Gaston, den Vornamen seines biologischen Vaters, hasste. Falls jedoch Personen aus seinem Umfeld versuchten, ihn zu ärgern, benutzten sie seinen verhassten Vornamen Gaston.

14.4 Ende der 1960er Jahre – auf den Spuren der Vergangenheit

Sandrine erzählt uns, dass ihr Vater François 1968 ihre Mutter Josette geheiratet habe. Sandrine wurde 1970 geboren und ihre jüngere Schwester Valérie drei Jahre später im Jahr 1973. Sandrine berichtet, dass ihre Eltern sich später dann unter besonderen Umständen, über die gleich noch zu berichten sein wird, wieder scheiden ließen.

Nachdem ihre Eltern 1968 ihre Hochzeitsreise nach Deutschland gemacht hatten, beschließen sie, zehn Jahre später wieder dorthin zu reisen, „wahrscheinlich ein gemeinsamer Wunsch", so Sandrine. Sie erzählt uns mit präziser Erinnerung von der familiären Umwälzung, die sich am Horizont abzeichnet, ohne dass sie oder ihre jüngere Schwester Valérie erahnen können, was auf sie zukommen wird. Ihre Erinnerungen sind noch lebendig.

Lassen wir sie berichten, welche Erfahrungen sie und ihre Schwester in ihrer Kindheit erlebt haben:

„Und dann fahren sie also nach Deutschland und auf dieser Reise kommen sie nach Offenburg, Villingen-Schwenningen. Und meine Mutter sagt zu meinem Vater: ‚Das ist doch zu dumm, du bist hier in der Stadt deiner Familie mütterlicherseits und willst nicht nach ihnen suchen? Vielleicht findest du ja jemanden!' Da sagt mein Vater: ‚Ach ja, es ist wirklich dumm, denn wir sind ja genau hier.' Also sind sie zur Post gegangen, haben in den Telefonbüchern nach dem Familiennamen G. gesucht, also nach dem Namen seiner Mutter. Und sie haben G. gefunden, Alfred G. Und mein Vater hat gesagt: ‚Ach, Alfred war mein Onkel!' Also haben sie telefoniert und haben Alfred angerufen. Er muss etwa zu ihm gesagt haben: ‚Hallo, ich bin es, François. Erinnerst du dich noch an mich? Ich bin der Sohn von Elisabeth und Alfred war der Bruder von Elisabeth.' Also sagten sie: ‚Komm zu uns nach Hause.' Und so trafen sie sich. Sie riefen ihre Tochter Cornelia an und sagten: ‚Dein Cousin François ist da.' Ihre Tochter war sechs Jahre jünger als mein Vater, aber sie kannten sich, sie hatten zusammen Urlaub gemacht. Da waren sie also alle wieder vereint. Cornelia und ihr Mann Rolf mit ihrer kleinen Tochter Miriam. Und so kommen alle wieder zusammen, alle sind glücklich. Und alle beschließen, sich wiederzusehen. Also Termin vereinbart, dass die deutsche Familie nach Frankreich kommt, um uns zu besuchen und eine Woche Urlaub zusammen zu verbringen, was dann auch geschah.

Ich habe also die deutsche Familie kennengelernt, ich muss neun Jahre alt gewesen sein. Und ein Jahr später, 1980, haben wir den Gegenbesuch gemacht. Wir haben drei Wochen Urlaub in Deutschland verbracht. Wir sind alle nach Deutschland gefahren, um drei Wochen Urlaub in Villingen-Schwenningen zu verbringen. Also bei der Cousine und dem angeheirateten Cousin, meinen Eltern, meiner Schwester und mir, alle sehen sich wieder und wir machen Urlaub in Deutschland.

Damals, als die deutsche Familie nach Frankreich gekommen war und ich nach Deutschland reiste, stellte ich fest, dass mein Vater Deutsch sprach. Inzwischen hatte meine Mutter auch Deutschunterricht

14 Sandrine – Bei meinem Vater gab es viel Unausgesprochenes

genommen, um sich verständigen zu können. Und da es in diesen Ferien gut lief, entdeckte ich, dass wir eine ausländische Familie hatten.

Also 1980 machten wir drei Wochen Urlaub in Deutschland und danach, im Februar 1982, teilen uns meine Eltern mit, erstens, dass sie sich scheiden lassen und dass zweitens meine Mutter zu Rolf nach Deutschland zieht und mein Vater mit Cornelia, seiner Cousine ersten Grades, zu Hause leben wird. Es gab sozusagen einen Partnertausch und wir, die Kinder, die Töchter, haben das nicht kommen sehen. Überhaupt nichts. Es war einfach unfassbar. Meine Mutter hatte sich also in diesen Rolf verliebt, das ist klar.

Nun sehe ich die beiden seit fast vierzig Jahren zusammenleben und ich würde schon sagen, dass sie sich lieben. Und ganz klar, sie waren damals auch sehr verliebt ineinander. Was meinen Vater und seine Cousine betrifft, wäre ich skeptischer, ich sehe die Dinge anders. Sie ist eine böse Frau, sie ist eine richtige böse Stiefmutter. Sie hat dafür gesorgt, dass meine Schwester und ich nur noch eine lose Verbindung [zu unserem Vater] haben, obwohl wir uns sehr nahe standen, uns sehr gut mit unserem Vater verstanden und unser Vater das volle Sorgerecht bekommen hatte. Meine Mutter ist nach Deutschland gezogen. Und so hat sie ihre Töchter in gewisser Weise verlassen, sie hat sie dem Vater für die Erziehung überlassen. Sie hat ihre Töchter verlassen. In dem Moment waren wir ihr nicht böse. Denn wir haben ihr geglaubt, was sie gesagt hat, nämlich: ‚Ich kann euch nicht mitnehmen, weil es keine französischen Schulen gibt, weil es kompliziert ist‘, und dann hat sie mir gesagt: ‚Weil dein Vater es nie akzeptiert hätte, dass ich euch mitnehme, und so weiter‘.

Nun gut, in der Realität wollte meine Mutter mit diesem Mann zusammenleben. Kinder oder ein Kind mit ihm haben und sie fand es auch nicht schlecht, dass mein Vater sich um uns kümmerte. Und sie hat einen Sohn bekommen, mit dem ich Kontakt habe.

Und so habe ich mit meinem Vater und meiner Stiefmutter und somit auch mit Cornelias Tochter Miriam gelebt und nach drei Jahren, als ich fünfzehn Jahre alt war, habe ich meine Mutter gefragt, ob wir nicht zu ihnen ziehen könnten. Denn bei meiner Stiefmutter, dieser Stiefmutter, zu leben, war einfach nicht mehr möglich. Aber mein Vater hörte nicht auf uns und viel später, nach weiteren Gesprächen, sagte er einmal zu mir: ‚Ich war schwach mit Frauen, weil ich immer Angst hatte, dass sie mich verlassen würden, und da meine Mutter mich schon verlassen hatte, habe ich immer alles getan, damit die Frauen mich nicht verlassen.‘

Um also nicht zu riskieren, dass seine zweite Frau ihn verlässt, hat er die Entscheidung getroffen, uns nicht anzuhören und seiner Frau freien Lauf zu lassen.

Was ihre Trennung betrifft, so hätten meine Eltern das perfekte Handbuch: ‚Wie man eine miese Scheidung hinbekommt' schreiben können. Schon der Austausch eines Paares ist ungewöhnlich. Meine Eltern haben sich also nie vor uns gestritten. Ich habe nicht in einer Familie gelebt, in der geschrien wurde, in der es Konflikte gab und so weiter. Also Konflikte gab es sicherlich, sie wurden wahrscheinlich versteckt, denn wir, als Kinder, haben das nie erlebt. In dem Moment, als sie uns gesagt haben, dass sie sich scheiden lassen, ist das über uns hereingebrochen und sie haben einen Weg gefunden, uns das Leben schwer zu machen.

Es ist immer noch ein schwieriger Moment für mich, das hier zu erzählen.

So ist das abgelaufen: meine Schwester und ich fuhren mit meinen Eltern nach Belfort. Dort haben wir meine Mutter abgesetzt, die mit Rolf weitergefahren ist, und in unserem Auto haben wir Cornelia und ihre Tochter mitgenommen. Wir sind also am Morgen losgefahren, als meine Mutter noch zu Hause lebte und am Abend sind wir nach Hause gekommen, da war eine andere Frau und ein Kind. Das war sehr, sehr schwierig. Ich war zwölf Jahre alt, meine Schwester war neun. Es war äußerst brutal. Und deshalb ist es schwierig, darüber zu sprechen, weil ich die Bilder im Kopf habe [unterbricht sich, sichtlich tief bewegt]. Wir sahen uns mit unserer Mutter 800 Kilometer von zu Hause entfernt an einem Sonntag und dann, am Montag, ging ich zur Schule und am Abend kam ich nach Hause, da war eine andere Frau zu Hause, die kein Französisch sprach, mit einem kleinen Mädchen, das sie sofort als meine kleine Schwester betrachtete.

Der große Vorteil dieser ganzen verrückten Sache ist, dass sie mich dadurch für immer mit meiner Schwester verbunden hat. Meine Schwester und ich, wir halten zusammen, wir sind unzertrennlich. Meine Schwester war jünger, als das alles passierte, aber das hat uns fürs Leben vereint, das heißt, die Welt um uns herum kann untergehen, wir sind zusammen, das ist uns egal. Außerdem fanden wir uns von einem Tag auf den anderen mit einer Sprache wieder, die nicht die unsere war, weil wir kein Deutsch sprachen. Mein Vater sprach Deutsch. Das war's. Ich habe angefangen, drei Wörter zu brabbeln, weil ich in die sechste Klasse gekommen war, also hatte ich Deutsch als erste Fremdsprache und das aus gutem Grund, aber ich konnte nicht sprechen, ich konnte nicht alles verstehen und ich konnte mich insgesamt nicht ausdrücken. Im Oktober zogen wir um, wechselten die Stadt und im Laufe des Jahres auch die Lehrer.

Sobald meine Schwiegermutter ihr neues Heim in Besitz genommen hatte, war alles vorbei. Sie begann, einen Keil zwischen uns zu treiben. Wenn mein Vater nach Hause kam, durften wir nicht mit ihm reden, weil er müde war und wir ihn in Ruhe lassen sollten. Das legte sofort den Grundstein. Sie fing an, auf Französisch zu sprechen, aber dann sagte sie Dinge zu mir wie: ‚*Ta gueule.*¹"

14.5 Sandrines Rechercheansatz – ihrer Großmutter Ehre zu Teil werden lassen

Jetzt, da unser Gespräch dem Ende entgegen geht, gibt Sandrine, sozusagen als Schlusswort zu, dass sie sich mit sich selbst im Reinen fühlt, in dem Sinne, dass sie nun die Möglichkeit hat, ihren deutschen Anteil zuzulassen, nachdem sie etwas über ihre Großmutter erfahren hat, die sie jahrelang heimgesucht hatte und die in ihrer Vorstellung die Züge eines Phantoms annahm.

„So, also ich habe meine Großmutter Elisabeth in dieser Hinsicht weiterleben lassen. Ich habe sie nicht gekannt. Seitdem die Fotos aufgetaucht sind und mein Vater mir ein bisschen von seiner Kindheit erzählt hat, und wer sie für ihn als Mutter gewesen sein könnte, habe ich meinen Frieden gefunden.

Ich will mir nicht anmaßen, zu beurteilen, ob sie eine gute Mutter war oder nicht. Aber sie tut mir als Deutsche leid, die in der Nachkriegszeit nach Frankreich kam, und deshalb gehe ich davon aus, dass ich ihr Deutschsein akzeptiere und es mir zu eigen mache."

---

[1] Auf Deutsch: Halt die Fresse! An dieser Stelle völlig unangemessener Gebrauch dieses vulgären Ausdrucks aufgrund mangelnder Beherrschung der französischen Sprachgewohnheiten (Anmerkung SMM & CM).

Sandrine hat seitdem einen Stammbaum erstellt, um ihren Kindern und zukünftigen Generationen die Familiengeschichte zu erzählen:

> „[Ich möchte] meinen Kindern die Geschichte erzählen können [...], um zu vermeiden, dass Familiengeheimnisse von einer Generation zur nächsten weitergegeben werden und sich schreckliche Dinge immer wiederholen."

Epilog

„Ich würde die Worte zum Tanzen bringen,
wenn es nötig wäre, dass sie tanzten,
Damit die Kinder eines Tages erfahren,
wer Sie waren."

Jean Ferrat, 1965, *Nacht und Nebel*

Diese Familiengeschichten deutsch-französischer Paare haben als gemeinsamen Nenner, dass sie als „binationale Ehen" bezeichnet werden. Diesen Begriff hatte Jean Pierre Guérend für seine Doktorarbeit über deutsch-französische Ehen in den 1970er Jahren, parallel zum Begriff der ‚gemischten Ehe' gewählt.

Die in unserem Buch versammelten Erfahrungsberichte erzählen Geschichten von Familien, in denen einer der beiden Deutsche/Deutscher und die andere Person Französin/Franzose war. Waren sie also aus sprachlichen Gründen gemischt? War ihre Ehe aus kulturellen oder nationalen Gründen anders? Was unterschied diese Paare von anderen gemischten Paaren, selbst wenn sie die gleiche Nationalität hätten: wie zum Beispiel eine Verbindung zwischen Katholiken und Protestanten; Partner mit einem Alters- oder Klassenunterschied? Wir können nicht mit einem homogenen soziologischen Modell antworten, da unsere Fallstudien punktuell bleiben. Dennoch können wir beschreiben, was diese sieben Geschichten verbindet: Erfahrungen aus der Kriegs- und Nachkriegszeit, die diesen Familien gemeinsam sind, gekennzeichnet durch die politische Suche nach einer Annäherung zwischen Frankreich und Deutschland vor dem Hintergrund einer verheerenden Geschichte und durch eine erzwungene Vertreibung von Millionen von Menschen, die durch eine kriminelle Politik der militärischen Aggression gesteuert wurde.

Diese Geschichte hat viele Spuren hinterlassen und eine ganze Generation geprägt, sowohl in Frankreich als auch in Deutschland. Erst ab 1963 begannen sich die Dinge zum Besseren zu wenden und eine neue, äußerst bemerkenswerte und außergewöhnliche Ära sollte den Lauf der europäischen Geschichte verändern. Die deutsch-französische Freundschaft ist ein glorreicher Schritt für Europa.

Die sieben hier versammelten Berichte zeichnen das Leben von deutschen und französischen Männern und Frauen nach, deren Liebe stärker war als die manchmal feindselige Atmosphäre in ihrer Umgebung, und die es wagten, sich trotz zahlreicher Hindernisse zu vereinen. Die Kinder dieser Paare brachten ihre Neugier zum Ausdruck, die Geschichte ihrer Eltern bis ins kleinste Detail zu kennen, um ihr erworbenes Wissen an künftige Generationen weitergeben zu können. Eine Konstante, die sich durch die hier vorgestellten Erzählungen zieht, ist die zerstörerische Wirkung des Krieges auf die Menschen und die systematische Entmenschlichung der Gesellschaften durch totalitäre Systeme. Diese für die Menschheit schädlichen Tendenzen existieren noch immer und üben ihre toxische Macht bis in die heutige Zeit aus.

Die gewalttätigen und antidemokratischen Entwicklungen sollen keineswegs verharmlost werden, aber wie ein Springteufel in seiner Schachtel steht der Mensch nach jedem Tiefschlag wieder auf, und kein Konflikt in den Beziehungen zwischen Nationen scheint ewig und unveränderlich zu sein. So realisierten die Alltagshelden der Nachkriegsjahre die *Erbfreundschaft*[1] – ein Begriff, den es leider noch nicht gibt – zwischen

---

[1] Neologismus der Autoren SMM & CM.

Frankreich und Deutschland, die um 1900 oder noch 1918 und erst recht 1945 undenkbar gewesen wäre.

So endet unser Buch mit ergreifenden Berichten, die es verdient haben, ans Licht der Öffentlichkeit gebracht zu werden. Es gibt noch Hunderte mehr, von denen wir nichts wissen, und deshalb laden wir unsere Leserinnen und Leser ein, uns zu berichten, wenn sie ähnliche Erfahrungen gemacht haben. Wer weiß, ob es eines Tages einen zweiten Band mit Lebensgeschichten aus dieser schwierigen Übergangs-, aber auch glücklichen Zeit nach dem Fall des Nationalsozialismus geben wird, die die Nachkriegsjahre waren? Wir sind bereit, neue Geschichten zu sammeln, und laden jeden, der eine deutsch-französische Liebe aus dieser Zeit erlebt hat, ein, sich mit uns in Verbindung zu setzen.

Oft waren es die Kinder aus diesen Liebesbeziehungen der Nachkriegszeit, die das Stigma der Kinder des Feindes ertragen mussten. Sie sind es, denen wir hier in aller Bescheidenheit ebenfalls eine Stimme geben und dieses Buch widmen.

Es wird immer schwieriger werden, das Wissen über diese Zeit an zukünftige Generationen weiterzugeben, da die Stimmen der direkten Zeitzeugen allmählich verstummen. Geschichtsbücher, insbesondere solche, die für Schulen bestimmt sind, müssen die Nachfolge antreten, indem sie diese Fakten greifbar, authentisch und glaubwürdig für nachfolgende Generationen halten. Diese historische Periode darf nicht ausschließlich auf distanzierte, kalte und wissenschaftliche Weise gelehrt werden, sondern muss Teil einer staatsbürgerlichen Erziehung sein, die die Seelen der Menschen berührt. Es wurde oft von „Geschichte von unten" gesprochen, und genau darum geht es: die ungefilterten Erzählungen von Augenzeugen müssen im Mittelpunkt aller pädagogischen Bemühungen stehen, natürlich ohne moralisierende Haltung.

Nach unserer festen Überzeugung müssen sowohl der Geschichtsunterricht in den Schulen als auch die jeweiligen Lehrpläne, die den Beginn des 20. Jahrhunderts betreffen, didaktisch-pädagogischen Reformen unterzogen werden.

Epilog

Auch wenn Jean Ferrat mit seinem Satz aus dem Lied *Nuit et brouillard*

„Ich würde die Worte zum Tanzen bringen, wenn es nötig wäre, dass sie tanzten, damit die Kinder eines Tages erfahren, wer Sie waren[2]" (Jean Ferrat 1965)

das dunkelste Kapitel im Zweiten Weltkrieg und im gesamten zwanzigsten Jahrhundert, die Vernichtung der europäischen Juden anspricht, kann man hier als darüber hinausweisende Botschaft auch herauslesen, dass ein völlig neuer Zugang zur europäischen Kriegs- und Nachkriegsgeschichte vonnöten ist, neue Worte gefunden werden müssen. Ein Zugang der auch über Gefühle und Empfindungen, das Verständnis der jüngeren Generation für eine lange zurückliegende Epoche wecken soll.

Abschließend bleibt uns nur noch, unsere Dankbarkeit gegenüber den betreffenden Personen auszudrücken, die bereit waren, Zeugnis abzulegen und auf die Fragen zu antworten, die ihre persönliche und intime Geschichte berührten. Ohne ihre Aussagen könnte dieses Buch nicht existieren. Wir haben den größten Respekt und die größte Hochachtung vor ihren Erfahrungen und Erlebnissen und bewundern ihre Freiheit und Offenheit, familiäre Momente wieder aufleben zu lassen, die schon sehr lange zurückliegen. Sie haben sich bereit erklärt, mit uns in eine Zeit einzutauchen, die nicht immer glorreich war, und haben sich somit intensiv mit einer Vergangenheit auseinandergesetzt, die schon lange vorbei ist. Einige von ihnen sind mittlerweile verstorben. Dieses Buch ehrt ihre Geschichte und gibt sie an die Leserinnen und Leser der nächsten Generationen weiter.

Danke Mauricette †, Arlette und Hubert, Géraldine, Alain, Annie und Sylvie, Sandrine.

Aus Respekt vor ihrer Lebensgeschichte und um sie zu schützen, entschieden wir uns schließlich, ihre Aussagen zu anonymisieren, obwohl wir von den meisten die Erlaubnis hatten, die Namen offen zu nennen. Die Stunden, die wir mit ihnen verbrachten, haben starke Eindrücke

---

[2] „*JE twisterai les mots s'il fallait les twister, pour qu'un jour les enfants sachent qui vous étiez [...]*" Jean Ferrat, 1965, Nuit et brouillard (*Nacht und Nebel*).

hinterlassen und wurden von unseren Gesprächspartnerinnen und -partnern immer wieder mit Therapiesitzungen verglichen und von Momenten der Stille oder des Weinens unterbrochen.

Ein aufrichtiger Gedanke an diejenigen, die nicht mehr unter uns sind, Jean-Pierre Guérend und Henri Sturges, auf deren Berichten wir aufbauen konnten und die uns immer wieder motiviert haben.

Ein herzliches Dankeschön an unsere Freunde in Château-Landon, Dany und Michel Charlot, Odette und Francis Billard, an Françoise und Heinz Sinemus aus München, die uns mit umfangreichen Informationen versorgt und uns mit Familien in Kontakt gebracht haben, die von unserem Thema betroffen sind.

Ein besonderes Dankeschön an unsere sehr geschätzte Kollegin und Freundin Ines Lübbecke aus Uelzen, so wie an Sylvies studentische Mitarbeiterin Anna Dirschauer aus Bremen und Karlsruhe, die beide unser Manuskript mit viel Engagement und Eifer korrekturgelesen haben. *Un grand MERCI à vous deux!*

Sylvie Méron-Minuth und Christian Minuth.
Hirschhorn am Neckar, im September 2023

Literatur

Bock, Hans Manfred (1994): Europa von unten. Zu den Ursprüngen und Anfängen der deutsch-französischen Gemeindepartnerschaften. In: Jünemann et alii (1994), S. 13–36.
Bode, Sabine (2015): Nachkriegskinder. Die 1950er Jahrgänge und ihre Soldatenväter. Klett-Cotta.
Bredella, Lothar; Christ, Herbert (Hrsg.) (1996): Begegnungen mit dem Fremden, Gießen.
Bredella, Lothar; Christ, Herbert (1995): Didaktik des Fremdverstehens im Rahmen einer Theorie des Lehrens und Lernens fremder Sprachen. In: Bredella und Christ, Tübingen, 1995.
Broszat, Martin; Henke, Klaus-Dietmar; Woller, Hans (1990) (Hrsg.): Von Stalingrad zur Währungsreform. Zur Sozialgeschichte des Umbruchs in Deutschland. 3. Aufl., Oldenbourg Verlag, München.
Bruner, Jerome (1991): The Narrative Construction of Reality, The University of Chicago. 0093-1896/91/1801-0002. http://www.semiootika.ee/sygiskool/tekstid/bruner.pdf.

Cicottini, Gwendoline (2021): „Relations interdites, enfants oubliés ? Les relations entre femmes allemandes et prisonniers de guerre français pendant la Seconde Guerre mondiale", in: Paul Maurice, Etienne Dubslaff, Maude Williams (Hrsg.), Deutsch-französische Fraternisierungen in Kriegszeiten. Interdisziplinäre Ansätze zu den Fraternisierungen in den neuzeitlichen deutsch-französischen Konflikten (1799–1945), Steiner Verlag, Stuttgart, 2019.
Defrance, Corine; Pfeil, Ulrich (2011): Eine Nachkriegsgeschichte in Europa, 1945 bis 1963. In: v. Werner Paravicini (Hrsg.): Darmstadt: Wissenschaftliche Buchgesellschaft (Deutsch-Französische Geschichte, 10).
Drolshagen, Ebba D. (2005): Wehrmachtskinder. Auf der Suche nach dem nie gekannten Vater. München: Knaur TB.
Düwell, Kurt; Matheus, Michael (Hrsg.) (1997): Kriegsende und Neubeginn. Westdeutschland und Luxemburg zwischen 1944 und 1947, Steiner Verlag, Stuttgart.
Etzenmüller, Thomas (2012): Biographien. Lesen-erforschen-erzählen. Campus Verlag, Frankfurt, New York: Campus.
film doc (2022): Les enfants de la honte. En ligne : http://www.film-documentaire.fr/4DACTION/w_fiche_film/41622_1.
Fuchs-Heinritz, Werner (2009): Biographische Forschung. Eine Einführung in Praxis und Methoden. 4. Aufl., Wiesbaden: Verlag für Sozialwissenschaften.
Garstka, Hansjürgen (1972): Die Rolle der Gemeinde in der internationalen Verständigung nach dem zweiten Weltkrieg gezeigt am Beispiel der deutsch-französischen Verständigung. Dissertation Universität München.
Grunert, Thomas (1981): Langzeitwirkungen von Städte-Partnerschaften. Ein Beitrag zur europäischen Integration. Engel Verlag, Kehl a. Rhein.
Guérend, Jean-Pierre; Guérend-Tilkorn, Renate (2013): Die deutsch französischen Ehepaare leben Europa jeden Tag. In: pc-Korrespondenz 2013/1, hg. von der pax-christi-Bistumsstelle Münster.
Gumbrecht, Hans Ulrich (2012): Nach 1945. Latenz als Ursprung der Gegenwart. Suhrkamp Verlag, Berlin.
Henke, Klaus-Dietmar (1983). In: Scharf, Claus und Hans-Jürgen Schneider (Hrsg.) (1983): Die Deutschlandpolitik Frankreichs und die französische Zone 1945–1949. Wiesbaden, Steiner-Verlag, 49–89.
Jünemann, Annette; Richter, Emmanuel; Ullrich, Hartmut (Hrsg.) (1994): Gemeindepartnerschaften im Umbruch Europas. Peter Lang Verlag, Frankfurt am Main.
Jüttemann, Gerd; Thomae, Hans (Hrsg.) (1999): Biographische Methoden in den Humanwissenschaften. Weinheim.

Jüttemann, Gerd, (Hrsg.) (2011): Biographische Diagnostik. Lengerich, Berlin, Bremen u.a.: Pabst Science Publishers.
Jurt, Joseph (Hrsg.) (1992): Die „Franzosenzeit" im Lande Baden von 1945 bis heute. La présence française dans le pays de Bade de 1945 à nos jours. Rombach aktuell. Freiburg.
Kjendsli, Veslemøy (1988): Kinder der Schande. Ein «Lebensborn. Mädchen» auf der Suche nach ihrer Vergangenheit. (Übersetzung aus dem Norwegischen von Gabriele Haefs), Sammlung Luchterhand, Hamburg, Zürich. (Lizenzausgabe 1992, Dirk Nishen Verlag Berlin).
Klemperer, Victor (1975): LTI. Reclam-Verlag, 10. Aufl., Leipzig.
Kleßmann, Christoph (1986): Die doppelte Staatsgründung. Deutsche Geschichte 1945–1955. Schriftenreihe der Bundeszentrale für politische Bildung, Band 193. Bonn.
Miethe, Ingrid (2011): Biografiearbeit. Lehr- und Handbuch für Studium und Praxis. Weinheim und München: Juventa.
Minuth, Christian (2012): Fremdsprachen lernen in Projekten. Klinkhardt, Bad Heilbrunn.
Mitscherlich Alexander und Margarete (1967): Die Unfähigkeit zu trauern. Grundlagen kollektiven Verhaltens. Piper Verlag, München.
Möhler, Rainer (1997): Politische Säuberung im Südwesten unter französischer Besatzung. In: Düwell, Kurt; Matheus, Michael (Hrsg.) (1997): Kriegsende und Neubeginn. Westdeutschland und Luxemburg zwischen 1944 und 1947, 175–191.
Rosenthal, Gabriele (1995): Erlebte und erzählte Lebensgeschichte. Gestalt und Struktur biographischer Selbstbeschreibungen. Frankfurt a. M., New York: Campus Verlag.
Rothenberger, Karl-Heinz (1997): Die Hungerjahre nach dem Zweiten Weltkrieg am Beispiel von Rheinland-Pfalz. In: Düwell, Kurt und Matheus, Michael (Hrsg.) (1997): Kriegsende und Neubeginn. Westdeutschland und Luxemburg zwischen 1944 und 1947, 159–173.
Ruhe, Hans Georg (2014): Praxishandbuch Biografiearbeit: Methoden, Themen und Felder. Weinheim; Basel: Beltz Juventa.
Ruhe, Hans Georg (2009): Methoden der Biografiearbeit. Lebensspuren entdecken und verstehen. Juventa, Weinheim und München.
Scharf, Claus; Schneider, Hans-Jürgen (Hrsg.) (1983): Die Deutschlandpolitik Frankreichs und die französische Zone 1945–1949. Wiesbaden, Steiner-Verlag.

Schütz, A.; Luckmann, Th. (1984): Strukturen der Lebenswelt. Bd. 2. Frankfurt am Main: Suhrkamp.
Schwedt, Herbert (1997): Alltagsgeschichte der Nachkriegszeit – Nach Berichten von Zeitzeugen. In: Düwell, Kurt; Matheus, Michael (Hrsg.) (1997): Kriegsende und Neubeginn. Westdeutschland und Luxemburg zwischen 1944 und 1947, S. 33–67.
Statistisches Bundesamt Wiesbaden (1959): Bevölkerung und Kultur, Reihe 2 Natürliche Bevölkerungsbewegung, Verlag Kohlhammer, Stuttgart und Mainz.
Thies, Jochen; von Daak, Kurt (1979): Südwestdeutschland Stunde Null. Die Geschichte der französischen Besatzungszone 1945–1948. Ein Bild/Text-Band. Droste Verlag Düsseldorf.
Trierischer Volksfreund" (2006): (Rheinland Pfalz, 19.6.2006). In: https://www.volksfreund.de/region/konz-saarburg-hochwald/kreuzritter-fuer-den-frieden_aid-6679871).
Wolfrum, Edgar (1993): Das Bild der „düsteren Franzosenzeit". Alltagsnot, Meinungsklima und Demokratisierungspolitik in der französischen Besetzungszone nach 1945. In: Beihefte der Francia, Band 27, 87–113.
Varro, Gabrielle; Gebauer, Gunter (Hrsg.) (1997): Zwei Kulturen – eine Familie. Paare aus verschiedenen Kulturen und ihre Kinder am Beispiel Frankreichs und Deutschlands. Leske+Budrich, Opladen.

Französische Bibliografie

Amouroux, Henri (1993): La page n'est pas encore tournée. Janvier – octobre 1945. Tome X de : La grande histoire des Français après l'occupation. Éd. Robert Laffont, 1993, Paris.
Amouroux, Henri (1991): Les règlements de comptes. Septembre 1944-Janvier 1945. Tome IX de : La grande histoire des Français après l'occupation. Éd. Robert Laffont, 1991, Paris.
Archives nationales (2023): Les prisonniers de guerre allemands en France 1944–1949. https://www.siv.archives-nationales.culture.gouv.fr/siv/cms/content/helpGuide.action?uuid=b9319616-b743-4418-abb3-d32f880f15b3&version=4&preview=false&typeSearch=AideRechercheType&searchString=0/1/13%20Fol.88V%20de%201669 [02.01.2023].
Arte (2018): Karambolage 147, 4 mai 2008. En ligne : http://www.arte.tv/magazine/karambolage/fr/le-slogan-nous-sommes-tous-des-juifs-allemands-karambolage [08.01.2022].

Alix, Christian ; Kodron, Christoph. (Coord.) (2005): Introduction, in: Numéro thématique: Autour d'une pédagogie de rencontres. In: französisch heute, 36. Jg. Heft 4, 316–319.
Beaud, Stéphane (1996). L'usage de l'entretien en sciences sociales. Plaidoyer pour l'« entretien ethnographique ». In: Politix Vol. 9, N°35. Troisième trimestre 1996. S. 226–257. En ligne : https://doi.org/10.3406/polix.1996.1966.
Bensoussan, Georges (2006): Europe. Une passion génocidaire. Paris, éd. Mille et une nuits
Bensoussan, Georges (2021): Un exil français. Un historien face à la justice. Paris, éd. L'artilleur.
Bories-Sawala, Helga (2008): Les prisonniers français dans l'industrie de guerre allemande : une composante parmi la main d'œuvre forcée, composite et hiérarchisée. In : Catherine, Jean-Claude (dir.). La captivité des prisonniers de guerre : Histoire, art et mémoire, 1939–1945. Pour une approche européenne. Nouvelle édition [en ligne], S. 95–104.
Bougeard, Christian et Cariou, Nathalie (2008): Les prisonniers de guerre de 1940 – 1945 en Bretagne : approches générales et exemple finistérien. In : Catherine, Jean-Claude (dir.). La captivité des prisonniers de guerre: Histoire, art et mémoire, 1939–1945. Pour une approche européenne. Nouvelle édition [en ligne]. P. 117–130 ; 26 pages
Bourdieu, Pierre et al. (1993): La misère du monde. Paris, Editions du Seuil.
Buob, Jacques ; Frachon, Alain (2006): Pierre Nora et le métier d'historien. La France malade de sa mémoire. Propos recueillis in: Le Grand Entretien, Le Monde 2, n° 105, 18 février 2006.
Canalblog (2006): http://sturgesh.canalblog.com (Ce blog est clos depuis le décès de H. Sturges en juin 2006, mais peut toujours être consulté.)
Catherine, Jean-Claude (dir.). La captivité des prisonniers de guerre : Histoire, art et mémoire, 1939–1945. Pour une approche européenne. Nouvelle édition [en ligne]. Rennes : Presses universitaires de Rennes, 2008 (généré le 14 janvier 2022). Disponible sur Internet : <http://books.openedition.org/pur/5452>. ISBN : 9782753530683. https://doi.org/10.4000/books.pur.5452.
Cicottini, Gwendoline (2021): Relations interdites, enfants oubliés ? Les relations entre femmes allemandes et prisonniers de guerre français pendant la Seconde Guerre mondiale, Trajectoires, mis en ligne le 01 juillet 2021, http://journals.openedition.org/trajectoires/6420; https://doi.org/10.4000/trajectoires.6420.

Cicottini, Gwendoline (2021): „Relations interdites, enfants oubliés ? Les relations entre femmes allemandes et prisonniers de guerre français pendant la Seconde Guerre mondiale", in: Paul Maurice, Etienne Dubslaff, Maude Williams (Hrsg.), Deutsch-französische Fraternisierungen in Kriegszeiten. Interdisziplinäre Ansätze zu den Fraternisierungen in den neuzeitlichen deutsch-französischen Konflikten (1799–1945), Steiner Verlag, Stuttgart, 2019.

Collet, Beate (1998): Intégration et mixogamie en France et en Allemagne. In: Philippe, Claudine; Varro, Gabrielle; Neyrand, Gérard (1998) (éditeurs): Liberté, Égalité, Mixité. Une sociologie de couple mixte, 139–171.

Defrance Corine (2008): Les jumelages franco-allemands. Aspect d'une coopération transnationale. In : Vingtième Siècle. Revue d'histoire 2008/3 (n° 99), p. 189 à 201.

Defrance, Corine (1996) : L'enseignement supérieur en zone française d'occupation en Allemagne, 1945–1949. In Francia. Forschungen zur westeuropäischen Geschichte, tome 22 1996.

De Morat, Guillaume (2014): La véritable histoire de la tondue de Chartres – 2014 – L'été de la mémoire. Paris Match, 22/08/2014. En ligne : https://www.parismatch.com/Actu/Societe/La-veritable-histoire-de-la-tondue-de-Chartres-583028.

Denéchère, Yves (2010): Des adoptions d'État : les enfants de l'occupation française en Allemagne (1945–1952) In : Revue d'Histoire Moderne et Contemporaine, Société D'Histoire Moderne et Contemporaine, pp. 159–179.

Descamps, Florence (2001): L'historien, l'archiviste et le magnétophone. De la constitution de la source orale à son exploitation. Ministère de l'Économie, des Finances et de l'Industrie. Paris.

Destremau, Bernard (1999): Jean de Lattre de Tassigny. Flammarion.

Durand, Yves (1981): La captivité. Histoire des prisonniers de guerre français 1939–1945. Paris. Édité par la Fédération Nationale des Combattants Prisonniers de Guerre et Combattants d'Algérie, Tunisie, Maroc.

Gaulle, Charles de (1954–1956): Mémoires de guerre, Plon, Paris : tome I., L'appel (1954), tome II., L'unité, (1956), tome III., (1959), Le salut.

Gaulle, Charles de (1970/1971): Mémoires d'espoir, t. I., Le renouveau 1958–1962, Paris (1970); Mémoires d'espoir, tome II., L'effort, 1962 … Paris (1971).

Giraud Frédérique, Raynaud Aurélien, Saunier Emilie (2014): Principes, enjeux et usages de la méthode biographique en sociologie. In : revue ¿ Interrogations ? N°17. L'approche biographique, janvier 2014. http://www.revue-interrogations.org/Principes-enjeux-et-usages-de-la.

Grappin, Pierre (1994): Que faire de l'Allemagne? Opinions et projets. Paris.
Guérend, Jean-Pierre (1974): Un cas particulier de mariages mixtes : les mariages franco-allemands. In : Ethnies, no. spécial 4 (revue de l'Université de Nice) (tiré à part, p. 135–153).
Guérend, Jean-Pierre (1973): Les couples Franco-Allemands. Un cas particulier de mariages mixtes. Enquête psychosociologique auprès de 130 couples. Thèse de doctorat 3ème cycle. Paris Sorbonne.
Hillel, Marc (1983): L'occupation française en Allemagne. 1945-1949. Balland, Paris.
Hudemann, Rainer (2003) : Soldats français et femmes allemandes : les amours secrètes. In : Musée des Alliés / Weiß, 28–36.
Hudemann, Rainer (1989): L'occupation française en Allemagne. Problèmes généraux et perspectives de recherche. In : Henri Ménudier (éd.) : L'Allemagne occupée 1945-1949. Paris : Presse Sorbonne Nouvelle, pp. 169–183.
Huyard, Lili Jeanne (2013): Paroles d'enfants de boches (court-métrage). En ligne : https://www.youtube.com/watch?v=vAdZJQ5nCxA.
Klarsfeld, Beate et Serge (2015): Mémoires. Paris : Fayard, Flammarion.
Klemperer, Victor (1996): LTI. Le langage du IIIe Reich. Carnets d'un philologue. (traduit de l'allemand par Elisabeth Guillot). Albin Michel, coll. AGORA.
Kruger, Josiane (2006): Née d'amours interdits. Ma mère était française, mon père, soldat allemand. Paris, Perrin.
Lafitte, Claude (1971): Ils ont choisi la France. In : Lectures pour tous, p. 54–58, juin 1971.
Lattre, Jean de, de Tassigny, Maréchal (1949): Histoire de la Première Armée Française. Rhin et Danube, Librairie Plon, Paris.
Ledoux, Sebastien (2016) : Les historiens confrontés au « devoir de mémoire ». CRDP de Champagne-Ardenne. https://pedagogie.ac-reims.fr/memoire/enseigner/memoire_histoire/05historiens1.htm
Lévi-Valensi, Jacqueline (éd.) (2002): Cahiers Albert Camus VIII. Camus à Combat. Éditoriaux et articles d'Albert Camus 1944-1947. Paris : Gallimard.
Ménudier, Henri (1989): L'Allemagne occupée 1945-1949. Paris : Presse Sorbonne Nouvelle.
Méron-Minuth, Sylvie; Minuth, Christian (2023): Comme s'il n'y avait pas assez de Français! Histoires de familles de couples franco-allemands de l'après-guerre (1945–1963). Collection Biographies. Paris: Éditions Maïa.

Méron-Minuth, Sylvie; Minuth, Christian (2016): « Je n'ai jamais regretté d'être venue en Allemagne ». Biographies franco-allemandes d'après-guerre: 1945–1963. In: Zeitschrift für Romanische Sprachen und ihre Didaktik, 10/2. Hannover: ibidem-Verlag. 31–53.
Méron-Minuth, Sylvie; Minuth, Christian (2014): Language Acquisition in the Romance speaking World: France. In: Christiane Fäcke (ed.): *Manual of Language Acquisition*. Handbuchreihe zur Romanistischen Linguistik. Berlin et al.: De Gruyter. 513–528.
Mombert, Monique (1993): Les Français et la jeunesse en zone française d'occupation de 1945 – 1949. In : Beihefte der Francia, Band 27, 175–199.
Morant, Guillaume De (2014): La véritable histoire de la tondue de Chartres IN : PARIS-MATCH 22 Août 2014. https://www.parismatch.com/Actu/Societe/La-veritable-histoire-de-la-tondue-de-Chartres-583028.
Moreau, Claude Albert; Jouanneau–Irriera, Roger (1949): Présence Française en Allemagne. Essai de géographie cordiale de la zone française d'occupation. Editions Henri Neveu, (sine loco), 1949.
Morin Edgar (1946): L'an zéro en Allemagne. Paris.
Morin Edgar (1947): Allemagne notre souci. Paris.
Musée des Alliés, Birkemeyer, Ute; Weiß, Florian (Hg.) (2003): Vive Berlin ! Ein Ort deutsch-französischer Geschichte 1945–2003. Eine Veröffentlichung des Alliierten Museums zum 40. Jahrestag des deutsch-französischen Freundschaftsvertrages. Musée des Alliés, no. 7.
Musée des Alliés, Weiß, Florian (Hg.) (2003): Es begann mit einem Kuß / It started with a kiss/Tout a commencé par un baiser. Les relations germano-alliés après 1945. Berlin, Jaron Verlag.
Overmans, Rüdiger (2008): Heimkehr, les retours des prisonniers de guerre allemands, de 1945 à 1956In : Catherine, Jean-Claude (dir.). La captivité des prisonniers de guerre : Histoire, art et mémoire, 1939–1945. Pour une approche européenne. Nouvelle édition [en ligne]. P. 131–139, 17 pages.
Philippe, Claudine ; Varro, Gabrielle ; Neyrand, Gérard (1998) (éditeurs): Liberté, Égalité, Mixité… Une sociologie de couple mixte. Ed. Anthropos, Paris.
Picaper, Jean-Paul & Norz, Ludwig (2004): Enfants maudits. Paris : Ed. des Syrtes.
Picaper, Jean-Paul (2005) : Le crime d'aimer. Les enfants du STO. Paris : Ed. des Syrtes.

Prat, Olivier (2010): « La paix par la jeunesse » Marc Sangnier et la réconciliation franco-allemande 1921–1939. In: Histoire & Politique. Politique, culture, société. No. 10, janvier-avril 2010 (www.histoire-politique.fr).
Romer, Knud (2007): Cochon d'Allemand. Edition Les Allusifs, Québec.
Rousso Henry (1992): L'épuration en France, une histoire inachevée. In: Vingtième Siècle, revue d'histoire, n°33, janvier-mars 1992. Dossier : L'épuration en France à la Libération. pp. 78–105 (https://doi.org/10.3406/xxs.1992.2491).
Schaake, Erich (2010): L'Allemand qui sauva Bordeaux par amour. Ed. Lafon, Neuilly-s-Seine (traduction française).
Sinclair, Anne (2020): La rafle des notables. Paris, Grasset.
Spina, Raphaël (2017): Histoire du STO. Perrin, Paris.
Strickmann, Martin (2004): L'Allemagne nouvelle contre l'Allemagne éternelle. Die französischen Intellektuellen und die deutsch-französische Verständigung 1944–1950. Diskurse, Initiativen, Biografien. Europäische Hochschulschriften, Bd. 989. Frankfurt a. Main: Peter Lang.
Stock, Franz (2017): Journal de guerre 1942–1947. Ecrits inédits de l'aumônier du Mont Valérien. Edité par J.-P. Guérend, E. François et traduction Valentine Meunier. Ed. du Cerf, 2017.
Sturges, Henri (2006): Blog de Henri Sturges 2006, http://sturgesh.canalblog.com, o.A.
Seydoux, François (1975): Mémoires d'Outre-Rhin. Paris. Grasset.
Trévisan, Carine (2001): Les fables du deuil. La grande guerre : Mort et écriture. Paris
Théofilakis, Fabien (2014): Les prisonniers de guerre allemands. France, 1944–1949. Paris : Fayard.
Thomas, Johannes; Tiemann, Dieter (Hrsg. et al.) (2000): Reihe: Dokumente/Documents. Die deutsch-französischen Beziehungen. Chronologie und Dokumente. 1948–1999. Les relations franco-allemandes. Chronologie et documents 1948–1999. Europa Union Verlag, Bonn 2000.
Varro, Gabrielle (1998): Critique raisonnée de la notion de mixité. In : Philippe, Claudine ; Varro, Gabrielle; Neyrand, Gérard (1998) (éditeurs): Liberté, Égalité, Mixité… Une sociologie de couple mixte, 1–31.
Virgili, Fabrice (2009): Naître ennemi. Les enfants de couples franco-allemands nés pendant le Seconde Guerre mondiale. Petite bibliothèque Payot. Histoire, no. 961. Paris.

Weber, Christophe; Truc, Olivier (2003): Enfant de Boche. Documentaire. Sunset Press- (première diffusion en 2003 sur France 3). En ligne : http://www.dailymotion.com/video/xg91rv_enfant-de-boche-n-2_news?start=358.

Wikipedia (2022): Accords de Locarno. https://fr.wikipedia.org/wiki/Accords_de_Locarno.

Wikipédia (2022): Prisonniers de guerre allemands de la Seconde Guerre mondiale en France. https://fr.wikipedia.org/Prisonniers_de_guerre_allemands_de_la_Seconde_Guerre_mondiale_en_France.

Wiesel, Elie (1994): Tous les fleuves vont à la mer. Mémoires I, éd. Du Seuil, Paris.

Zarca, Bernard (1987): Les artisans. Gens de métier, gens de parole. Paris, L'Harmattan.

GPSR Compliance
The European Union's (EU) General Product Safety Regulation (GPSR) is a set of rules that requires consumer products to be safe and our obligations to ensure this.

If you have any concerns about our products, you can contact us on

ProductSafety@springernature.com

In case Publisher is established outside the EU, the EU authorized representative is:

Springer Nature Customer Service Center GmbH
Europaplatz 3
69115 Heidelberg, Germany

www.ingramcontent.com/pod-product-compliance
Lightning Source LLC
LaVergne TN
LVHW020345260326
834688LV00045B/1544